RESEARCH ON
THE REALIZATION MECHANISM OF
LAND CONTRACTUAL MANAGEMENT RIGHTS AND INTERESTS

土地承包经营权益
实现机制研究

房绍坤　等/著

法律出版社
LAW PRESS·CHINA
—— 北京 ——

图书在版编目(CIP)数据

土地承包经营权益实现机制研究 / 房绍坤等著. --
北京 : 法律出版社, 2023
ISBN 978 - 7 - 5197 - 7651 - 0

Ⅰ. ①土… Ⅱ. ①房… Ⅲ. ①农村 - 土地承包制 - 产权 - 研究 - 中国 Ⅳ. ①F321.1

中国国家版本馆 CIP 数据核字(2023)第 037163 号

土地承包经营权益实现机制研究
TUDI CHENGBAO JINGYING QUANYI SHIXIAN JIZHI YANJIU

房绍坤 等著

策划编辑 陈 睿
责任编辑 陈 睿
装帧设计 李 瞻

出版发行 法律出版社
编辑统筹 法律出版社
责任校对 王 丰 李景美
责任印制 胡晓雅
经 销 新华书店

开本 710 毫米 × 1000 毫米 1/16
印张 20.75 字数 267 千
版本 2023 年 4 月第 1 版
印次 2023 年 4 月第 1 次印刷
印刷 唐山玺诚印务有限公司

地址:北京市丰台区莲花池西里 7 号(100073)
网址:www.lawpress.com.cn
投稿邮箱:info@lawpress.com.cn
举报盗版邮箱:jbwq@lawpress.com.cn
销售电话:010 - 83938349
客服电话:010 - 83938350
咨询电话:010 - 63939796

书号:ISBN 978 - 7 - 5197 - 7651 - 0
定价:80.00 元

本书为国家社会科学基金重点项目“‘三权分置’政策背景下农村土地承包经营权益实现研究”(16AFX017)最终研究成果

土地经营权入典的时代价值(代序)

2020年5月28日第十三届全国人民代表大会第三次会议顺利通过了《中华人民共和国民法典》(以下简称《民法典》),开创了我国民法的新纪元,具有里程碑意义,必将对我国未来法治发展产生深远的影响。《民法典》在坚持守成的基础上,根据时代发展与现实需要,在体例、制度等方面都进行了若干创新。其中,《民法典》增设土地经营权就是一个重要的创新点,实现了土地经营权由政策提出,到单行法(《农村土地承包法》[①])确认,最后纳入《民法典》的历史跨越,充分显示了土地经营权的重要地位,也彰显了土地经营权所具有的时代价值。

一、土地经营权入典优化了集体土地所有权的实现方式

在我国农村土地改革中,如何有效实现集体土地所有权,既是土地改革的逻辑起点,也是最终归

---

① 我国《农村土地承包法》于2002年8月29日制定,并经2009年、2018年两次修正。其中,2018年修正的《农村土地承包法》首次规定了“土地经营权”,并用专节进行了规定(第二章第五节)。如无特别说明,本书全文涉及的《农村土地承包法》即为2018年修正后的、现行有效的《农村土地承包法》,特此说明。——编者注

宿。因此,土地改革成败的关键是要看集体土地所有权是否得到了有效实现,集体所有制的优越性是否得到了充分发挥。对此,我国进行了长期不懈的探索。改革开放之后,农村开始实行家庭联产承包责任制,农村土地实行“两权分离”,即土地所有权归集体,土地承包经营权归农户。这种集体土地所有权的实现方式极大地调动了亿万农民的生产积极性,取得了举世瞩目的改革成果。但是,在新的历史条件下,这种“两权分离”的集体土地所有权实现方式也逐步暴露出一些问题,出现了承包地撂荒、碎片化经营等现象。针对这种情况,党和国家为顺应农民保留土地承包权、流转土地经营权的意愿,提出了“三权分置”的改革举措,实行所有权、承包权、经营权分置并行,切实“落实集体所有权,稳定农户承包权,放活土地经营权”,以不断探索农村土地集体所有权的有效实现形式。可见,“三权分置”改革的根本在于土地所有权,基础在于土地承包权,而核心在于土地经营权。

按照我国现行法的规定,集体土地归农民集体所有,即农民集体是集体土地所有权的主体,而农民集体则由农民个体所组成。因此,农民集体及个体能否享有充分的土地权利并得到切实的实现,是决定集体土地所有权能否有效实现的关键,而判断集体土地所有权能否有效实现的标准是农民集体及个体是否获得了相应的土地收益。也即只有农民集体及个体从集体土地中获得了收益,扩大了农民的财产性收入,才能谓之集体土地所有权得到了有效实现。例如,农民享有土地承包经营权和宅基地使用权是集体土地所有权实现的具体方式;但从以往实践情况来看,权利人从承包地、宅基地获取收益的空间十分有限。这也是导致承包地撂荒、宅基地闲置的一个重要原因。因此,党和国家先后提出了承包地和宅基地的“三权分置”改革,其目的就是要通过“三权分置”充分发挥承包地、宅基地的效用,使权利人能够利用承包地、宅基地获得更多的收益。在农地“三权分置”改革中,从土地承包经营权中分离出土地经营权,使承包地上并存着土地承包经营权和土地经营权,从而丰富了农地权利体系。而土地承包经营权人在保留土地承包权的情况下,可以自主决定向他人流转土地经营权;这就使承包户通过流转土地经营权获取了更大的收益,也就优化了集体土地所有权的实现方式。

二、土地经营权入典释放了土地生产要素的活力

在现代社会,土地已经成为最重要的生产要素之一,而充分发挥土地生产要素的功能之重要手段就是要让土地流动起来,即让土地进入流通市场。按照我国《宪法》的规定,土地归国家或集体所有,不得进行买卖,因此,土地不能进入流通市场。但是,我国实行土地使用权制度,而土地使用权可以通过不同途径进入市场进行流通。例如,在国有土地上设立的建设用地使用权已经完全市场化,权利人有权转让、互换、出资、赠与以及抵押建设用地使用权(《民法典》第353条)。但设立在集体土地上的土地承包经营权、建设用地使用权、宅基地使用权还没有实行市场化或没有完全市场化,农村土地生产要素的功能还没有得到充分的发挥。就生产要素而言,农村土地只有实行市场化,才能把土地生产要素流动起来,也才能把农民从土地中解放出来,进而进一步释放农村生产力。而农村土地实行市场化,就需要设置能够流转的土地权利。我国新一轮的土地改革,其核心问题就是赋予相关权利人以能够流转的土地权利,土地经营权就是一项重要的土地权利。从《民法典》的规定来看,土地经营权在如下三个方面可以更好地释放土地生产要素的活力:

第一,土地承包经营权人可以采取多种形式流转土地经营权,如出租、入股或其他方式(《民法典》第339条)。虽然土地承包经营权人仍然可以转让、互换土地承包经营权,但这将导致转让方丧失土地承包经营权;而出租、入股等流转方式不仅可以使土地经营权充分进入流通市场,而且并不影响土地承包经营权人继续保有土地承包经营权。同时,受让方取得土地经营权后,可以利用流转的土地自主开展农业生产经营并取得收益(《民法典》第340条),从而更好发挥土地的效用,进一步提高土地的利用效率。此外,通过土地经营权流转,可以促进土地向种田能手、种田大户集中,有助于规模化、集约化、规范

化经营，也有助于创建示范家庭农场、农民专业合作社示范社、农业产业化示范基地等新型经营主体。

第二，土地经营权人可以利用土地经营权进行融资担保。《民法典》在不得抵押的财产中删除了耕地的使用权不得抵押的规定。这表明，耕地的使用权进入了抵押财产的范围；因而不仅土地经营权人可以用土地经营权进行融资担保，而且土地承包经营权人也可以利用土地经营权进行融资担保（《农村土地承包法》第 47 条）。这就极大地释放了土地的融资功能，进而可以使权利人获得更多的资金投入农业生产经营，促进农业生产力的提高。

第三，土地承包经营权人流转土地经营权破除了身份的限制。在“两权分离”的情况下，尽管法律也允许土地承包经营权人流转承包地，但受到的限制较多。例如，承包方只能于同一集体经济组织内部转让、互换土地承包经营权，且转让须经发包方同意（《农村土地承包法》第 34 条）。这些限制使流转范围过于狭小，进而也会使流转价格受到影响，通过土地流转而释放土地生产要素的作用十分有限。而流转土地经营权则打破了上述限制：受让方不再局限于同一集体经济组织内部，除同一集体经济组织成员外，非本集体经济组织成员、法人、非法人组织都可以成为受让方，而且也无须经发包方的同意。这样，土地承包经营权人就可以完全按照自己的意愿流转土地经营权。这不仅可以增加流转收益，而且可以使土地流转给最优的受让方，从而最大限度地发挥土地的效用。

三、土地经营权入典丰富了民事权利体系

我国《物权法》创立了以土地承包经营权、建设用地使用权、宅基地使用权、地役权为核心的具有中国特色的用益物权体系。这个用益物权体系符合我国国情，在经济发展中也发挥了重要作用。但是，用益物权体系不是一成不变的，它也会随着经济社会的发展而不断变化。例如，《民法典》基于我国住房保障制度的需求，就增加了具有人役权性质的居住权，从而使我国用益物权的客体扩展于建筑物。而且

我们也相信,随着时代的发展,我国法未来还将承认新的用益物权类型。从《民法典》关于用益物权类型的规定来看,其仅列举规定了土地承包经营权、建设用地使用权、宅基地使用权、居住权、地役权,并没有将土地经营权作为单独的一种类型加以规定,而是在"土地承包经营权"一章中规定了土地经营权的内容。在这种规定模式下,我们应当如何认识土地经营权的性质呢?是将土地经营权作为土地承包经营权的权能还是看作一项独立的权利?若是一项独立的权利,其是物权还是债权?

尽管《民法典》将土地经营权规定于"土地承包经营权"一章,且表述方式是土地承包经营权人有权"流转土地经营权"。但是,这种土地经营权并非土地承包经营权中的"土地经营权能",而是一种独立的权利;因为该土地经营权的享有主体并非土地承包经营权人,而是流转的受让第三方,是第三方独立享有的一种民事权利。在《农村土地承包法》中,土地承包经营权人流转的土地经营权以期限划分为两种,即流转期限不满 5 年的土地经营权和流转期限 5 年以上的土地经营权。对于《农村土地承包法》中规定的土地经营权,其性质如何,理论上一直存在物权与债权的争议。《民法典》并没有将上述两类土地经营权全部入典,而是仅规定了流转期限 5 年以上的土地经营权。从立法定位来看,流转期限为 5 年以上的土地经营权应为物权性质的权利,属于用益物权;而流转期限不满 5 年的土地经营权应为债权性质的权利。但是,无论是物权性质的土地经营权还是债权性质的土地经营权,其均从政策语言转化为法律概念,对于丰富民事权利体系具有重要的理论与实践意义。

目　录

Contents

第一编　土地承包经营权益实现机制的理论创新

第二编 土地承包经营权益实现机制的制度落实

第三编　土地经营权益实现机制的路径选择

第一编

土地承包经营权益实现机制的理论创新

第一章　农地“三权分置”的伟大创举

第一节　农地“三权分置”改革的必然性

一、农地“两权分离”中蕴含“三权分置”的萌芽

农地“三权分置”改革的目的是在坚持“两权分离”的基础上，对农户享有的土地承包经营权进行再次分离，是在集体土地所有权和农户土地承包经营权“两权分离”基础上的又一次变革。它不是对原有改革成果的否定，而是对“两权分离”改革的继承。对此，有学者指出，从“两权分离”到“三权分置”符合诱致性制度变迁的逻辑，制度本身具有渐进性、自发性和经济性特点。放活土地经营权，符合产权激励的内在要求，兼顾了农村土地利用的公平与效率，是当前经济发展“新常态”下建设现代农业的创新实践。[①] 农地“两权分离”是在改革开放初期的特定社会背景下做出的制度选择，具有时代性和历史局限

---

① 参见耿宁、尚旭东：《产权细分、功能让渡与农村土地资本化创新——基于土地“三权分置”视角》，载《东岳论丛》2018 年第 9 期。

性。随着社会经济形势的发展,这种制度安排亦需要不断地做出调适。“作为需求诱致性制度安排的经典,家庭承包责任制一经确立,并不标志着中国农地制度创新的终结。中国经济的高速增长和区域发展的不平衡性,既需要坚持行之有效的基本制度安排,也需要根据比较优势和变化的环境,在保持基本制度稳定和比较优势之下,不断创造出新的制度,尤其是次生的包括不同形态的土地使用制度供给。”①从制度延续上讲,农地“三权分置”制度实际上就是在坚持农村集体产权制度稳定和基本经营制度不变的情况下所进行的次生性的制度安排。

事实上,在农地“两权分离”内部早就出现了“三权分置”的萌芽。“在经济社会的快速发展中,我国农村土地制度所处的宏观背景和微观基础都在发生深刻变化。在土地集体所有、农户家庭承包经营基本框架下,具体表现为‘集体所有、农户自营’的土地经营模式正逐步向‘集体所有、农户自营、合作社经营、企业化经营’多种模式并存转变。这是一种悄然进行的诱致性制度变迁,当其发展到一定程度,需要政策法规等正式制度作出有效回应。其基本方向应是:构建以集体所有、家庭承包、多元经营为特征,所有权、承包权、经营权‘三权分离’的新型农地制度。”②农地“三权分置”是对土地经营权流转现象数量不断增加的制度回应,是顺应农村经济发展需要的应有的制度变迁。

二、农地“三权分置”改革是对实践的客观反映

在农地“三权分置”政策正式出台之前,我国部分地区已经进行了规模化的土地经营权流转。在农户流转土地经营权的背景下,“集体土地所有权—土地承包经营权(承包权)—土地经营权”的“三权分置”格局事实上已经形成。因此,农地“三权分置”改革本质上是对实践的确认。应当指出,农地“三权分置”并不排斥“两权分离”,也不可

---

① 张红宇:《中国农村的土地制度变迁》,中国农业出版社2002年版,第66页。

② 张红宇:《从“两权分离”到“三权分离”——我国农业生产关系变化的新趋势》,载《人民日报》2014年1月14日,第7版。

能排斥“两权分离”，甚至两者在一定时期内还将并行存在。有学者指出：“在制度上承认三权体制和目前两权体制是并行不悖、长期共存的，而非替代关系。”[①]《农村土地承包法》第9条也明确规定：“承包方承包土地后，享有土地承包经营权，可以自己经营，也可以保留土地承包权，流转其承包地的土地经营权，由他人经营。”可见，只有在承包方流转承包地的土地经营权的情况下，才能产生“三权分置”；如果承包方只是自己经营承包地，则仍体现为“两权分离”的格局。应当说，现有的农地制度体系反映了改革开放以来我国在农村实行家庭联产承包责任制，农地的集体所有权和农户的土地承包经营权“两权分离”的农地权利体系构造。经过近40年的发展，现行农地权利体系构造已经具有了较强的稳定性。但是，随着社会经济的发展，固有的法律制度体系也呈现了与社会发展需求不相一致的情况，在这样的背景下，农地“三权分置”改革应客观需要而被提出。根据2016年10月30日中共中央办公厅、国务院办公厅印发的《关于完善农村土地所有权承包权经营权分置办法的意见》等政策文件的要求，在“落实集体所有权，稳定农户承包权，放活土地经营权”的基本原则指引下实行农地“三权分置”，实际上是在既有农地制度体系的基础上对其进一步完善，而不是对现有制度体系的否定。这就意味着农地“三权分置”的制度化、法律化，必须遵循中国农村土地制度变迁过程中呈现的渐进性特征。这就要求在制度创新过程中必须考虑到与现行农地法律制度体系的协调，充分考虑到改革中设计的制度与现有制度体系的衔接与传承，而不是一味地否定与盲目地创新。

三、农地“三权分置”是适应经济社会转型的制度创新

农地“三权分置”是我国改革开放以来随着农村经济社会发展的变化而进行的持续性制度安排，充分体现了我国现阶段农业农村的现实国情，充分体现了现阶段经济社会转型对理论创新和制度创新的现

---

① 高富平：《三权分置究竟改变了什么》，载《大众日报》2016年11月9日，第10版。

实需要。对此，有学者指出，“三权分置”是中国改革开放以来主要的经济理论创新之一。农地“三权分置”理论遵循了“产权可分解”的理论逻辑，使中国的土地产权制度更加适应经济社会大转型的需要，在《宪法》框架内，最大限度地促进土地流转、农业现代化而同时保障农民对土地的权益，是一项与社会进步方向一致的制度创新，既能解决现实需要问题又让各方面能够接受，从而形成一种有效的均衡状态。[①]还有学者指出，改革开放40余年来，中国农地产权制度在坚持农业家庭经营为主的制度框架下，不断变革农地产权制度，历经“两权分离”到“三权分置”的制度变迁，这一变迁的过程是农地产权制度与制度环境不断耦合的过程。[②] 从这个角度分析，农地“三权分置”改革是在坚持马克思主义历史唯物论基础上的体现经济社会转型的制度创新。这就决定了该种制度变迁将会是渐进式的、相对稳定的、成本相对较低的制度变迁。

第二节　农地“三权分置”的理论渊源和演变过程

一、党的十八大前农地“三权分置”的理论与实践探索

（一）党的十八大前农地“三权分置”的理论探索

农地“三权分置”政策的提出经过了较长时期的理论酝酿，早在20世纪90年代就陆续有学者对该问题展开了学术探讨。不过，当时理论上称为农地“三权分离”制度，现在则称为农地“三权分置”制度，但其核心意旨和基本结构并无实质性区别。

根据收集到的文献，最早对农地“三权分离”制度进行较为系统的

① 参见黄少安：《中国改革开放以来主要的经济理论创新》，载《学术月刊》2019年第3期。

② 参见冀县卿、钱忠好：《中国农地产权制度改革40年——变迁分析及其启示》，载《农业技术经济》2019年第1期。

理论阐述的是田则林、余义之、杨世友的论文《三权分离：农地代营——完善土地承包制、促进土地流转的新途径》。该文指出，农地“三权分离”替代“两权分离”，赋予承包权以独立属性。从一些地方农地代营的实践看，无论是耕地代种还是经营代理，抑或准合同代表，均为土地经营权的暂时让渡，都不否定现存的土地所有制性质和承包关系，有所不同的只是把承包权独立出来，从原来的“两权分离”演进为“三权分离”。文章进一步指出：农地“三权分离”的基本点是，坚持劳动农民共享的集体所有权，稳定农户承包权，提倡流转经营权。在“三级所有，队为基础”的高度集中经营体制下，土地所有权与经营权是合一的。农村土地改革第一步的重大成果，就是把所有权与经营权分离开来：集体所有，家庭经营。“两权分离”是以家庭承包的形式表现出来的，土地的承包权与经营权浑然一体，不可分割。由“两权分离”推进到“三权分离”，允许农户转出承包地后可通过适当形式收回，这在事实上认可了承包权的相对独立性。农地代营打破了承包权与经营权合一的原则，在权属上把两者分离开来，承包权获得了部分产权属性和一定的经济地位；这是农民在实践中的创新，也是农村土地承包制度的进一步完善。①

之后，陆续有学者对农地“三权分离”进行了探讨。例如，冯玉华、张文方在《论农村土地的“三权分离”》一文中指出，农地“三权分离”，是指土地所有权、承包权和使用权三者的分离。其中，土地所有权属于集体，承包权由原来向集体承包土地的农户持有，使用权则转移到土地的实际耕种者手中，其形式主要有“集体—承包户—公司型”“集体—承包户—联营体型”“集体—承包户—使用户型”。文章还指出，农地的“三权分离”是基于使用权从承包权中分离出来而形成的，仍坚持集体对土地的所有权，但强调承认和尊重原承包户对土地的承包权，是对普遍实行的集体土地农户承包经营关系的发展，是对农业联

① 参见田则林、余义之、杨世友：《三权分离：农地代营——完善土地承包制、促进土地流转的新途径》，载《中国农村经济》1990 年第 2 期。

产承包责任制的自我完善。[1] 夏振坤在《农业的体制与组织创新》一文中指出，基于我国农地制度的现实，必须进一步推行与现代农场制度相适应的农地准商品化，即在保持土地公有的条件下，实行所有权、承包权、经营权的分离，允许自由租赁，在“经营权”范围内使土地成为商品，自由流动。所有者与承包者在租赁经营过程中，可以分别获得绝对地租和部分级差地租的收益。[2] 陈东强在《论中国农村的土地集中机制》一文中指出，在坚持土地集体所有的前提下，将土地承包给农民，赋予其相当大的经营自主权。这时，土地的所有权和经营权发生了分离。随着农村非农化的发展，出现转包土地行为；经营权发生了第二次转移，即经营权从承包权分离出来：这就是所谓的“三权分离”——土地所有权、土地承包权、土地经营权的分离。[3] 韩俊在《中国农村土地制度建设三题》一文中指出，近年来，一些地区在土地流转过程中承包经营权又发生分离演变成承包权与经营权两部分，从而形成了所谓的“三权分离”，即所有权、承包权和经营权的分离。承认农民拥有独立的土地承包权由“两权分离”到“三权分离”，无论在理论上还是在实践上都具有极其重要的意义。在坚持土地集体所有的前提下，承认农户拥有独立的土地承包权对于解决集体财产缺乏人格化的产权主体，探索集体经济的实现形式具有重要的意义。土地承包权在某种意义上具有所有权的性质，农民拥有独立的土地承包权就是土地集体所有的人格化表现。承认农民拥有独立的土地承包权，有利于减少现行土地产权关系中内含的不确定性；有利于增加国家对农民的产权保护，有利于使农民形成长期的预期；有利于在发挥土地社会保障功能的同时，推动农地的市场化流转，从而提高农地的利用效率。[4] 曾令香、袁荣琴、曾煜在《论新世纪我国农民家庭经营组织》一文中指出，农地所有权与经营权分离的“两权分离”制向农地所有权、承包权、

① 参见冯玉华、张文方：《论农村土地的“三权分离”》，载《经济纵横》1992 年第 9 期。

② 参见夏振坤：《农业的体制与组织创新》，载《当代财经》1995 年第 3 期。

③ 参见陈东强：《论中国农村的土地集中机制》，载《中国农村经济》1996 年第 3 期。

④ 参见韩俊：《中国农村土地制度建设三题》，载《管理世界》1999 年第 3 期。

经营权分离的“三权分离”制演进，为我国农民家庭经营组织创新奠定了良好的制度基础和环境。[①]

总之，在 20 世纪末期，我国已有学者围绕农地的“三权分离”（“三权分置”）展开了一定研究，为我国进一步推进“三权分置”改革提供了理论营养。这主要体现在：首先，有助于认识农地“两权分离”与“三权分离”的关系。农地“三权分离”是在“两权分离”的基础上的制度创新，“三权分离”下集体土地所有制和家庭承包经营制度是不变的。一方面，无论如何改革，集体土地所有制的基础不能变；另一方面，“三权分离”不改变家庭承包经营的基础地位，农户仍然享有承包权。其次，农地“三权分离”主要是为了实现土地经营权的市场化流转和土地规模经营目的而设计的。无论是“农业代营制”，还是“集体—承包户—公司型”“集体—承包户—联营体型”“集体—承包户—使用户型”等，都是为了实现土地经营权更好的市场化流转，实现农户享有的土地承包经营权的财产权能的充分释放。最后，农户承包权的独立有利于明晰集体产权主体，有利于保障农民的个体权益，能够保障在实现集体土地社会保障功能的基础上释放土地的财产价值，提升土地的利用效率。

（二）党的十八大前农地“三权分置”的地方探索

党的十八大前，农地“三权分置”缺乏中央政策与法律支撑，多处于局部小规模的摸索阶段。从地方探索来看，农地“三权分置”主要发生在我国东部沿海的经济发达地区，具体体现为两个层面：一是体现为地方的实践探索；二是体现为地方的规范性文件的制定。

1. 地方实践探索

（1）浙江乐清县（现乐清市）较早地明确提出“三权分离”政策。乐清县 1992 年年初提出了在坚持“三不变”前提下，实行土地“三权分离”的制度，即在坚持土地公有制不变、家庭联产承包制不变和双层经

① 参见曾令香、袁荣琴、曾煜：《论新世纪我国农民家庭经营组织》，载《农业经济问题》2000 年第 2 期。

营体制不变的前提下,通过市场调节,实行土地所有权、承包权、经营权(使用权)分离。原承包土地的农户,在承包期内,可以保留承包权,转让使用权。这一制度在具体实践中,既使农民对承包土地有了稳定感,消除了怕变的心理,又增强了接包户经营土地合法化的信心,促进了土地适度规模经营的发展[①],并探索了“村社中介型”和“大户自调型”两种模式。

(2)广东的“股份合同制”和浙江的“集体粮库制度”是“三权分离”的典型形态。“股份合同制”以广东南海为代表,其方式是农户将其土地承包权入股,年终享受分红。其土地使用权则由集体“赎回”,重新发包给种田大户或专业队,成立农业股份有限公司,进行企业化经营,公司与集体形成土地承包租佃关系。“集体粮库制度”是在坚持土地集体所有制的前提下,将土地所有权、经营权、承包权分开。农户可保留承包权,其经营权通过土地管理服务组织流转给企业型粮食专业户。转出土地农户可从地方政府或集体建立的集体粮库领到一份口粮,政府对粮食专业户则实行保护措施。[②]

(3)湖北枣阳顺城村的“三权分离”实践。顺城村实行农地“三权分离”的主要做法是:坚持土地集体所有,对农户的承包土地,在原承包户承包权不变的情况下,对务工经商户或无经营能力户的土地由集体出面协调,让其转让出承包土地的经营权,由新接包户与集体签订经营合同。新接包户服从集体统一的计划,自主经营。合同期满,根据三方意见,可以由新接包户继续经营,可以由集体转包他人,也可以由原承包户收回土地的经营权。顺城村的实践显示出“三权分离”旺盛的生命力,其完善了土地制度、发展了规模经营、重组了生产要素、保护了土地资源。顺城村在改革实践中,坚持发展要适度、把握好分

---

① 参见艾云航:《实现农业集约化、现代化的必由之路——浙江乐清县土地适度规模经营的调查》,载《农业技术经济》1994 年第 4 期。

② 参见陈东强:《论中国农村的土地集中机制》,载《中国农村经济》1996 年第 3 期。

离目标、强化管理、超前监督的指导思想，随时解决各种新问题。[①]

（4）浙江省武义县在总结农民群众实践经验的基础上，明确提出把股份合作制引入农业开发。其主要内容是：土地入股、劳力入股、资金入股、技术参股，按股分红。对于农业股份合作制的具体操作，重点抓好五个环节：股权登记、确定分成、建立组织、制订章程、颁发证书。[②]

2. 地方规范性文件的制定

农地“三权分离”在地方的规范性文件中早已出现，这些表述远早于中央政策的表述。同时，这些地方将“三权分离”改革上升到地方规范性文件的层次。

（1）中共浙江省委办公厅、浙江省人民政府办公厅《关于积极有序地推进农村土地经营权流转的通知》（浙委办〔2001〕53 号）指出：“按照‘稳制活田、三权（所有权、承包权、经营权）分离，自主自愿、形式多样，市场契机、政府保障，加强管理、稳步推进’的方针，优化土地资源配置，实现规模化、集约化生产。”

（2）浙江省嘉兴市人民政府办公室于 2007 年 7 月 24 日发布的《关于加快推进农村土地承包经营权流转的意见》（嘉政办发〔2007〕106 号）提出：“鼓励农村集体土地的所有权、承包权、经营权相分离，稳定承包权，搞活经营权，规范土地承包经营权的流转。”

（3）湖北省荆州市公安县人民政府《关于推进农村土地承包经营权流转的意见》（公政发〔2008〕34 号）指出：“坚持‘稳制活田、三权分离’的原则。在不改变土地所有权性质，不改变家庭承包经营制度，不改变土地农业用途的前提下，实行农村土地的集体所有权、农户承包权、经营者使用权三权分离，鼓励和支持承包方依法进行流转。”

（4）合肥市人民政府《关于农村土地承包经营权流转的意见》（合政〔2008〕93 号，已失效）指出：“推进农村土地承包经营权流转，应当

---

① 参见王新国、陈晓峰：《从顺城村的实践看“三权分离”》，载《湖北社会科学》1990 年第 10 期。

② 参见陈正玄：《武义县农业股份合作制考察报告》，载《上海农村经济》1994 年第 4 期。

坚持在稳定农村土地家庭承包经营制度不变的基础上,鼓励农村集体土地的所有权、承包权、经营权相分离,采取转包、转让、出租、互换、入股等形式进行流转。”

(5)洛阳市人民政府《关于加强农村土地承包经营权流转工作的意见》(洛政〔2009〕57号,已失效)指出:“在稳定农村土地家庭承包经营制度不变的基础上,鼓励农村集体土地的所有权、承包权、经营权相分离,采取转包、转让、出租、互换、入股等形式进行流转。”

(6)四川省人民政府办公厅《关于进一步规范有序进行农村土地承包经营权流转的意见》(川办发〔2009〕39号)指出:“坚持‘稳制、分权、搞活’的原则。在稳定土地家庭承包经营制的前提下,实行土地所有权、承包权和经营权相分离,坚持集体所有权、稳定农户承包权、放活经营使用权。”

(7)大连市人民政府《关于进一步推进农村土地承包经营权流转的意见》(大政发〔2010〕20号)指出:“要以稳定家庭承包关系为前提,实行土地所有权、承包权、经营权分离。积极引导农户对土地承包经营权实行流转。”

(8)厦门市农业局《关于规范农村土地承包经营权流转发展农业适度规模经营的意见》(厦府办〔2010〕109号,已失效)指出:“继续稳定家庭联产承包经营体制,保持现有农村土地承包关系,实行土地所有权、承包权和经营权分离,创新流转机制,丰富流转形式,搞活土地经营权。”

农地“三权分离”的地方实践和规范性文件的确认充分说明,我国目前推行的农地“三权分置”改革具有充分的实践基础。20世纪八九十年代已经开展了广泛的地方试验,而且21世纪以来全国多个地区的规范性文件中已经明确提出了农地“三权分置”改革措施。上述改革试验和地方探索为我国农地制度的进一步改革提供了实践基础,更为我国实施更为系统的农地“三权分置”政策提供了实证支撑。

二、党的十八大后农地“三权分置”的演变过程

（一）前期酝酿

2013 年 7 月 23 日，习近平总书记在湖北考察改革发展工作时强调，深化农村改革，完善农村基本经营制度，要好好研究农村土地所有权、承包权、经营权三者之间的关系。2013 年 11 月 12 日发布的《中共中央关于全面深化改革若干重大问题的决定》指出：“坚持农村土地集体所有权，依法维护农民土地承包经营权，发展壮大集体经济。稳定农村土地承包关系并保持长久不变，在坚持和完善最严格的耕地保护制度前提下，赋予农民对承包地占有、使用、收益、流转及承包经营权抵押、担保权能，允许农民以承包经营权入股发展农业产业化经营。鼓励承包经营权在公开市场上向专业大户、家庭农场、农民合作社、农业企业流转，发展多种形式规模经营。”该决定并没有明确提出农地“三权分置”，但已经对集体所有权、承包权和经营权进行了区分。这说明中共中央已经开始对该问题给予充分关注，这就为下一步正式提出农地“三权分置”改革做好了铺垫。正如前述，农地“三权分置”的实践已经在多个地区展开，因此，农地“三权分置”不是政策制定者的首创，而仅是对当前土地流转加速情况下“三权”实际分离而又容易引起误解和纠纷这一早就存在的事实进行了制度化和规范化。①

（二）明确确认

2013 年 12 月 23 日，习近平总书记在中央农村工作会议上的讲话中指出：“改革前，农村集体土地是所有权和经营权合一，土地集体所有、集体统一经营。搞家庭联产承包制，把土地所有权和承包经营权分开，所有权归集体，承包经营权归农户，这是我国农村改革的重大创新。现在，顺应农民保留土地承包权、流转土地经营权的意愿，把农民

---

① 参见钟真、孔祥智：《“十三五”中国农业改革发展的起点与展望》，载《教学与研究》2016 年第 2 期。

土地承包经营权分为承包权和经营权,实现承包权和经营权分置并行,这是我国农村改革的又一次重大创新。”[①]2014年中共中央、国务院印发的《关于全面深化农村改革加快推进农业现代化的若干意见》(2014年中央一号文件)指出:“在落实农村土地集体所有权的基础上,稳定农户承包权、放活土地经营权,允许承包土地的经营权向金融机构抵押融资。”该文件实际上已经以中央政策的形式明确了“三权分置”改革的基本内涵,即集体所有权、农户承包权、土地经营权“三权分置”;并且明确了改革的基本方向,即“落实集体所有权、稳定农户承包权、放活土地经营权”。为引导农村土地经营权有序流转、发展农业适度规模经营,2014年11月20日,中共中央办公厅、国务院办公厅印发的《关于引导农村土地经营权有序流转发展农业适度规模经营的意见》指出:“坚持农村土地集体所有权,稳定农户承包权,放活土地经营权,以家庭承包经营为基础,推进家庭经营、集体经营、合作经营、企业经营等多种经营方式共同发展。”这就进一步确认了农地“三权分置”改革的基本思路。而且该文件还进一步指出,要“抓紧研究探索集体所有权、农户承包权、土地经营权在土地流转中的相互权利关系和具体实现形式”。2015年2月,中共中央、国务院颁布了《关于加大改革创新力度加快农业现代化建设的若干意见》(2015年中央一号文件),对前期中央领导讲话和政策作了进一步确认,指出:“完善相关法律法规,加强对农村集体资产所有权、农户土地承包经营权和农民财产权的保护。抓紧修改农村土地承包方面的法律,明确现有土地承包关系保持稳定并长久不变的具体实现形式,界定农村土地集体所有权、农户承包权、土地经营权之间的权利关系,保障好农村妇女的土地承包权益。”

---

① 习近平:《在中央农村工作会议上的讲话》,载中共中央文献研究室编:《十八大以来重要文献选编》(上),中央文献出版社2014年版,第670页。在该讲话中,习近平总书记还指出:“土地承包权主体同经营权主体发生分离,这是我国农业生产关系变化的新趋势。这个变化对完善农村基本经营制度提出了新的要求,要不断探索农村土地集体所有制的有效实现形式,落实集体所有权、稳定农户承包权、放活土地经营权,加快构建以农户家庭经营为基础、合作与联合为纽带、社会化服务为支撑的立体式复合型现代农业经营体系。”

（三）继续巩固

为推进农村领域的深化改革步伐，从提高农村改革的系统性、整体性、协同性出发，中共中央办公厅、国务院办公厅于 2015 年 11 月 2 日印发了《深化农村改革综合性实施方案》，对农地“三权分置”改革进行了较多创新性的规定，成为我国农地“三权分置”改革的重要指针。该方案的主要内容包括：其一，从深化农村改革的角度进一步确认了农地“三权分置”，明确要把握好土地集体所有制和家庭承包经营的关系，现有农村土地承包关系保持稳定并长久不变，落实集体所有权，稳定农户承包权，放活土地经营权，实行“三权分置”。其二，明确提出了“三权分置”是深化农村土地改革的基本方向，即落实集体所有权、稳定农户承包权、放活土地经营权。其三，对农地“三权分置”改革的具体内涵进行了较为清晰的界定。“落实集体所有权”，就是落实“农民集体所有的不动产和动产，属于本集体成员集体所有”的法律规定，明确界定农民的集体成员权，明晰集体土地产权归属，实现集体产权主体清晰；“稳定农户承包权”，就是要依法公正地将集体土地的承包经营权落实到本集体组织的每个农户；“放活土地经营权”，就是允许承包农户将土地经营权依法自愿配置给有经营意愿和经营能力的主体，发展多种形式的适度规模经营。其四，对农地“三权分置”改革中经营权流转的原则和规模经营的方式进行了规定，明确要按照依法自愿有偿原则，引导农民以多种方式流转承包土地的经营权，以及通过土地经营权入股、托管等方式，发展多种形式的适度规模经营。其五，对农地“三权分置”改革中进城农民财产权利的切实保护进行了规定，明确要切实维护进城落户农民的土地承包权、宅基地使用权、集体收益分配权。

中共中央、国务院《关于落实发展新理念加快农业现代化实现全面小康目标的若干意见》（2016 年中央一号文件）又对农地“三权分置”的相关政策作了进一步明确。首先，该意见明确规定，要“维护进城落户农民土地承包权、宅基地使用权、集体收益分配权，支持引导其依法自愿有偿转让上述权益”。相对于之前表述,该规定具有开创性意义,因为之前 2013 年、2015 年的中央一号文件以及政府工作报告中使用的都是“土地承包经营权”的表述。如 2013 年《关于加快发展现代农业进一步增强农村发展活力的若干意见》中是这样表述的:“依法保障农民的土地承包经营权、宅基地使用权、集体收益分配权。”2015 年《关于加大改革创新力度加快农业现代化建设的若干意见》中指出:“现阶段,不得将农民进城落户与退出土地承包经营权、宅基地使用权、集体收益分配权相挂钩。”在持续推进农地“三权分置”改革的背景下,2016 年中央一号文件使用与前两年中央一号文件不同的“农村土地承包权”的表述,显然是有其特定含义的,而且其规定支持引导农民依法转让上述权益。其次,该意见再次明确了农地“三权分置”改革的方向,即“落实集体所有权,稳定农户承包权,放活土地经营权”,并提出要完善“三权分置”办法。

(四)贯彻落实

2016 年 10 月 30 日,中共中央办公厅、国务院办公厅印发的《关于完善农村土地所有权承包权经营权分置办法的意见》,是我国第一部专门性的针对农地“三权分置”的政策文件,要求各地区各部门要结合实际认真贯彻落实,标志着“三权分置”进入正式贯彻落实阶段。该意见对农地“三权分置”的重要意义、指导思想、基本原则(尊重农民意愿、守住政策底线、坚持循序渐进、坚持因地制宜)、如何逐步形成“三权分置”格局、确保“三权分置”有序实施的保障措施等作了全面的规定。之后,中共中央、国务院《关于深入推进农业供给侧结构性改革加快培育农业农村发展新动能的若干意见》(2017 年中央一号文件)又一次提出要落实农地“三权分置”办法。

(五)立法确认

2018 年 12 月 29 日,第十三届全国人民代表大会常务委员会第七次会议通过了《关于修改〈中华人民共和国农村土地承包法〉的决定》。修改后的《农村土地承包法》第 9 条明确提出了“土地经营权”

的概念,规定:“承包方承包土地后,享有土地承包经营权,可以自己经营,也可以保留土地承包权,流转其承包地的土地经营权,由他人经营。”同时,该法用专节对“土地经营权”进行了规定,主要内容有:其一,明确了土地经营权流转的保护。国家保护承包方依法、自愿、有偿流转土地经营权,保护土地经营权人的合法权益,任何组织和个人不得侵犯。其二,明确土地经营权人的权利。土地经营权人有权在合同约定的期限内占有农村土地,自主开展农业生产经营并取得收益。其三,明确土地经营权流转的内涵,包括明确土地经营权的流转方式、流转原则、流转价款、流转合同等具体程序和要求。至此,农地“三权分置”制度实现了从政策到法律的转化。

特别需要指出的是,2020 年 5 月 28 日,第十三届全国人民代表大会第三次会议通过的《民法典》在“土地承包经营权”一章中规定了“土地经营权”的内容,实现了土地经营权入典,反映了时代需求,体现了时代价值,具有重要的现实意义和历史意义。这是我国土地制度改革的重要成果,必将对我国土地法治的未来发展产生深刻的影响。一方面,将土地改革的成果及时转化为法律规范,实现“重大改革于法有据”,这是依法治国,推进国家治理体系和治理能力现代化的必然要求,有利于农业生产的长期稳定发展;另一方面,我国农村土地制度改革没有过去时,只有进行时,将改革成果及时上升为法律规范,可以为下一步的土地改革提供指引,明确方向,有利于土地改革的深化。同时,将土地改革成果通过法律规范确认下来,可以让广大农民、土地经营者吃上“定心丸”,安心农业生产,确保国家粮食生产安全,为实现“两个一百年”的奋斗目标奠定坚实基础。

第二章　农地“三权分置”的制度基石——“落实集体所有权”

第一节　“落实集体所有权”的法律解读

“落实集体所有权”是农地“三权分置”的改革方向和重要内容之一，也是“三权分置”的制度基石。按照现行法的规定，农民集体所有权的权利主体是一定范围内的乡镇、村或村民小组的农民集体。但在实践中，集体所有权的主体一直存在主体虚位、主体模糊的弊端，并一直备受诟病。《深化农村改革综合性实施方案》对“落实集体所有权”的内涵作了进一步廓清，即“落实‘农民集体所有的不动产和动产，属于本集体成员集体所有’的法律规定，明确界定农民的集体成员权，明晰集体土地产权归属，实现集体产权主体清晰”。因此，从法理上讲，落实集体所有权，关键是通过集体成员权制度实现农村集体产权主体的清晰。

一、“本集体成员集体所有”的法律内涵

“落实集体所有权”即落实《民法典》第 261 条第

1 款(原《物权法》第 59 条第 1 款)关于“农民集体所有的不动产和动产,属于本集体成员集体所有”的法律规定,而这里的关键问题在于要明晰“本集体成员集体所有”的法律内涵。对于该款中的“本集体成员集体所有”应当如何理解,是理解为“本集体成员的集体所有”还是“本集体成员集体的所有”? 换言之,农民集体所有权的权利主体究竟是“本集体成员”还是“本集体的成员集体”? 对此,学界主要有以下理解:(1)集体成员说,即认为农民集体所有权的权利主体是本集体的集体成员。[①] (2)复合主体说,即认为集体组织和集体成员同为农民集体所有权的主体。[②] (3)成员集体说,即认为“成员集体”是由“本集体成员”所组成的“成员集体”,成员集体是一定的集体范围的成员个体的集合。[③] 本书认为,对于“本集体成员集体所有”法律表述的理解事关农民集体所有权的实质内涵和法律性质,应从解释学上予以澄清:

其一,从文义解释分析,农民集体所有权的本质在于农民集体所有,而非集体成员所有。因此,“本集体成员集体所有”的落脚点应当是“集体所有”,而非“集体成员所有”。

其二,从体系解释分析,“本集体成员集体所有”实际上应当理解为是“本集体成员”组成的“成员集体”所有,而不是“集体成员所有”。

其三,从立法目的上考察,立法上采纳“本集体成员集体所有”的表述,一方面,旨在明确农民集体所有权的权利主体是“成员集体”;另一方面,该表述密切了成员集体与集体成员的联系。这就为在集体成员和成员集体之间建立起法律关系提供了可能,为集体成员权的产生提供了逻辑可能。

其四,从历史解释分析,《物权法(草案)》中曾经使用“本集体的

---

① 参见王利明:《物权法研究》(第 4 版上卷),中国人民大学出版社 2016 年版,第 512 页。

② 参见崔建远:《物权法》(第 4 版),中国人民大学出版社 2017 年版,第 182 页。

③ 参见韩松、姜战军、张翔:《物权法所有权编》,中国人民大学出版社 2007 年版,第 112 页。

成员集体所有”的表述。2005 年 7 月 8 日，全国人大常委会办公厅公布的《物权法（草案）》第 61 条第 1 款曾规定：“农民集体所有的不动产和动产，属于本集体的成员集体所有。”对于这一规定，有学者曾作出解析：“《物权法（草案）》将农民集体所有明确为本集体范围的成员集体所有；同时还规定集体所有权行使中的重大事项应当经本集体村民会议讨论决定。这样成员集体和集体成员就成了农民集体所有权中最主要的要素概念。”[①]本书认为，成员集体和集体成员两个概念的创设使农民集体所有权的内部构造更加清晰：成员集体是农民集体所有权的权利主体，对外统一享有集体所有权；集体成员作为成员集体的成员，在成员集体中享有成员权。成员集体和集体成员本质上属于团体和其组成成员的关系，而连接二者的核心概念就是集体成员权。

总之，《民法典》第 261 条第 1 款中“本集体成员集体所有”的完整表述应为：“本集体成员”构成的“成员集体”所有。对此，可以进一步解释为：农民集体所有权的权利主体是本集体成员组成的“成员集体”，而集体成员在成员集体内部按照法律法规和自治规约对属于成员集体所有的不动产和动产共同享有各项财产权利（自益权）和非财产性权利（共益权）。集体成员与成员集体概念的区分是农民集体成员权概念产生的逻辑前提。在成员集体内部，集体成员的权利通过成员权的行使加以实现。

二、集体所有权通过明确和界定农民集体成员权加以实现

以传统的所有权权能来衡量集体所有权，既不利于农民集体成员权的制度建设，也不利于农村社会经济条件发生根本变化后，集体所有权制度的重建和农村基本经营制度的更新。[②] 本书认为，“落实集体所有权”要通过明确和界定农民的集体成员权加以实现。我国民事立法对“三农”问题给予了格外关注，其中最为突出的表现是通过基本

① 韩松：《论成员集体与集体成员——集体所有权的主体》，载《法学》2005 年第 8 期。

② 参见魏后凯、崔红志主编：《稳定和完善农村基本经营制度研究》，中国社会科学出版社 2016 年版，第 48 页。

法律的形式确认了农民集体成员权这种具有中国特色的新型民事权利[①],《关于完善农村土地所有权承包权经营权分置办法的意见》对集体成员的知情权、决策权、监督权作了更加明晰的规定。2016年12月26日中共中央、国务院发布的《关于稳步推进农村集体产权制度改革的意见》提出要“形成有效维护农村集体经济组织成员权利的治理体系”。应当说,“农村集体经济组织成员权利的治理体系”是我国政策中第一次作出的明确表述。农民集体成员权确认的意图就是在维持农民集体所有制的基础上强化集体成员权,实现集体所有权主体的清晰。集体成员权是在集体成员与成员集体之间建立起法律关系的纽带;集体所有权与集体成员权的终极价值目标是一致的,即集体成员的个体权益实现与保障。因此,可以说,集体成员权制度的提出是农民集体所有权制度的升华:一方面坚持了社会主义农民集体所有制这个大前提,巩固了社会主义公有制基础;另一方面突出了集体成员的权利主体地位,有利于保护集体成员的个体权益。从立法上而言,农民集体成员权的确立丰富了具有中国特色的民事权利体系。《深化农村改革综合性实施方案》的政策表述使集体所有权和集体成员权之间的关系更加明晰,进一步廓清了农民集体所有权和农民集体成员权的关系,即农民集体成员权是落实集体所有权的路径,界定农民的集体成员权可以实现集体产权主体的清晰化。

明确界定农民的集体成员权,需要对农村集体经济组织的成员资格进行清晰界定。农村集体经济组织成员资格的确定保障了集体成员权落实到集体经济组织成员个体身上,这就切实落实了集体所有权。“实现三权分置中的集体所有权,应当明确集体成员的范围以及成员是何种集体的成员。”[②]因此,集体经济组织成员资格确定是落实集体所有权的关键步骤。本质上,集体经济组织成员资格确定是集体

---

① 参见管洪彦:《农民集体成员权:中国特色的民事权利制度创新》,载《法学论坛》2016年第2期。

② 魏后凯、崔红志主编:《稳定和完善农村基本经营制度研究》,中国社会科学出版社2016年版,第47页。

经济组织成员身份确认问题。但遗憾的是,我国目前还缺乏集体经济组织成员资格界定的国家层面的立法,《农村土地承包法》第 69 条也仅规定"确认农村集体经济组织成员身份的原则、程序等,由法律、法规规定"。从总体上看,目前调整成员资格界定的规范还多是地方性法规或者法院的指导性意见、座谈会纪要等,甚至很多地方依靠村规民约来对集体经济组织成员资格进行界定,导致现实生活中经常出现因集体经济组织成员资格确定而侵害集体经济组织成员权益的情形。

值得关注的是,《关于稳步推进农村集体产权制度改革的意见》对集体经济组织成员资格认定的标准提出了更为明晰的判断原则,提出要"科学确认农村集体经济组织成员身份",并具体规定了以下内容:其一,明确了集体经济组织成员资格认定的基本原则,即"尊重历史、兼顾现实、程序规范、群众认可"。其二,明确了认定的考量因素,即"统筹考虑户籍关系、农村土地承包关系、对集体积累的贡献等因素"。其三,明确了改革试点的方向和核心要点,即"探索在群众民主协商基础上确认农村集体经济组织成员的具体程序、标准和管理办法""健全农村集体经济组织成员登记备案机制""成员身份的确认既要得到多数人认可,又要防止多数人侵犯少数人权益,切实保护妇女合法权益""提倡农村集体经济组织成员家庭今后的新增人口,通过分享家庭内拥有的集体资产权益的办法,按章程获得集体资产份额和集体成员身份"。该意见的规定将成为未来一段时期内指引集体经济组织成员资格认定实践的重要指针,对未来的立法完善也将起到重要作用。

总之,在明确集体经济组织成员资格的基础上,集体成员在农民集体内部通过行使各项自益权和共益权,可以确保集体所有权真正落实到集体成员身上,进而实现集体所有权主体的具体化和真实化;这就在较大程度上解决了集体所有权主体虚位的问题。农地"三权分置"中的"落实集体所有权"就是通过集体成员权的确认和落实,实现集体产权主体清晰,而其中最为关键的步骤是进行农村集体经济组织成员资格的确定。

但是，对于集体土地所有权，我国理论上仍有许多问题需要研究，这些问题直接影响农地“三权分置”的贯彻和落实。例如，在功能上，集体土地所有权是绝对所有权还是相对所有权，其现实合理性何在？集体土地所有权的权能结构如何，“权能分离”真的不可避免吗？在实现机制上，集体土地所有权如何在维系公法功能的同时释放其财产要素？在农地“三权分置”的立法实践中，法律对土地经营权的性质语焉不详，原因即在于对集体土地所有权的不同认识，导致了学界对农地“三权分置”的严重分歧。下文中我们将分别对上述问题进行分析，以弥合分歧。

第二节　从归属到利用：集体土地所有权的语境与意义

“所有权就其本质而言，是精神的东西，而非物质的东西，所有人的‘据我所有’的意志性、主观性要素是所有权内在的、本质上的要素。”[①]但若结合权能作整体性的功能观察，则所有权存在以归属为中心的所有权和以利用为中心的所有权两种类型。现代法上的绝对所有权属于前者，历史上的相对所有权属于后者。那么，现代法上存在以利用为中心的所有权吗，集体土地所有权能否归入这一类型，其是否具有现实合理性，又具有何种法律意义？

一、集体土地所有权的概念语境

（一）以归属为中心：绝对所有权的概念语境

所谓绝对所有权即大陆法系现代所有权，是指为适应资本主义经济、改变封建制度束缚、基于个人主义哲学而形成的所有权理论，也即我们通常所谓的所有权。这种所有权理论虽然源自罗马法，却是近代

① 马新彦：《罗马法所有权理论的当代发展》，载《法学研究》2006年第1期。

学者借助主观权利加以续造的结果[①],其基本特征就是具有绝对性和观念性。[②] 所谓所有权的绝对性,即所有权人在权能上对物的绝对支配;这是对所有权法律效力的内部观察,与所有权的外部限制有所不同。"所有权是指'最绝对地享有和处分财产',尽管所有人的这种'主权'因'法律或条例禁止的使用'而有所缓和。"[③]事实上,现代大陆法对所有权绝对性的强调,不过是对封建法中分割所有权的一种反叛;后者作为一种效力不充分的所有权,与近代资产阶级的个人主义要求相悖。所以,"(法国民法典)确认所有权……首先是对新的所有权人的一种保证:保证不会走回头路,保证他们在'国民财产中所占的份额'已为他们最终取得,他们有任意处分这些财产份额的自由"[④]。所有权的绝对性即意味着所有权具有观念性,即所有权所体现的对物的观念(意志)上的支配,即使物不在所有人的现实控制之下。[⑤]

应当指出,绝对所有权的建构以归属性为中心。近代资本主义思潮认为,法律的目的在于保护个人所有权。所以,"对财产权利归属的界定,是一切法律关系的前提"[⑥]。归属性遂成为大陆法系现代所有权的原点与核心。其基本体现有二:一是对物的保护以明确归属为要义,要求实现单一所有权,反对物的分割、分层所有;二是物的使用、收益权能或称利用属性被归属性整合,成为所有权的实现方式。所有权因而具有了完整性、恒久性和弹力性的基本特征,一物一权原则也成为大陆法系物权法上的基本原则。有一种意见认为,同一物上所有权

---

① 参见李俊:《罗马法上的农地永久租赁及其双重影响》,载《环球法律评论》2017 年第 4 期。

② 大陆法系的法国和德国等近代以来的民法,直至现当代的日本、瑞士与中国民法均采罗马法模式,将所有权设释为一种对物的完全、排他、专属、绝对的支配权。参见马新彦:《罗马法所有权理论的当代发展》,载《法学研究》2006 年第 1 期。

③ [法]罗贝尔·巴丹戴尔:《最伟大的财产》(中译本代序),载《法国民法典》(上册),罗结珍译,法律出版社 2005 年版,第 20 页。

④ [法]罗贝尔·巴丹戴尔:《最伟大的财产》(中译本代序),载《法国民法典》(上册),罗结珍译,法律出版社 2005 年版,第 20 页。

⑤ 参见李国强:《相对所有权的私法逻辑》,社会科学文献出版社 2013 年版,第 16 页。

⑥ 吕来明:《从归属到利用——兼论所有权理论结构的更新》,载《法学研究》1991 年第 6 期。

与用益物权的结构安排，即已实现了物的归属和利用的分离[①]；或者说，从集体土地所有权到土地承包经营权，充分体现了农地由以所有为中心到以利用为中心的规范逻辑。[②] 这种说法值得推敲，因为只要用益物权仍建立在绝对所有权的基础之上，它就无法压制所有权的弹力性、永久性，从而仍受所有权归属性的制约。

（二）以利用为中心：集体土地所有权的概念语境

虽然绝对所有权理论契合了资本主义文化和经济需求，也构成我们对所有权概念的一般认知，但其是否构成现代所有权的唯一语境，则令人生疑。以我国法上的集体所有为例，集体成员对耕地和宅基地的权利类似于日耳曼法上的总有制度。关于后者的法律性质，虽有学者认为属于个人所有权与国家所有权的中间形态[③]，但本质上是以利用为中心的所有权形态。[④] 在我国，由于集体成员在集体土地的占有、使用和收益权能之外，还享有某种条件下的处分权能，土地的观念所有与现实支配之间存在长期拉锯，所有权的弹力性由此被压制，绝对性也为相对性所替代。抑或有人说，日耳曼法上的“总有”早已是明日黄花，非严格的所有权概念。诚然，至 17 世纪左右，私人所有权已占据主导地位，集体所有权则按法人所有权模式进行了改造[⑤]，但法人所有权仍然体现了成员与法人的“不即不离”关系，法人对法人财产的所有和现实支配仍然受到来自法人成员的牵制。对此，我国在 20 世纪 80 年代的国有企业改制中，学界形成了三种完全不同的解释：一是认

---

① 参见陈小君：《我国农村土地法律制度变革的思路与框架——十八届三中全会〈决定〉相关内容解读》，载《法学研究》2014 年第 4 期。

② 参见单平基：《“三权分置”理论反思与土地承包经营权困境的解决路径》，载《法学》2016 年第 9 期。

③ 参见李宜琛：《日耳曼法概说》，中国政法大学出版社 2003 年版，第 76、77 页。

④ 参见［日］我妻荣：《我妻荣民法讲义 Ⅱ：新订物权法》，罗丽译，中国法制出版社 2008 年版，第 2 页。

⑤ 参见陈晓敏：《论大陆法上的集体所有权——以欧洲近代私法学说为中心的考察》，载《法商研究》2014 年第 1 期。

为法人对其财产享有所有权,股东的所有权则转化为债权[①];二是认为公司财产仍然为股东所有,股权恰为其行使所有权的体现[②];三是主张公司财产归公司所有、公司由股东所有的"双重所有权"结构。[③] 这表明,近代法对集体所有权的改造并不成功,以归属为中心的思路无法一统所有权的理论分歧。[④]

在以归属为中心的所有权形态下,所有权对经济生活的调整,系从作为归属的所有权出发,最终又回到作为归属的所有权。[⑤] 而在以利用为中心的所有权形态下,所有权上利益的实现建立于物的利用之上,归属与利用发生分离并且不再具有中心意义,而是体现为对物利用的利益要求和某种限制;这就使所有权具有了相对性和现实性。所有权的现实性是与观念性相对的,体现的是对物的现实支配的重视。在集体土地家庭承包的情形下,土地归集体所有,但土地的利用却属于集体成员。并且,只有土地由集体成员来支配和利用,才是集体土地所有权的意义所在。而在集体土地集体经营时,土地虽在形式上体现为集体所有,但集体成员仍可通过成员权对其进行某种程度上的控制;这同样体现了所有权的相对性和现实性。只不过就现实性而言,家庭承包的集体土地系由集体成员现实支配,而集体经营的集体财产则为集体经济组织现实支配。

二、所有权以利用为中心的正当性

值得注意的是,以利用为中心的所有权既存在"成员—团体"的构

---

① 参见郭锋:《股份制企业所有权问题的探讨》,载《中国法学》1988 年第 3 期。

② 参见孙志平:《对股份及股份公司财产关系的再认识》,载《中国法学》1988 年第 3 期。

③ 参见王利明:《论股份制企业所有权的二重结构与郭峰同志商榷》,载《中国法学》1989 年第 1 期。

④ 另有学者指出,传统所有权理论和债权理论对股权和法人财产权性质的解释,很难令人完全信服。参见马俊驹、梅夏英:《财产权制度的历史评析和现实思考》,载《中国社会科学》1999 年第 1 期。

⑤ 参见吕来明:《从归属到利用——兼论所有权理论结构的更新》,载《法学研究》1991 年第 6 期。

造,也存在“个人—个人”的样态。前者因涉及公法功能而更为复杂,本章第四节再行论述。就后者而言,其既是历史的存在,也具有现实的合理性;因为所有权的概念从来不是先验的,而是基于历史经验的发展而变化,并无绝对的评价标准。① 在罗马法上,虽然自市民法发展伊始,归属就是物定分止争的逻辑起点,但也还长期存在与归属并重的利用形态②;典型代表是流传至今的永佃权和地上权,英美法更是广泛存在以利用为中心的所有权形态。如果除去概念传承上的不同,仅就制度内涵而言,中国历史上的地上权和永佃制也具有这一特征。

(一)大陆法系的永佃权和地上权

所谓永佃权,即“一种可以转让的并可转移给继承人的物权,它使人可以充分享用土地同时负担不毁坏土地并缴纳年租金的义务”③。在罗马法上,永佃权的最早先例是罗马的公田占有制度。公田由被战胜民族的土地组成,部分被加以分割并分配给个人或者被出卖,但大部分允许市民在缴纳收入的一定比例作为价金后自由占据。在法律上,国家一直是这些土地的所有主,但事实上,占有者被视为这些土地的主人:它们不仅可以被继承,而且可以被转让,可以在无限制的享用中加以改变。④ 但一般认为,赋税田的出租才是永佃权的实践源泉。所谓赋税田,是指那些未被分配或出卖,也未为任何人占据,但被以一百年期限或永久出租的土地以及被长期或永久出租的市政当局和僧侣团体的土地。在赋税田中,承租者只要正常纳税,即可平安地无限享用土地。⑤ 永佃权仍然存在于现代民法法系中,尤其是那些起源于

---

① 参见王洪亮:《分割所有权论》,载《华东政法学院学报》2006 年第 4 期。

② 参见李俊:《罗马法上的农地永久租赁及其双重影响》,载《环球法律评论》2017 年第 4 期。

③ [意]彼德罗·彭梵得:《罗马法教科书》,黄风译,中国政法大学出版社 2005 年版,第 203 页。

④ 参见[意]彼德罗·彭梵得:《罗马法教科书》,黄风译,中国政法大学出版社 2005 年版,第 201 页。

⑤ 参见[意]彼德罗·彭梵得:《罗马法教科书》,黄风译,中国政法大学出版社 2005 年版,第 201 页;[英]巴里·尼古拉斯:《罗马法概论》,黄风译,法律出版社 2004 年版,第 161 页。

法国法的制度。但是,由于它几乎从所有权中抽走了所有的内容,尤其是在永久地授予这种权利的情况下,它与罗马法关于所有权统一的观念相冲突;因此,法国法将它的最长持续期限制在100年。[①]《德国民法典》中的土地权利体系也未摆脱长期租赁和永久租赁制度的影响,相反得益于永佃、租赁与所有权的相互发展,使长期占有和所有的关系在现代私法中获以进一步厘清。[②]

关于永佃权的性质,从古典法学家时代起,人们就争论"赋税田"的出租究竟属于真正的租赁抑或买卖:一方面,每年缴纳租金使其具有租赁的特色;另一方面,将物永久弃置给受让人又使其类似于买卖。[③] 尼古拉斯认为,这种出租既不同于一般的出租,也不同于对可继承并且可转让物的用益权。[④] 事实上,经由合同的出租只是永佃权的表面形式,在内容上永佃权已与所有权高度相似:永佃权人不仅实行占有,还可以进行转让;如同所有主和用益权人一样,拥有提起对物之诉的权力。"因而,当永佃权永久存在时,他在一切实践意义上都相当于所有主,只是在他死亡并且没有继承人的情况下才使他的占有终止,这种终止还可以因欠缴租金或者造成不可弥补的损害而发生。"正因如此,后世永佃权被定义为一种永久性和财产性的具体所有权或扩用所有权,从而与领主所有权相并存和对峙。[⑤] 在罗马法取消市民法所有权和裁判官所有权的区分后,永佃权就开始发展成一项可被追索的现代所有权形态。[⑥]

---

① 参见[英]巴里·尼古拉斯:《罗马法概论》,黄风译,法律出版社2004年版,第161页。

② 参见李俊:《罗马法上的农地永久租赁及其双重影响》,载《环球法律评论》2017年第4期。

③ 参见[意]彼德罗·彭梵得:《罗马法教科书》,黄风译,中国政法大学出版社2005年版,第202页。

④ 参见[英]巴里·尼古拉斯:《罗马法概论》,黄风译,法律出版社2004年版,第161页。

⑤ 参见李俊:《罗马法上的农地永久租赁及其双重影响》,载《环球法律评论》2017年第4期。

⑥ 参见李俊:《罗马法上的农地永久租赁及其双重影响》,载《环球法律评论》2017年第4期。

地上权是另一种以利用为中心的所有权的典型,它同样发源于罗马法。作为缓和土地私有与城市建设张力的产物,地上权是一种“使人充分享用某一建筑物或其中一部分的、可转让并可转移给继承人的物权”①。在地上权中,名义上地上建筑物仍归土地所有人所有,但实际上这不过是土地所有人收缴租金的依据。就地上权人而言,其除需缴纳租金外,还享有转让等权利,建筑物也可以被继承。所以,尼古拉斯说:“的确,土地的所有主仍然拥有着建筑物,就像通过永佃权出让土地的人仍然保留着土地所有权那样。但是,如同永佃权人的权利一样,地上权人的权利是很广泛的,以至于只要地上权仍然有效,也就实际并存着两个所有权。”②遗憾的是,帝国后期的法学家满足于将地上权简单地看作特殊制度,地上权的理论价值没有受到充分考虑。③ 这一使命,即便在继受地上权理论的大陆法系国家亦未完成。所以,德国学者认为,一方面,自土地所有权人角度看,地上权被视为一项限制物权。但另一方面,该限制物权之自身,在法律上又受到如同土地之对待:它有自己的登记簿页,可以像土地那样被设定负担,并受到土地所有权般的保护。④ 与罗马法不同的是,因行使地上权而建造或已经存在的建筑物,为地上权的重要成分,而不是土地所有权的重要成分。⑤

(二)英美法上的保有制及其影响

英美法系的历史基础是中世纪的英国法,后者适用作为日耳曼法分支的盎格鲁-撒克逊习惯法。因此,日耳曼法是英美法的思想来源

① [意]彼德罗·彭梵得:《罗马法教科书》,黄风译,中国政法大学出版社2005年版,第204页。

② [英]巴里·尼古拉斯:《罗马法概论》,黄风译,法律出版社2004年版,第169页。

③ 参见[英]巴里·尼古拉斯:《罗马法概论》,黄风译,法律出版社2004年版,第161页。

④ 参见[德]鲍尔、施蒂尔纳:《德国物权法》(上册),张双根译,法律出版社2004年版,第648页。

⑤ 参见[德]鲍尔、施蒂尔纳:《德国物权法》(上册),张双根译,法律出版社2004年版,第648页。

和手段。这一传统与欧洲中世纪的封建法颇为类似,所以庞德将之称为“封建因素”[①],其基本体现就是以领主与封臣间的关系为模板,形成了分割所有权下的“保有制”。所谓保有,即围绕土地而建立的领主与封臣间的社会关系:封臣持有领主的土地,并向领主承担各种封建义务;领主向封臣提供保护,同时保留在某些情况下收回土地的权利。[②] 由于土地可以层层分封,所以形成了大大小小的领主以及分割所有权。应当注意的是,在保有制下,名义上领主拥有全部的土地所有权,但现实情况则是,土地持有人实际拥有自己占有土地的保有权。特别是11世纪末以后,土地持有人的土地可以由长子继承;12世纪以后,这就被承认为普通法上的一种继承权利,土地的授予从此成为无期限。[③] 因此,“保有权在事实上相当于所有权,但为了刻意区分于所有权表明对国王的尊重,它又被称为保有权”[④]。

如同普通法传统的顽强生命力一样,保有制并未因时间推移和事实变化而消亡。因此,自罗马帝国后期封建制成型开始,保有的思想就一直影响到今日的英美法。[⑤] 英美法由此形成了多样化的以利用为中心的所有权形态,如终生地产权、租赁地产权、信托上的双重所有权等。为行文便利,同时也为了与大陆法系的物权形态形成对照,这里仅以租赁地产权为例进行说明。在大陆法系,租赁系通过债的关系处理的,但在英美法上,租赁可能具有完全不同的法律意义。“依照英美法,享用及租赁的契约,形成某些物权;至于在欧洲大陆,却只发生强制性的债的拘束。”[⑥]无论是长期租赁还是短期租赁,均具有物权性质

---

① 参见[美]罗斯科·庞德:《普通法的精神》,曹相见译,上海三联书店2016年版,第14~15页。

② 参见吴一鸣:《英美物权法之大陆法解读》,华东政法大学2010年博士学位论文,第63~64页。

③ 参见李进之等:《美国财产法》,法律出版社1999年版,第19~20页。

④ 冉昊:《“相对”的所有权——双重所有权的英美法系视角与大陆法系绝对所有权的解构》,载《环球法律评论》2004年第4期。

⑤ 参见汪洋:《罗马法“所有权”概念的演进及其对两大法系所有权制度的影响》,载《环球法律评论》2012年第4期。

⑥ [美]阿瑟·库恩著、陈朝璧译注:《英美法原理》,法律出版社2002年版,第169页。

的排他效力。只不过就长期租赁地产权而言，登记才是其生效要件，否则不发生物权效力。值得注意的是，对于长期租赁地产权，于其上设立的负担，属于租赁地产权的负担，而非土地所有权的负担。“当这些租赁地产权上被设定了其他权利时，这些权利并不能登记到土地所有权登记簿中，因为它们并不是所有权上的负担，而是租赁地产权上的负担。”[①]基于租赁地产权的此种性质，不少学者认为，租赁地产权与大陆法系的永佃权、地上权在功能上完全一致。[②]

（三）我国历史上的地上权和永佃制

有学者认为，我国西周时期已有了地上权事例。[③] 虽然该结论尚需佐证，但从习惯法的角度上说，中国古代肯定是存在地上权制度的。例如，民间的“租地造物、拆屋还地”“借地造林”即具有地上权的性质：“设定建筑房屋之地上权无期间，惟设定植物之地上权有期间，其地上权亦不随土地所有权为移转。”[④]就永佃制而言，一般认为其发端于宋代，明中叶以后开始流行于东南地区，到清代和民国时期已蔓延至全国，在若干地区成为主要的土地租佃形态。[⑤] 其法律关系可概括如下：土地所有权即田底权，归地主所有；土地耕作权即田面权，归佃农所有。地主有转让田底的自由，但不影响佃农的权利；佃农有转让田面的自由，地主不能干涉。在佃农不缴地租或迟纳的数额达到田面价格时，地主可以收回土地。[⑥] 与欧洲大陆的永佃权相比，中国的永佃制度更为充分和成熟：期限一般是永久性的；除转让

---

① 吴一鸣：《英美物权法之大陆法解读》，华东政法大学 2010 年博士学位论文，第 92 页。

② 参见黄泷一：《英美法系的物权法定原则》，载《比较法研究》2017 年第 2 期；吴一鸣：《英美物权法之大陆法解读》，华东政法大学 2010 年博士学位论文，第 93 页。

③ 参见李志敏：《中国古代民法》，法律出版社 1988 年版，第 84 页。

④ 潘维和：《中国民事法史》，台北，汉林出版社 1982 年版，第 369 页。

⑤ 参见房绍坤：《用益物权基本问题研究》，北京大学出版社 2006 年版，第 89 ~ 90 页；汪洋：《明清时期地权秩序的构造及其启示》，载《法学研究》2017 年第 5 期。

⑥ 参见[日]长野郎：《中国土地制度的研究》，强我译，中国政法大学出版社 2004 年版，第 268 ~ 269 页。

外,田面权还可以出租、继承和抵押。[①] 此外,田面权人还享有优先购买权。[②]

由此观之,以利用为中心的所有权形态是历史与现实的存在,否认其存在是武断的。“以个体所有权为代表的‘归属所有权’和以集体所有权为代表的‘功能所有权’已成为当代欧洲农地所有权结构的范本。”[③]甚至有学者认为,“在任何制度下,‘利用’都是财产价值实现的唯一路径”“失去利用的终极目的,归属便无意义”“归属只是财产利用在历史阶段中的特殊表现”[④]。关于所有权的形态变迁,我妻荣教授精辟指出:“(近代以来)物权的法律构成从‘使用’向‘所有’发生重心转移……但是,这种推移趋势也具有一定限度。即使在资本主义最兴盛时期,物权特别是不动产物权,也多残存着各国所特有的性质。不仅如此,伴随着资本主义的高度发展,应当重视物本来所固有的使用价值的呼声与日俱增,物权的法律构成之重心重新呈现出由‘所有’向‘使用’再移转的趋势。”[⑤]我国学者也认为:“唯有从一种单纯专注于归属确认的僵化认识,转化为一种结合归属确认和目标实现的认识,才可能发生财产法律制度的实质改变。”[⑥]

三、集体土地所有权的法律意义

在以利用为中心的所有权形态下,无论是否具备“成员—团体”的构造,都存在一种法律上之“力”,使成员与团体、个人与个人形成“不

---

① 参见袁震:《论农村土地承包经营权的相当所有权属性》,载《河南大学学报(社会科学版)》2016 年第 5 期。

② 参见陈志英:《宋代物权关系研究》,中国社会科学出版社 2006 年版,第 135 页。

③ 李俊:《罗马法上的农地永久租赁及其双重影响》,载《环球法律评论》2017 年第 4 期。

④ 马俊驹、梅夏英:《财产权制度的历史评析和现实思考》,载《中国社会科学》1999 年第 1 期。

⑤ [日]我妻荣:《我妻荣民法讲义Ⅱ:新订物权法》,罗丽译,中国法制出版社 2008 年版,第 2 页。

⑥ 张家勇:《所有权与所有制的纠结:新中国物权法立法史管窥》,载 https://mp.weixin.qq.com/s/6dty5SRtAqco wD SsyWk7GQ,2019 年 7 月 18 日访问。

即不离”关系,形成物的现实支配和观念所有两方主体。就我国农村的承包地而言,集体成员系土地的现实支配主体,农民集体则属于观念所有主体。本书认为,此种“不即不离”也可以称为“相对分离”,即观念所有(归属意义上的所有权)与现实支配(支配意义上的所有权)的相对分离。这就意味着,土地承包经营权其实属于所有权的组成部分,两者结合才使集体所有权具备了完整内涵。为行文便利,后文再分析此种相对分离的内在机理,这里仅从所有权的观念所有角度分析集体土地所有权的法律意义。

关于以利用为中心的所有权的“相对分离”,学界普遍从所有权权能分离的角度展开,分割所有权论于是甚嚣尘上。[①] 就我国农地“三权分置”而言,我国学者认为,集体所有权专司最终所有权的功能,享有土地的部分处分权能[②]。国家所有权或集体所有权是一种分割性所有权,其含有一部分的处分权,其内容有限而且法定,而用益权以及大部分处分权均已被出让给了使用权人。[③] 另有学者在对比大陆法系物权结构与我国明清时期地权秩序时,认为二者的本质区别在于对物的处分权是否唯所有权人独有[④],这实际上也是基于权能角度的分析。

本书认为,从权能角度来认识物的观念所有和集体所有权,遮蔽了观念所有和集体所有权的现实本质。理由有二:其一,以利用为中心的所有权形态多样,但物的观念所有的目的并非保留处分权。就集体土地所有权而言,如果说集体对家庭承包的集体土地享有处分权尚可理解的话,在集体土地集体经营的场合就说不通了,因为集体成员虽能部分地影响集体土地的利用,但本质上是为了获

① 如沃尔夫认为,农民享有使用所有权,可对土地进行完全、充分的使用,亦可继承,但不能处分;处分权归属于地主。转引自王洪亮:《分割所有权论》,载《华东政法学院学报》2006 年第 4 期。

② 李国强:《论农地流转中“三权分置”的法律关系》,载《法律科学(西北政法大学学报)》2015 年第 6 期。

③ 王洪亮:《三权分置与土地使用权权能的完满》,载《清华法律评论》2016 年第 1 期。

④ 参见汪洋:《明清时期地权秩序的构造及其启示》,载《法学研究》2017 年第 5 期。

得收益,其道理如同股权。在缺乏团体构造的地上权和永佃权上,土地观念所有的目的更是纯化为获得收益。其二,观念所有主体行使“处分权”往往限于特定的情形,如物的现实支配主体损害物或延迟、拒绝支付价金时方能行使,这与所有权处分权能的自由属性截然不同。此种“处分权”,与其说是一种可自由行使的权能,不如说是对物的现实支配违反目的的限制,两者性质迥异。所以有学者说:“在这种所有权中,权能维度被最大限度地淡化,它从来不体现为一种处分权,成员对集体土地的占有使用本身也是实现其经济功能的重要途径。”①

既然集体土地所有权的权能维度被淡化,集体土地所有权就必然呈现某种“虚化”现象。正因如此,归属意义上的所有权在罗马法上又被称为“空虚所有权”②。当然,此种权能上的虚化不同于主体虚化,因为观念所有本来就只是为某种特定功能存在,不以对财产的现实支配为条件。正是在这个意义上,有学者这样解释集体:“集体只是一个概念上的框,它的作用是将集体成员囊括其内并在外观上呈现出一个整体的单一的所有人形象,真正的所有权人仍然是集体成员。”③就此而言,政策话语把集体所有权解释为处置权——集体通过行使所有权控制和约束其他权利的不规范行使,就是有道理的。④“强调尊重集体所有权,不宜通过扩大其调整和强制收回农户承包地的权利来体现,也不宜通过收取土地承包费、参与土地流转租金分配来体现。‘尊重集体所有权’,就是要尊重集体经济组织在……处理土地撂荒方面的监督作用、在平整和改良土地方面的主导作用、在促进土地适度规

① 陈晓敏:《论大陆法上的集体所有权——以欧洲近代私法学说为中心的考察》,载《法商研究》2014年第1期。

② 汪洋:《罗马法“所有权”概念的演进及其对两大法系所有权制度的影响》,载《环球法律评论》2012年第4期。

③ 胡风:《三权分置背景下土地承包经营权的分离与重构》,载《西北农林科技大学学报(社会科学版)》2017年第3期。

④ 参见韩长赋:《土地“三权分置”是中国农村改革的又一次重大创新》,载《光明日报》2016年1月26日,第1版。

模经营方面的桥梁作用。”①

第三节　从分离到整体:集体土地所有权的权能结构

集体土地所有权的权能结构涉及两个层面:一是观念所有与现实支配的关系,即归属所有权与支配所有权的“相对分离”。前文述及,归属所有权并不涉及权能问题,而是对支配所有权的某种限制;那么此种分离是否具有合理性,能否进行多次分离?二是支配所有权的权能结构,即“权能分离”是否不可避免,两大法系有何共通性?

一、所有权归属与支配的分离

所有权观念所有与现实支配的分离,说明所有权存在归属与支配的双重结构;二者既可合二为一而形成以归属为中心的所有权形态,亦可相对分离而形成以利用为中心的所有权结构。就后者而言,基于物的观念所有而形成的归属所有权不以享有权能为必要。其作为一种功能的存在,旨在维护某种特定的法律关系,仅在支配所有权有碍于此种功能实现时,才得以介入并表现为对财产处分权能的限制;有时还带有一定的公法色彩,集体土地所有权为其著例。而基于对物现实支配形成的支配所有权,则以享有占有、使用、收益和处分等权能为条件,是私法上的财产权;但由于受到归属所有权的牵制,所以并非完全所有权,从而与近代法上的绝对所有权区别开来。

其实,区分归属所有权与支配所有权有其历史基础。罗马法上先后出现了三个关于所有权的称谓:“Mancipium”“Dominium”“Proprietas”。最早出现的“Mancipium”是一个带有“主权”特性的概念:“原始形态的所有权的确是绝对的和排他的权力,它排斥任何限

---

① 叶兴庆:《从“两权分离”到“三权分离”——我国农地产权制度的过去与未来》,载《中国党政干部论坛》2014年第6期。

制、任何外来的影响；它必然吸收一切添加进来的东西，它是永久的。”“如果说现代所有权可以从实质的和经济的观点加以界定的话，罗马所有权却只能从抽象的和相对的观点加以界定，这种观点把土地所有权同‘地域主权’等量齐观。”[①]值得注意的是，“Mancipium”的绝对性和排他性，主要是一种物理性支配，而非现代意义上的观念支配。无论如何，主权与所有权联姻，意味着所有权已超越物本身，而成为权力和身份的象征。其历史背景是，欧陆最早的所有权形态是集体所有权，罗马法与日耳曼法莫不如此。[②] 早期的集体所有制主要解决生存问题，而不是把物作为财产进行流通。后来，随着氏族的瓦解、家父权的削弱，尤其是社会经济的发展，要求物的移转更为频繁和便捷，于是在古典法时期，产生了更具经济含义与个体性特征的“市民法所有权”。[③] “Dominium”和“Proprietas”在这一时期出现，二者虽然出现有先后但长期被并行使用。[④] 一般认为，“Dominium”不那么具有技术性，指家父的一般权力或对任何主体权利的拥有；“Proprietas”则作为对物的最高权利的技术性术语，在帝国晚期开始主要相对于用益权被加以使用。[⑤] 或者说，“Dominium”代表的是事实关系，而“Proprietas”则指物对人的归属。[⑥]

罗马法上所有权概念的演变，有两点值得铭记。其一，虽然这是

---

① [意]彼德罗·彭梵得：《罗马法教科书》，黄风译，中国政法大学出版社2005年版，第148页。

② 参见陈晓敏：《论大陆法上的集体所有权——以欧洲近代私法学说为中心的考察》，载《法商研究》2014年第1期；汪洋：《罗马法“所有权”概念的演进及其对两大法系所有权制度的影响》，载《环球法律评论》2012年第4期。

③ 参见汪洋：《罗马法“所有权”概念的演进及其对两大法系所有权制度的影响》，载《环球法律评论》2012年第4期。

④ 参见汪洋：《罗马法“所有权”概念的演进及其对两大法系所有权制度的影响》，载《环球法律评论》2012年第4期。

⑤ 参见[意]彼德罗·彭梵得：《罗马法教科书》，黄风译，中国政法大学出版社2005年版，第149页。

⑥ 参见汪洋：《罗马法“所有权”概念的演进及其对两大法系所有权制度的影响》，载《环球法律评论》2012年第4期；王洪亮：《分割所有权论》，载《华东政法学院学报》2006年第4期。

一个政治性逐渐消退、法律性与经济性与日俱增的过程[①]，但“Mancipium”上的权力要素从未消失，而是被“Dominium”和“Proprietas”分解，成为现代法上所有权的原型。其二，“Dominium”与“Proprietas”虽然出现有先后，但二者在内涵上实各有侧重：如果说“Dominium”作为一个事实概念，强调对物的现实支配的话，相应地，“Proprietas”指的是对物本身不享有现实支配力，仅为名义上的所有权人的“空虚所有权”；如果说“Dominium”是支配所有权，“Proprietas”就是归属所有权。所以，有学者总结说：“罗马法学家们一般从两种思路描述所有权：一种侧重于所有权人的权力角度，强调人对于物的统领以及以人为重心的关系，这一角度得到了 Dominium 的支撑；另一种侧重于物的归属角度，强调物的经济与法律意义的归属以及以物为重心的关系……这一思路得到了 Proprietas 的支持……Dominium 与 Proprietas 两个术语有着密切的相关关系，它们结合在一起，构成了完整的所有权概念和内涵。”[②]事实上，“Proprietas”作为对物最高的技术性用语，后来从法技术上分化出各项权能，从而成为“归属与权能”统一的概念，但这已是经过主观权利改造的结果。这表明，所有权在罗马法上存在支配与归属的二元结构，只是在后来才形成了归属与权能统一的个人所有权。

在英美法上，所有权概念通过“title”和“ownership”来表达。其中，用以指称人与物的关系的是“ownership”；但由于英国的土地归国王所有，所以在英国法上很少被使用。[③] “title”虽然有时候也指所有权本身，但严格意义上讲，它指构成所有权的全部要素的集合。[④] 换言之，“title”更多地被置于权利束的语境下讨论。而在法律实践中，人们

① 参见汪洋：《罗马法“所有权”概念的演进及其对两大法系所有权制度的影响》，载《环球法律评论》2012 年第 4 期。

② 汪洋：《罗马法“所有权”概念的演进及其对两大法系所有权制度的影响》，载《环球法律评论》2012 年第 4 期。

③ 参见陈永强：《英美法上的所有权概念》，载陈小君主编：《私法研究》第 16 卷，华中科技大学出版社 2014 年版，第 195 页。

④ 参见薛波主编：《元照英美法词典》，法律出版社 2003 年版，第 1345 页。

通常认为"ownership"与"title"同义。[①] 但本书认为,"ownership"和"title"分别构成归属所有权和支配所有权。与罗马法立足于所有权的归属意义(Proprietas)而形成以归属为中心的现代所有权理念不同,英美法基于保有制(分封制)的深远影响形成了以利用为中心的权利束理论;这实际上是对土地现实支配层面的描述,历史背景则是英美法对占有权的高度关注。因为英美法上的所有权是针对物而言的[②],其必然聚焦对物的占有和支配:"在英国法律历史上,没有比占有权更为核心的概念了。可以说,整个土地法的体系就是关于占有及其后果的法律。"[③]"所有权一词纯粹是作为占有的对应词。"[④]由于英美法过分关注占有权(权利束),以至于忽视了所有权的归属意义,"ownership"和"title"就被混为一谈了。

然则,占有权或称权利束并非英美法上所有权的全貌,因为权利束理论并未说明各项权利之间的有机关联,终生地产权可为例证。假设 A 授予 B 终生使用其土地的权利,意味着 B 于其有生之年可占有、使用和处分该土地。但即便是转让,期限也不可超越 B 的生命期间,B 死亡后土地的剩余权仍归 A 享有,除非 A 又将其授予其他人。申言之,B 的终生地产权和第三人的未来地产权,以 A 的归属所有权为前提。在这一权利束中,现实支配土地的是终生地产权和未来地产权;A 的所有权虽然隐而不现,却是串起权利束的那根"线"。又如,在"双重所有权"中,普通法所有权又称法定所有权,其作为对物权可以对抗任何人,实际上是支配所有权;衡平法所有权则是对人权,只能对抗特定的人,其实就是归属所有权。因此,所谓的"双重所有权",不过

---

① 参见李进之等:《美国财产法》,法律出版社 1999 年版,第 11 页。

② 参见王涌:《所有权概念分析》,载《中外法学》2000 年第 5 期。

③ Pollock & Maitland, *The History of English Law*, Vol. 2, Cambridge University Press, 1968. 转引自陈永强:《英美法上的所有权概念》,载陈小君主编:《私法研究》第 16 卷,华中科技大学出版社 2014 年版,第 201 页。

④ [英]F. H. 劳森、B. 拉登:《财产法》,施天涛等译,中国大百科全书出版社 1998 年版,第 15 页。

是对所有权归属与支配分离的另一种表达。[①] 就此而言，英美法上的土地保有与罗马法中的所有权并不存在深不可测的鸿沟。[②] 正因如此，有学者指出，英美法上的“ownership”描述的是人与权利之间的归属关系，它并不描述人和不动产之间的关系。至于人对不动产可作怎样的利用和处分，则取决于“ownership”的对象——不动产物权。[③]

事实上，所有权归属与支配分离的机理也为近现代学者所洞见，只是不同学者使用了不同的概念术语。例如，法国哲学家蒲鲁东认为，所有权具有双重定义：一种是法定的支配，另一种是事实的占有。[④] 德国学者鲍尔·施蒂尔纳则将信托法律关系称为“法律上所有权”与“经济上所有权”的分离。[⑤] 美国学者波洛克（Frederick Pollock）和梅特兰（Frederic William Maitland）则使用“直接所有权”和“用益所有权”来指称国王与臣民的权利。[⑥] 这与罗马法上“领主所有权”与“扩用所有权”的对峙[⑦]、欧洲中世纪分割所有权的“上级所有权”和“用益所有权”的对称一脉相承。我国自秦朝以来，农地产权制度长期处于“不完全”状态。不仅土地，整个国家皆被视为皇帝私产，私有土地产

---

① 正因如此，有学者指出，信托在本质上也不过是所有权权能分割的产物，由此产生的两个权利不过是分担了一个所有权的两个功能。在信托结构中，并不存在真正的“双重所有权”。参见吴一鸣：《英美物权法之大陆法解读》，华东政法大学2010年博士学位论文，第87～88页。

② See Pollock & Maitland, *The History of English Law*, Vol. 2, Cambridge University Press, 1968. 转引自陈永强：《英美法上的所有权概念》，载陈小君主编：《私法研究》第16卷，华中科技大学出版社2014年版，第195页。

③ 参见吴一鸣：《英美物权法之大陆法解读》，华东政法大学2010年博士学位论文，第81～82页。

④ 参见［法］蒲鲁东：《什么是所有权》，孙署冰译，商务印书馆1963年版，第72、108页。

⑤ 参见［德］鲍尔、施蒂尔纳：《德国物权法》（上册），张双根译，法律出版社2004年版，第41页。

⑥ 转引自李凤章：《从公私合一到公私分离——论集体土地所有权的使用权化》，载《环球法律评论》2015年第3期。

⑦ 参见李俊：《罗马法上的农地永久租赁及其双重影响》，载《环球法律评论》2017年第4期。

权必然是“不完全的”。[①] 在社会主义公有制的背景下,土地所有权为国家、集体独有。在这种情况下,我国的土地所有权必然具有相对性。国务院发展研究中心和世界银行在《中国:推进高效、包容、可持续的城镇化》的报告中,就将我国当下的地权制度称为双层的地权制度。[②] 香港大学经济学教授肖耿也认为,“两权分离”并不是所有权与控制权的分离,而是金融资产所有权与实物资产所有权的分离[③],这实际上也是归属所有权和支配所有权的翻版。

关于归属所有权与支配所有权的区分,应注意如下三点:其一,所有权归属与支配的分离,不是成立两个独立的所有权,而是充分所有权的两个组成部分,二者的权利客体为同一个物,所以“双重所有权”的说法不应提倡。其二,所有权归属与支配的分离应以必要为前提。虽然以利用为中心的所有权古来有之、不可或缺,但其往往服务于特定的目的,因此仅在必要的情况下才有区分的必要。其三,归属意义上的所有权可以进一步细分,上级所有权人可以将土地细分给下级所有权人,即一块土地上可以存在多个归属主体,所以中世纪欧洲形成了层层分封的所有权格局。但支配意义上的所有权不能在同一时空内并存,这既是大陆法系一物一权原则的要求,也是英美法上权利束理论必须遵循的规则。所不同者,大陆法系只能设立用益物权、担保物权等法定类型,英美法系则在类型和内容上均具有灵活性。

二、支配所有权权能的整体性

以利用为中心的所有权虽然存在归属与支配的分离,但也只是一种“相对分离”。一旦支配意义上的所有权不利于归属意义上的所有权的功能实现,后者有权收回土地等不动产。这就给人一种假象,似

---

① 参见谢宗藩、姜军松:《中国农地产权制度演化:权力与权利统一视角》,载《农业经济问题》2015 年第 11 期。

② 参见刘征峰:《农地“三权分置”改革的私法逻辑》,载《西北农林科技大学学报(社会科学版)》2015 年第 5 期。

③ 参见肖耿:《产权与中国的经济改革》,中国社会科学出版社 1997 年版,第 16 ~ 17 页。

乎所有权归属与利用的分离就是所有权权能的分离。在我国农地“三权分置”改革中，政策话语即以所有权权能分离为基础。如张红宇认为，农村土地所有权、承包权、经营权乃层层派生关系。[①] 经济学界的表达也依据产权束和权能分离论展开，所以“三权分置”又被称为“三权分离”。法学界虽然一致反对土地承包经营权可以分离为承包权和经营权[②]，或者说土地承包经营权不是两个权利的结合[③]，但认为土地经营权系土地承包经营权分离出来的权能的意见亦占多数。[④] 不惟如此，所有权权能分离论也是大陆法系民法理论中的流行理论[⑤]，英美法上的权利束理论更被认为是所有权权能具有整体性的对立理论。但本书认为，所有权归属与支配的相对分离，并不意味着所有权的权能具有可分性，理由如下：

首先，权能分离论以他物权的产生为前提，但他物权的内容无法与占有、使用、收益和处分权能形成对应。例如，用益物权不仅需要占有、使用土地，同时也可以收取物上的收益，并且还能对物进行债权性处分等。担保物权既可能仅占有标的物（如质权）[⑥]，也可能连占有都不需要（如抵押权），而仅在债务人无法清偿债务时由债权人优先受偿。此时，很难区分究竟是所有权的何种权能发生了分离。实际上，权利作为一种特定范围内的自由，法律从不规定主体应如何行使权利，权能作为权利内容的具体形式具有丰富性和多样性。“当所有权

---

① 参见张红宇：《农村土地“三权分置”政策解读》，载《领导科学论坛》2017 年第 8 期。

② 参见谢鸿飞：《农村土地可以释放更多红利》，载《人民日报》2016 年 1 月 28 日，第 7 版。

③ 参见高圣平：《新型农业经营体系下农地产权结构的法律逻辑》，载《法学研究》2014 年第 4 期；李国强：《论农地流转中“三权分置”的法律关系》，载《法律科学（西北政法大学学报）》2015 年第 6 期。

④ 参见温世扬、吴昊：《集体土地“三权分置”的法律意蕴与制度供给》，载《华东政法大学学报》2017 年第 3 期；谢鸿飞：《农村土地可以释放更多红利》，载《人民日报》2016 年 1 月 28 日，第 7 版。

⑤ 参见孟勤国：《论所有权能的单一性》，载《广西大学学报（哲学社会科学版）》1988 年第 2 期。

⑥ 在质权，权利人享有孳息的收取权，但这只是一种代为收取，而不是获得孳息的所有权，故难谓收益。

以某一种方式表现出来,便体现了所有权的全部含义。因而,所有权仅表现为诸如占有、使用、收益和处分等多种可能性,并非同时表现为多种权能。"[①]"每个权能在构成所有权的总体内容中都是与其他权能密切相关的,失去了其他权能的支持,一个孤立的权能将失去意义,而且所有权离开了各个权能的有机支撑,也将失去意义。"[②]因此,试图将所有权中的单一或特定数个权能分离出来形成他物权,与他物权的内容和本质不符。

其次,权能分离论有悖于所有权的整体性。整体性是所有权的本质特征;基于所有权的整体性,所有权与其权能之间是内容与形式的关系,而不是整体与部分的关系。[③] "不存在没有权能的权利,也不存在离开权利的权能,将权能进行分割重组不是权利的产生方式,不会产生新的权利。"[④]所以,大陆法系学者在谈到所有权的整体性时,往往同时明确否认权能分离论。例如,我妻荣认为:"所有权,不是对客体的各种权能的集聚乃至综合。在法令限制的范围之内,它具有无论如何也能使用的整体性内容。基于所有权设定地上权或者抵押权,不是将构成所有权内容的一种权能予以分离……"[⑤]王泽鉴教授亦认为:"所有权不是占有、使用、收益、处分等各种权能在量上的总和,而是一个整体(浑然一体)的权利。不动产的所有人就其物为他人设定典权、抵押权后,再予出卖,并为预告登记时,其使用、收益、处分等权能或尽归他人享有,或受限制,所有权虽已裸体化(虚有化),徒拥其

---

① 马俊驹、梅夏英:《财产权制度的历史评析和现实思考》,载《中国社会科学》1999年第1期。

② 高圣平:《新型农业经营体系下农地产权结构的法律逻辑》,载《法学研究》2014年第4期。

③ 参见房绍坤:《用益物权基本问题研究》,北京大学出版社2006年版,第46页;马俊驹、梅夏英:《财产权制度的历史评析和现实思考》,载《中国社会科学》1999年第1期;申惠文:《法学视角中的农村土地三权分离改革》,载《中国土地科学》2015年第3期。

④ 胡风:《三权分置背景下土地承包经营权的分离与重构》,载《西北农林科技大学学报(社会科学版)》2017年第3期。

⑤ [日]我妻荣:《我妻荣民法讲义Ⅱ:新订物权法》,罗丽译,中国法制出版社2008年版,第269页。

名,但所有权之为所有权的性质不因此而受影响。所有权既具整体性,故不能在内容或时间上加以分割。在所有物上设定用益物权或担保物权,不是让与所有权的一部分,而是创设一个新的、独立的物权。”[①]

最后,权能分离论在逻辑上讲不通。基于所有权的观念性,所有权人与所有物可以分离,因为此种分离只是事实分离,不会影响到权利义务本身。但所有权人不可能与所有权的权能分离,因为所有权人与所有权的权能分离是一种法律评价,意味着分离出去的权能不再由所有权人行使。“若承认权能与主体分离,那么实质上两者是完全分离。”[②]所以,所有权权能的行使者只能是所有权人。[③] 非所有权人行使的不是所有权的权能,而是其他权利的权能。有趣的是,对于所有权我们会讨论权能分离的问题,为何在知识产权的许可使用中却不说权能分离呢？所有权、知识产权同样是绝对权,同样具有支配权的性质,同样存在由其他人行使其权利的情况,为何只有所有权才发生权能分离？这在理论上说不通。[④] 事实上,英美法上的权利束理论也不应理解为权能分离。大陆法系的现代所有权理论以归属为中心,所以所有权在整体性的基础上,又具有弹力性和永久性。但英美法上的所有权以利用为中心,所以所有权仅具有整体性,却不具有弹力性和永久性,从而表现为支配所有权在特定时空内的切割。申言之,英美法上所有权可能设立多个地产权,但在特定地产权中,所有权仍然具有整体性,其权能无法进行分离。

---

① 王泽鉴:《民法物权》(第2版),北京大学出版社2010年版,第110页。

② 马俊驹、梅夏英:《财产权制度的历史评析和现实思考》,载《中国社会科学》1999年第1期。

③ 参见孟勤国:《论所有权能的单一性》,载《广西大学学报(哲学社会科学版)》1988年第2期。

④ 参见房绍坤:《用益物权基本问题研究》,北京大学出版社2006年版,第48页。

第四节 从身份到财产:集体土地所有权的权能释放

与“个人—个人”式相对所有权不同,“成员—团体”式相对所有权还涉及成员权问题,集体土地所有权还因“集体”的政治属性而具有浓重的公法色彩。那么,集体成员权的性质为何,又有何法律效果?在公有制背景下,该如何释放集体土地支配所有权的财产属性,使其权能处于圆满状态?

一、农民集体成员权的法律性质

农民集体成员权属于成员权的一种,但关于成员权的既有研究多集中在公司法上的股权,对农民集体成员权则缺乏深入研究。[①] 依当前通说,所谓成员权,又称社员权,意指社团成员在基于其成员地位与社团发生的法律关系中,对社团享有的各种权利的总体。[②] “社员权者,社团法人之社员对于法人所有之权利也。”[③]其基本特征是以成员资格为权利发生基础,并与成员资格相始终。但成员权与成员资格的共生关系,模糊了成员权与社团权利、行使成员权获得的权利之间的关系。例如,通说将成员权解释为包含经济性质的自益权和非经济性质的共益权在内的复合权利,即是将成员权等同于因行使成员权获得的权利。依此立场,成员权兼有身份与财产之双重属性。[④] 但这种认识并不科学,成员权与行使成员权获得的权利不应混为一谈。以股权为例,股东获得的所谓“身份权”,不过是参与公司经营、管理的权利,本质属于增进财产利益的手段,与私法上的人身权截然二物。至于所谓的“财产权”,无论是红利分配请求权,还是剩余财产返还请求权,均

---

① 参见陈小君:《我国农民集体成员权的立法抉择》,载《清华法学》2017 年第 2 期。

② 参见谢怀栻:《论民事权利体系》,载《法学研究》1996 年第 2 期。

③ 史尚宽:《民法总论》,中国政法大学出版社 2000 年版,第 25 页。

④ 参见王泽鉴:《民法总则》,北京大学出版社 2009 年版,第 153 页注①。

无确定的权利内容，既不能归入物权又不属于债权，而体现为对特定财产的法律上之“力”，张俊浩教授称之为接近于权利的“权限”。[①] 我妻荣教授也明确指出，成员权既不属于财产权也不属于人身权，而是一种完全特殊的权利。[②]

对于农民集体成员权，情况有相同也有不同。相同的是，一种流行的意见认为，土地承包经营权系基于成员资格取得，因此其本身即为集体成员权的体现。从早前的研究成果来看，很多学者都将集体成员权（政策话语中的土地承包权）作为土地承包经营权的固有内容来看待[③]，认为“土地承包经营权实际上是农村集体经济组织成员权在集体土地上的体现，失地农民可依据这一成员身份重新主张承包土地”[④]。这一论断俨然已是农地“三权分置”正反两方的共同论据：赞同分置者（官方政策）主张，在集体土地所有权与土地承包经营权“两权分离”的基础上，将土地承包经营权再次分离为土地承包权与经营权，从而形成新的“三权”；部分反对分置者基于他物权的生成逻辑，认为土地承包经营权无法再行权能分离，但可依据成员身份重新主张承包土地。第一种理解的问题在于，既然土地承包经营权与成员资格相始终，如何能分离为成员资格（承包权）与经营权呢？所以目前较有影响的看法是，集体成员权并不包含于土地承包经营权中。[⑤] 就第二种理解而言，由于土地承包经营权系基于成员身份而取得，则农民在丧失土地承包经营权后必然丧失其成员资格，又如何再依据成员身份重新主张承包土地？事实上，集体成员权的权利属性为社员权，土地承

---

① 所谓权限，是指法律所确认的当事人的行为范围，更接近于法律资格，而尚未达到权利的程度。参见张俊浩主编：《民法学原理》（上册），中国政法大学出版社2000年版，第67、69页。

② 参见［日］我妻荣：《我妻荣民法讲义Ⅰ：新订民法总则》，于敏译，中国法制出版社2008年版，第169页。

③ 参见丁文：《论“三权分置”中的土地承包权》，载《法商研究》2017年第3期。

④ 单平基：《“三权分置”理论反思与土地承包经营权困境的解决路径》，载《法学》2016年第9期。

⑤ 参见丁文：《论“三权分置”中的土地承包权》，载《法商研究》2017年第3期。

包经营权则是用益物权；二者性质不同，前者只是后者的产生前提。[①]或者说，土地承包经营权具有身份性，但它本身不是集体成员权，而是集体成员权行使的结果。[②]

与法人成员权由法人支配财产不同，在农民集体成员权中，集体所有的财产（限于家庭承包的土地）是由集体成员来支配的。鉴于此，有学者认为，成员权（承包权）属于集体所有权的内容。“承包权是指农户承包土地的资格，是农户作为集体成员之一对集体土地享有的成员权，在法律上当属集体土地所有权的内容，而不是土地承包经营权的范畴。”[③]“法律意义上的承包权应被包含于集体土地所有权主体制度中，无法从土地承包经营权中分离出来。”[④]还有学者将之表述为“集体成员受益权是集体土地所有权的权能”[⑤]。这一立场看似与前述主张相对，实则是对相同问题的不同表述。两种主张都是对集体成员所获权利之来源的描述，只不过前者着眼于农民对集体财产的现实支配，认为集体成员所获权利是集体财产权的实现形式；后者采纳了传统股权的思维进路，将集体成员所获权利与成员权混为一谈。一旦认可集体成员权属于集体土地所有权，则基于集体土地所有权的稳定性，集体成员权也具有稳定性，这就与成员权与成员资格相始终的特性相悖。事实上，持这一立场的学者亦认为，农民转让土地承包经营权亦不改其成员身份，农民仍是集体之成员，仍有权享有因成员身份而产生的其他权利，如宅基地使用权、集体红利分配等。[⑥] 但问题是，土地承包经营权作为与成员资格相始终的权利，一旦丧失就同时丧失了成员资格，当然也脱离了与集体财产的关联。

本书认为，集体成员权作为团体利益的分配机制，既不构成集体

---

① 参见刘俊：《土地承包经营权性质探讨》，载《现代法学》2007 年第 2 期。

② 参见管洪彦：《农民集体成员权研究》，中国政法大学出版社 2013 年版，第 43 页。

③ 高圣平：《农地金融化的法律困境及出路》，载《中国社会科学》2014 年第 8 期。

④ 高飞：《农村土地“三权分置”的法理阐释与制度意蕴》，载《法学研究》2016 年第 3 期。

⑤ 韩松：《论农民集体土地所有权的集体成员受益权能》，载《当代法学》2014 年第 1 期。

⑥ 参见高圣平：《新型农业经营体系下农地产权结构的法律逻辑》，载《法学研究》2014 年第 4 期；温世扬：《农地流转：困境与出路》，载《法商研究》2014 年第 2 期。

财产权的内容,也不属于成员个人财产权的范畴。其作为集体利益与个人利益的黏合剂,在权利生成和存续上无法单独存在,性质界定也无法套用个人法上的人身/财产的二元框架。成员权不是私法上的实体权利,而是一种程序上的“权力”,是对团体(集体)财产的某种支配力。这种支配也不同于对物权的意志支配,而是一种对团体财产的分配机制:它所支配的客体并不确定,只有在成员权行使后才能获得具有确定内容的私权。成员权中的共益权最终体现为对财产的支配力,自益权也不例外:“在未经具体分配时,是一种抽象的总括的权利,不是债权。在已进行具体分配、分配额确定后,可以转化为债权。”[①]值得注意的是,集体成员权的这一特性已为不少学者所觉察。如刘俊教授认为,承包权不过是获得承包土地的资格,“还不是一种实实在在的财产权”[②];朱广新教授指出,承包权是“土地分配上的特定化,不是独立的权利类型”[③];高圣平教授也直言:“承包权并不具备确定的利益内容,仅仅意味着利益实现之可能,因而不是真正意义上的权利。”[④]

二、农民集体成员权的法律效果

既然集体成员权只是一种利益分配机制,自然无法构成“三权分置”中的“一权”。鉴于此,政策表述以承包权界定获得土地的资格,就是不准确的。因为就获得土地的资格而言,它只能是集体成员权。这是集体成员权的第一重法律效果。但在以家庭联产承包为基础、统分结合的经营体制下,集体成员权还存在第二重法律效果,即因经营类型不同而使基于集体成员权行使所获得的权利内容各异。

在家庭承包经营的场合,集体成员直接支配集体土地(耕地),集体反而无法占有、使用和处分,只是对成员的处分权存在某种限制,即成员

① 谢怀栻:《论民事权利体系》,载《法学研究》1996 年第 2 期。

② 刘俊:《土地承包经营权性质探讨》,载《现代法学》2007 年第 2 期。

③ 朱广新:《土地承包权与经营权分离的政策意蕴与法制完善》,载《法学》2015 年第 11 期。

④ 高圣平:《农地三权分置视野下土地承包权的重构》,载《法学家》2017 年第 5 期。

不能将其土地承包经营权转让给集体成员之外的第三人,这与日耳曼法上的总有制度非常类似。而就集体经营的“四荒地”而言,集体财产是由集体来现实支配的,这更符合法人所有的基本特征,只不过作为法人的不是集体本身,而应是集体经济组织,后者才是农民集体的主体地位表达。[①] 如果我们把家庭承包的集体成员权称为日耳曼式成员权的话,集体经营下的集体成员权则可称为罗马式成员权。二者在功能上的区别是:罗马式集体成员权虽然也带有所有制的色彩,但主要目的在于获得经济利益;日耳曼式集体成员权则与之不同,系为分配作为生产资料的耕地而存在,承载着实现“耕者有其田”的政治功能。[②]

值得注意的是,日耳曼式集体成员权的法律效果体现了所有权的相对性,但罗马式集体成员权的法律效果却为法人独立人格遮蔽了。自从法人实在说一统法人本质的江湖后,人们就习惯于将法人理解为实在之人,认为其具有自由意志。而法人既然具有独立人格,当然也应拥有独立财产。但是,这不过是基于外部视角的判断,即将法人及其成员作为一个整体,则对于法人及其成员之外的人而言,法人享有绝对、单一的所有权。从法人及其成员的内部视角观之,法人在财产上的独立其实难副:法人财产源自股东出资,作为对价,股东获得了股权,通过行使股权,股东可牵制法人财产的投资方式、收益分配以及剩余财产分配。或者说,即便认为法人对其财产享有支配权,但此种所有权绝非大陆法系的绝对所有权,而是一种相对所有权。[③] 因此,即便法人人格独立于股东,但法人财产仍与股东存在一种“不即不离”的微妙关系。

为何日耳曼式集体成员权的“不即不离”容易为人识别,而罗马式集体成员权的“不即不离”却往往被遮蔽呢?可能的原因有两方面:一是在日耳曼式集体成员权中,集体财产由成员现实支配,与现代法上

① 参见许中缘、崔雪炜:《“三权分置”视域下的农村集体经济组织法人》,载《当代法学》2018年第1期。

② 参见焦富民:《“三权分置”视域下承包土地的经营权抵押制度之构建》,载《政法论坛》2016年第5期。

③ 参见马新彦:《罗马法所有权理论的当代发展》,载《法学研究》2006年第1期。

(法人)团体具有独立人格的理念不符。这一特点同样为其他学者所留意:“与传统民法中由社员自由结合组成的团体法人不同,农民集体形态下的农民成员,与集体财产特别是集体土地有着更为直接、密切的联系。”[①]二是在总有制度中,集体财产既然为集体成员支配,也就切断了集体财产发生外部交易的可能,从而使人们在观察总有或日耳曼式集体成员权时,缺乏一种团体之外的外部视角,成员与团体的内部关联由此被聚焦。正因如此,罗马式集体成员权构成了近代法上成员权的主要类型,而日耳曼式成员权则只是作为历史遗留存在。

三、设立物权性土地经营权的意义

在罗马式集体成员权中,虽然集体仍然具有公法色彩,由于土地使用权可在集体之外流转,所有权的权能没有受到限制,因而未受外界批评。但在日耳曼式集体成员权中,由于承载了政治功能,土地承包经营权被禁止对外流转,集体土地所有权的权能被人为限制。为此,在维持公有制的前提下,释放支配所有权的权能要素,回复其物权属性,化解土地承包经营权社会保障属性与财产权属性的矛盾,就成了当前土地改革的方向。[②] 农地“三权分置”正是这样一种探索。就“三权”的结构而言,既然成员权无法作为“三权”之一,改革的初衷又是释放土地承包经营权的权能,那么,政策术语中的“土地承包权”实际上就是土地承包经营权。由于土地承包经营权就是支配所有权,在其上设立作为用益物权的土地经营权就顺理成章。值得注意的是,如同在以归属为中心的所有权上设立用益物权不改变所有权的名称一样,土地承包经营权亦不因其上设定了土地经营权而易其名称[③],因为设立他物权是所有权人行使处分权的具体方式。

---

① 陈小君:《我国农民集体成员权的立法抉择》,载《清华法学》2017 年第 2 期。

② 参见谢鸿飞:《农村土地可以释放更多红利》,载《人民日报》2016 年 1 月 28 日,第 7 版;胡风:《三权分置背景下土地承包经营权的分离与重构》,载《西北农林科技大学学报(社会科学版)》2017 年第 3 期。

③ 参见高圣平:《农地三权分置视野下土地承包权的重构》,载《法学家》2017 年第 5 期。

第三章　农地“三权分置”的制度前提——“稳定农户承包权”

第一节　“稳定农户承包权”的法律解读

一、“稳定农户承包权”与长久不变

保持农村土地承包关系稳定并长久不变有利于增强农民的权利预期,提升农村土地制度的绩效,促进农业农村的稳定持续发展,是我国农地制度改革与完善的重要制度安排。我国自实行家庭联产承包制以来,通过渐进性的制度变迁,形成了有中国特色的农村土地承包制度体系。我国农村改革的过程实际上是从调整农民与土地的关系开始的,其中改革主线之一就是通过一系列的制度安排实现土地承包关系稳定并长久不变的改革目标;改革的基本基调就是不断地通过稳定土地承包关系,实现对农民土地权益的更加全面的、长期的赋予,使农民成为土地权益的真正权利主体。党的十七届三中全会通过的中共中央《关于推进农村改革发展若干重大问题的决定》指出,“土地承包关系要保持稳定并长久不

变”,改变了以前“确保农村土地承包关系长期稳定”的提法,实现了政策表述中土地承包关系从“长期稳定”到“长久不变”的转变。党的十八届三中全会通过的《关于全面深化改革若干重大问题的决定》指出,要“稳定农村土地承包关系并保持长久不变”。党的十九大报告进一步指出:“保持土地承包关系稳定并长久不变,第二轮土地承包到期后再延长三十年。”《关于完善农村土地所有权承包权经营权分置办法的意见》也指出,“要稳定现有土地承包关系并保持长久不变”。

在党和国家不断强化土地承包关系稳定、长期不变、长久不变的政策指引下,《农村土地承包法》进一步将“保持农村土地承包关系稳定并长久不变”载入该法第 1 条,这凸显了法律赋予农民更加稳定并长久不变的土地财产权利的决心。将“保持农村土地承包关系稳定并长久不变”确立为立法目的,说明该项政策已经上升到立法价值目标的地位,意味着农地权利在内的一系列制度设计都应当秉持“保持农村土地承包关系稳定并长久不变”的立法价值目标。从政策的规定分析,“保持土地承包关系稳定并长久不变”的内涵,实际上包含“保持土地集体所有和家庭承包经营的基本制度长久不变”“保持农户承包集体土地的基本权利长久不变”“保持农户承包地稳定”三个层次。[①] 那么,“保持土地承包关系稳定并长久不变”呈现何种内部层次结构,其与农地“三权分置”之间的内在逻辑又是什么?

一方面,“保持土地承包关系稳定”和“长久不变”是协同关系。“保持农村土地承包关系稳定并长久不变”这一立法目的之确立是随着改革进程的逐步推进而设计出的,农地产权制度的稳定性直接影响农地制度的绩效。改革开放以来,我国的农地政策与法律基本上沿循着稳定土地承包关系的路线展开,形成了一系列有效的制度安排。党的十一届三中全会以来,我国逐步形成了以家庭承包经营为基础,统分结合的双层经营体制。我国农村改革实际上主要就是围绕农民与

---

① 中共中央、国务院《关于保持土地承包关系稳定并长久不变的意见》指出:“准确把握‘长久不变’政策内涵:保持土地集体所有、家庭承包经营的基本制度长久不变。保持农户依法承包集体土地的基本权利长久不变。保持农户承包地稳定。”

土地之间的关系而循序渐进展开的,而贯穿于整个改革过程的基本基调就是通过稳定土地承包关系,实现对农民土地权益更加全面充分和长期的赋予,使农民成为土地权益的真正权利主体。《农村土地承包法》实现了"保持农村土地承包关系稳定并长久不变"从政策表达向立法表达的转变,随之这一表达就具有了独立的法律制度内涵。从文义上解释,这一立法表达包含"保持土地承包关系稳定"和"长久不变"两个层次结构,这一结构的两个层次的内容分别展现了该制度赋予农户更加稳定的土地财产权益和更加长久的土地权益预期的双重价值目标。但是,两个层次所指向的内容是不同的:"保持土地承包关系稳定"指向的是政府公权力以及农村集体经济组织的"准公权力",旨在对上述权力保持足够的对抗性,防止任意毁约、违法收回承包地、违法调整承包地等情形;"长久不变"指向的则是承包期限的完整性,重点在期限方面给农户以稳定的权利预期。上述两个层次之间是递进关系而不是选择关系,说明两者的价值目标具有共通性;这也反映出这两者本质上构成一个完整的制度体系,两个层次协同作用共同促进立法目标的实现。

另一方面,农地"三权分置"与"保持土地承包关系稳定并长久不变"协同配合。"保持土地承包关系稳定并长久不变"与农地"三权分置"是《农村土地承包法》采纳的两项制度设计。这两项制度安排都是深化承包地改革的核心制度设计,两者一静一动,协同配合,共同促进承包地改革目标的实现。"保持土地承包关系稳定并长久不变"旨在通过赋予农户稳定且有预期的土地承包经营权,构建静态安全的土地承包关系,对土地承包方、土地经营权人的权益保障均具有积极促进意义;农地"三权分置"旨在通过承包地上所有权、承包权、经营权的分设,进一步释放承包地的财产价值,构建更加符合动态交易安全的财产权益交易秩序。这两项制度设计存在内在协同关系,具体表现在:只有在静态上建构起清晰的承包地产权关系结构,才能更好地进行"三权分置",实现土地承包经营权之权能的进一步分离;而侧重于营造静态财产秩序安全的"保持土地承包关系稳定并长久不变"是营造动态财产秩序安全的“三权分置”制度的基础,基础不牢则难以实现承包地上的“三分权置”和土地财产价值的充分释放。因此,“保持土地承包关系稳定并长久不变”是农地“三权分置”有效实现的根基,而农地“三权分置”的有效实现有助于巩固“保持土地承包关系稳定并长久不变”。这两项制度是互相关联的制度安排,是协同配合的关系。值得关注的是,在实施农地“三权分置”的情况下,“保持土地承包关系稳定并长久不变”的制度设计被赋予了新的内涵,该项制度所直接针对的是农户承包权,即作为农村集体经济组织的发包方不能任意对农户承包地进行调整,而土地承包关系的稳定和长久不变能够促进土地经营权的稳定。从文义上解释,“保持土地承包关系稳定并长久不变”并不针对农户与其他土地经营主体之间的土地经营权流转关系。但是,这并不意味着农户可以任意对土地经营权关系进行调整或者解除。对此,《农村土地承包法》第42条规定,非有法定事由,承包方不得单方解除土地经营权流转合同。而且承包方单方解约权的法定限制实际上从土地经营权效力的视角构成对发包方和承包方解约权的反向限制,这对保持土地承包关系稳定并长久不变必然具有积极效果。

二、“稳定农户承包权”的核心是将土地承包经营权落实到农户

我国实行农村土地承包经营制度,家庭承包经营是土地经营的基本经营方式。“稳定农户承包权”首先要做到农户的土地承包关系长久不变,只有长久不变才能实现农村社会的稳定。保持稳定且长久不变的土地承包关系已经为我国政策和法律确定,如《深化农村改革综合性实施方案》指出:“稳定农户承包权,就是要依法公正地将集体土地的承包经营权落实到本集体组织的每个农户。”《关于完善农村土地所有权承包权经营权分置办法的意见》提出,要严格保护农户承包权。《农村土地承包法》对各类土地的承包期限作了规定,而且要求承包期内发包方原则上不得调整和收回承包地。在推进农业适度规模经营的背景下仍然要坚持家庭承包经营的地位,其原因在于:一方面家庭

承包经营蕴藏着巨大潜力，具有广阔发展前景[①]；另一方面适度规模经营并不排斥家庭承包经营，不意味着要改变家庭承包经营的基础地位。“稳定和完善农村基本经营制度，必须坚持制度目标与制度底线。单纯地推进土地的流转集中与规模经营存在重大的政策缺陷。只要坚持农村土地的集体所有制和家庭承包的主体地位，家庭经营制度就具有不可替代性。”[②]因此，即便是目前我国为了实现土地的适度规模经营而着力搭建新型农业经营体系，家庭承包经营的基础地位也是不可变的，这就要长期稳定农户的承包权。《关于完善农村土地所有权承包权经营权分置办法的意见》提出要“严格保护农户承包权”，其最终目的还是稳定农户承包权，其意旨在于通过保护农户承包权的落实，实现稳定农户承包权的目的。在我国社会主义公有制背景下，基于农民集体、农户和土地经营者复杂的关系和农村土地特有的权利结构，稳定农户承包权还具有更为深刻的内涵。“承认农民拥有独立的土地承包权，无论在理论上还是在实践中都具有极其重要的意义。”[③]但是，不容忽视的是，现行的法律制度在稳定农户土地承包经营权上还存在一系列不利于土地承包经营权长久稳定的制度性缺陷，如在权利构造方面存在缺陷，在调整土地、限制权利转让方面存在缺陷，在基层政权还存在干预土地承包经营的制度缺陷等。[④] 在这样的现实背景下，“稳定农户承包权”是非常必要的。

三、“稳定农户承包权”的关键在于制度保障

在农地“三权分置”改革中，要进一步“稳定农户承包权”，关键在

---

① 参见孔祥智、毛飞等：《中国农村改革之路》，中国人民大学出版社 2014 年版，第 51 页。

② 罗必良、李玉勤：《农业经营制度：制度底线、性质辨识与创新空间基于“农村家庭经营制度研讨会”的思考》，载《农业经济问题》2014 年第 1 期。

③ 叶兴庆：《集体所有制下农用地的产权重构》，载《毛泽东邓小平理论研究》2015 年第 2 期。

④ 参见朱广新：《土地承包关系长久稳定的制度建构》，载《河南财经政法大学学报》2013 年第 4 期。

于建立系统的政策与法律制度保障。

（一）“稳定农户承包权”需要严格按照法律法规的规定“依法公正”地实施

《农村土地承包法》不仅在立法目的中将“保持农村土地承包关系稳定并长久不变”作为稳定的法律规范确认下来，还在法律规范设计中作了更为具体的法律表达，主要体现在以下方面：

第一，立法上确认农地“三权分置”制度有助于对“保持农村土地承包关系稳定并长久不变”的立法目的起到反向巩固作用。允许承包方流转土地经营权（第9条），一方面是对农户的土地承包经营权的权能进一步强化和巩固，另一方面还会进一步对农户的土地承包关系的稳定起到反向巩固作用。

第二，明确农户的承包主体地位和农户内家庭成员的权益主体地位有助于土地承包关系的稳定和长久不变（第16条）。因为只要农户存在，即便部分成员死亡或者失去集体经济组织成员身份，土地承包关系仍然不会变化，这显然有利于土地承包关系的稳定。

第三，明确耕地、林地、草地的承包期并且规定承包期届满后再予延长，即耕地的承包期为30年，草地的承包期为30年至50年，林地的承包期为30年至70年。耕地承包期届满后再延长30年，草地、林地承包期届满后依照前款规定相应延长（第21条）。这一规定有助于实现土地承包关系的稳定并长久不变。

第四，国家对耕地、林地和草地等实行统一登记制度，颁发证书并登记造册，确认土地承包经营权，有利于实现土地承包关系稳定并长久不变（第24条）。

第五，禁止发包方以及公权力机构不当影响、变更、解除承包合同有利于实现土地承包关系的稳定。承包合同生效后，发包方不得因承办人或者负责人的变动而变更或者解除，也不得因集体经济组织的分立或者合并而变更或者解除（第25条）。国家机关及其工作人员不得利用职权干涉农村土地承包或者变更、解除承包合同（第26条）。

第六，收回承包地制度的设计对于稳定土地承包关系具有重要价值。《农村土地承包法》第27条规定,“承包期内,发包方不得收回承包地”。即便是进城落户的农户,其土地承包经营权仍受保护,不得以退出土地承包经营权作为农户进城落户的条件。而且,《农村土地承包法》中的进城落户不再区分是“小城镇”还是“设区的市”。这实际上是近年来政策文件中反复强调的要保证进城农户的土地承包经营权、宅基地使用权、集体收益分配权不变政策的法律表达。而且,承包期内,发包方依法收回承包地时,承包方对其在承包地上投入而提高土地生产能力的,有权获得相应的补偿。

第七,承包期内承包地调整的法律规定严格贯彻了保持土地承包关系稳定并长久不变的立法目的。依据《农村土地承包法》第28条的规定,承包期内,发包方不得调整承包地。即便是因自然灾害严重毁损承包地等特殊情形对个别农户之间承包的耕地和草地需要适当调整的,也必须经本集体经济组织成员的村民会议2/3以上成员或者2/3以上村民代表的同意,并报乡(镇)人民政府和县级人民政府农业农村、林业和草原等主管部门批准。

第八,对妇女等弱势群体权益的保护有利于实现土地承包关系稳定的立法目的。承包期内,妇女结婚,在新居住地未取得承包地的,发包方不得收回其原承包地;妇女离婚或者丧偶,仍在原居住地生活或者不在原居住地生活但在新居住地未取得承包地的,发包方不得收回其原承包地。

第九,对承包方非有法定情形原则上不得单方解除土地经营权流转合同的规定(第42条),有利于稳定土地经营权人的权利预期,提升其对土地资源的投资信心,还可以从土地经营权效力的视角构成对发包方和承包方解约权的反向限制,这些对保持土地承包关系稳定并长久不变必然具有积极效果。

第十,充实土地承包经营权的权能,赋予农户对承包地享有占有、使用、流转、抵押、退出承包地等各项权能,特别是充实向金融机构融资担保等权能(第47条),有利于使土地承包经营权成为一种真正意义上的财产权,用益物权权能的加强有利于对集体土地所有权构成较强的限制，有助于土地承包关系的稳定并长久不变立法目的实现。

第十一，完善侵害土地承包经营权的救济措施，从立法上禁止损害土地承包关系稳定的各种行为，禁止对土地承包的行政干预，禁止承包合同的非法变更与解除，并辅之以法律责任（第56条、第57条、第58条等）。总之，《农村土地承包法》对保持农村土地承包关系稳定并长久不变进行了比较系统化的规范设计与法律表达。

（二）农户承包权的权利主体仅限于本集体组织的农户

在家庭承包经营中，只有本集体成员才能成为农户承包权的权利主体。本农民集体成员以外的其他自然人、组织等均不可以成为该权利的主体，这一点是与其成员权性质相一致的。在农民集体成员以农户为单位行使承包土地的权利时，农户仅仅为权利的行使主体，终极权利主体仍然为集体成员。一方面，农户由农民集体成员组成，事实上以农户为承包方取得的土地承包经营权所产生的一切后果仍最终由农民集体成员承担；另一方面，农民集体经济组织成员的权利主体地位也已为法律所确认（《民法典》第261条、《农村土地承包法》第5条）。

（三）“稳定农户承包权”要做好土地承包经营权的确权颁证

长期以来，我国在农村管理工作方面还存在很多薄弱环节，导致农户承包地仍然存在面积不准、空间位置不明、登记簿不健全等问题；这使许多农民心里不够踏实，总担心土地流转出去自己的权益无法保障。因此，“稳定农户承包权”的关键是要搞好承包地确权登记颁证工作，颁发权属证书，强化物权保护，为土地经营权流转奠定坚实的产权基础，真正让农民吃上“定心丸”。[①]《关于引导农村土地经营权有序流转发展农业适度规模经营的意见》（中办发〔2014〕61号）中明确指出：“土地承包经营权登记制度，是稳定农村土地承包关系、促进土地

---

① 参见韩长赋：《“三权分置”改革是重大制度创新》，载《人民日报》2014年12月22日，第2版。

经营权流转、发展适度规模经营的重要基础性工作。”可见，稳定农户承包权必须要做好土地承包经营权的确权颁证。这项工作虽然在全国范围已经完成，但我们调研得知，仍有部分地方没有完全进行土地承包经营权的确权颁证。

（四）“稳定农户承包权”需要加强对农户承包权的保护

《关于完善农村土地所有权承包权经营权分置办法的意见》对农户承包权的保护路径进行了比较全面的规定，主要内容包括：农户承包权在农村基本经营制度中的基础地位、农户承包权的权益内容（权能）、农户承包权的身份专属性、农户承包权被征收时的替代补偿、进城落户农户的承包权的保留等。这些规定对于稳定农户承包权都具有积极意义。

第二节　农户承包权的权利边界

《关于完善农村土地所有权承包权经营权分置办法的意见》指出：“鼓励在理论上深入研究农民集体和承包农户在承包土地上、承包农户和经营主体在土地流转中的权利边界及相互权利关系等问题。”这充分说明，中央在政策制定过程中对农地“三权分置”中若干权利的边界和相互关系的模糊性是有清晰认识的。事实上，学界对农户承包权、集体成员权和土地承包经营权权利边界和相互关系也存在较多争议。《农村土地承包法》第 9 条规定：“承包方承包土地后，享有土地承包经营权，可以自己经营，也可以保留土地承包权，流转其承包地的土地经营权，由他人经营。”这里提出了“土地承包权”的概念，使得本就存在争议的“农户承包权”的性质更为模糊，有必要加以澄清。

一、农户承包权性质的学说争议

关于农户承包权的性质，主要存在如下观点：（1）成员权说。该说认为,“三权分置”的农地权利结构实为集体土地所有权、成员权、农地使用权三权并立。[①] (2)土地收益权说。该说认为,“三权分置”下的土地承包权是一种土地的收益权,类似于德国法上的“土地负担”。[②] (3)复合属性说。该说认为,农户承包权系指农户基于农村集体经济组织成员身份、以农户家庭为单位对农业经营土地享有的财产性权利。该项权利既有身份权属性,也有财产权属性。[③] (4)土地承包经营权说。该说认为,“三权分置”中的“三权”指的是我国立法中已经明确的集体所有权、农民家庭或者个人享有的土地承包经营权这两项物权性质的权利以及立法中尚未明确其性质的经营权。[④] 该观点显然将农户承包权等同于现行立法中的土地承包经营权。(5)用益物权说。该说认为,农户作为一定农村集体经济组织的成员所获得的土地承包权利,应属于用益物权,而非简单的债权。[⑤] (6)纯剩余财产权。该说认为,在家庭承包下,享有土地承包经营权的农户在流转土地经营权之后,对承包地享有剩余财产权能的总和,但该权利本身并不包含承包资格的内容。[⑥]

从上述争议看,学者对农户承包权的认识关键在于对政策文本中农户承包权的本质存在争议,根本原因是对农户承包权、集体成员权和土地承包经营权关系的认识存在争议和偏差。因此,对农户承包权进行准确法律表达,必须首先明晰农户承包权与集体成员权、土地承包经营权的关系。

---

① 参见高飞:《农村土地“三权分置”的法理阐释与制度意蕴》,载《法学研究》2016 年第 3 期。

② 参见朱继胜:《论“三权分置”下的土地承包权》,载《河北法学》2016 年第 3 期。

③ 参见刘云生:《农村土地股权制改革:现实表达与法律应对》,中国法制出版社 2016 年版,第 138 页。

④ 参见孙宪忠:《推进农地三权分置经营模式的立法研究》,载《中国社会科学》2016 年第 7 期。

⑤ 参见朱道林:《“三权分置”的理论实质与路径》,载《改革》2017 年第 10 期。

⑥ 参见宋志红:《论〈农村土地承包法〉中的土地承包权》,载《吉林大学社会科学学报》2020 年第 1 期。

二、农户承包权与集体成员权的权利边界

农户承包权与集体成员权在主体方面具有相似性，在产生上具有关联性，结果导致二者之间的关系经常被误读。厘清农地“三权分置”中各种权利之间的关系，必须对农户承包权与集体成员权之间的关系进行明确，明确它们之间的不同。

其一，权利性质不同。依据《关于完善农村土地所有权承包权经营权分置办法的意见》的规定，农户承包权是土地承包权人对承包土地依法享有占有、使用和收益的权利。另外，该意见申明集体土地承包权属于农民家庭。有学者指出，农户承包权属于集体土地所有权派生之用益物权，其实质是权利人对承包土地的使用和支配，而不是具有身份权性质的、集体成员承包土地的某种资格。而农户承包权为财产权而非身份权，尽管只有具备集体成员资格才能够向本集体申请承包权，集体成员身份为农户取得承包权主体地位的内在条件，但成员权与后者的本体无关，将承包权认定为以特定身份资格为核心要素的成员权存在体系性障碍。[①] 可见，从政策文本中对农户承包权的概念界定以及权利属性上分析，农户承包权属于用益物权，属于财产权范畴；而集体成员权从权利属性上讲属于社员权范畴，属于兼具人身权和财产权双重属性的权利。集体成员权是农民集体成员基于其成员身份就集体财产和集体事务管理等方面的事项所享有的复合性权利，是农民集体成员在农民集体中所享有的权利。集体成员权作为集体成员针对农民集体享有的复合性权利，反映了集体成员与农民集体之间的法律关系，集体成员权在法律属性上属于社员权。因此，集体成员权是以集体成员资格为基础的权利，反映了集体成员与农民集体之间的法律关系，二者本质上属于社员与所属团体之间的法律关系。[②] 判断某一个集体成员是否享有成员权的基础依据是看其是否具有集

---

① 参见蔡立东、姜楠：《农地三权分置的法实现》，载《中国社会科学》2017 年第 5 期。

② 参见管洪彦：《农民集体成员权：中国特色的民事权利制度创新》，载《法学论坛》2016 年第 2 期。

体成员资格。总之,从中央政策文件中农户承包权的权利内容和权利性质上分析,农户承包权属于用益物权,属于财产权范畴;而集体成员权属于社员权,兼具人身权和财产权的双重属性:这是两种权利在本质属性方面的差别。

其二,权利主体不同。依据《关于完善农村土地所有权承包权经营权分置办法的意见》等政策文件的要求,农地“三权分置”中的土地承包权专属于农户,这是稳定我国农村基本经营制度和保护农民生存权益的客观要求。从目前政策与法律规范观察,农户承包权与集体成员权具有身份性,都具有较强的身份专属性。这就导致农户承包权与同样具有较强身份权属性的集体成员权经常发生混淆,这也是不少学者将农户承包权的本质属性解读为集体成员权的主要原因。事实上,农地“三权分置”中的农户承包权专属于农户;而集体成员权的主体则非指农户,而是自然人。在我国现行法律制度下,农民集体是以“户”为成员单位进行集体利益分配的,如在设定农村土地承包经营权和申请宅基地使用权过程中分别以“农户”和“户”为单位申请。集体成员是指特定农村社区范围内以农民集体所有的财产和资源为基本生存保障并与农民集体发生权利义务关系的自然人。集体成员具有自然形成性、社区共同体性、成员同质性、生存依赖性、身份性等特点。此外,集体成员还有一个不可忽略的特点就是自然人性。有学者指出,建立以自然人为单位的成员主体更为合理,其主要理由在于:(1)自然人作为民事主体,概念确定,身份易于识别,易于操作;(2)将成员权赋予自然人也可以更好地保障每个个体的权益,使集体的公平性、保障性得以体现;(3)通过自然人成员与集体的直接联系状态,也可以减轻家庭的负担,变家庭保障为集体保障,体现社会主义公有制的优越性。① 这种观点符合集体所有权的根本宗旨,有利于保护集体成员的个体权益,也便于实践操作,具有其合理性。

---

① 参见戴威、陈小君:《论农村集体经济组织成员权利的实现——基于法律的角度》,载《人民论坛》2012 年第 2 期。

其三，权利内容不同。从农户承包权的内容看，农户承包权绝非单纯的集体成员权。《关于完善农村土地所有权承包权经营权分置办法的意见》中指出，农户承包权的权能主要有占有、使用、流转（转让、互换、出租、入股等）、抵押、退出承包地、收益等。高圣平教授更是清晰地指出，农地“三权分置”之下的土地承包权，绝不仅仅是农业法、农村土地承包法意义上的土地承包权，不仅仅蕴含本集体成员所拥有的承包土地的资格，而且是具有“使用、流转、抵押、退出承包地等各项权能”的财产权。[①] 可见，集体成员权与农户承包权的内容具有明显不同。集体成员权是复合性权利，是一类民事权利的统称；其中既有财产属性的权利（如请求承包集体所有土地的权利、请求集体财产收益的权利、请求集体福利分配的权利等，这些权利专门为成员个人利益而设置，故称为自益权），也有非财产属性的权利（如参与民主决策的权利、对集体事务管理监督的权利、知情权等，这些权利不仅为成员个人权利而且为成员集体的共同利益而设，故称为共益权）。所以，集体成员权兼具财产权和非财产权的双重属性，是一种复合性权利。可见，从权利内容分析，农户承包权与集体成员权也具有明显不同。

其四，产生顺序不同。集体成员权是集体成员在集体中享有的社员权，具有强烈身份性特点，享有集体成员权是集体成员取得土地承包经营权等用益物权的前提。但是，享有集体成员权并不必然享有用益物权。土地承包经营权等用益物权必须由集体成员以“户”或者“农户”为单位通过承包合同或者申请审批等特定程序后才能取得。因此，集体成员权与农户承包权的产生有先与后的关系。实践中之所以出现如此多的分歧，根源在于我国集体成员权理论的研究薄弱，进而导致没有厘清集体成员权与集体成员享有的用益物权之间的关系。我国现行立法中并没有建构起系统的集体成员权体系，导致认识中对集体成员权本身和集体成员权的行使结果混同。集体成员权在权利属性上是社员权，而土地承包经营权是用益物权。集体成员基于成员

① 参见高圣平：《农地三权分置视野下土地承包权的重构》，载《法学家》2017年第5期。

身份享有的请求农民集体发包集体土地的权利是集体成员权的一种类型,通过该集体成员权的行使,集体成员以农户为单位取得作为用益物权性质的土地承包经营权。从本质上分析,取得土地承包经营权是集体成员权行使的结果。因此,土地承包经营权具有身份性,主要由集体成员组成的农户通过家庭承包的方式取得,但它本身并不是集体成员权,而是集体成员权行使的结果。只不过有关农地“三权分置”政策表述中的“农户承包权”更为强烈地强调了身份性,其意旨在维护农户享有的土地承包经营权的稳定性,而无意再新创一种新的权利类型。

除了上述不同外,农户承包权与集体成员权在产生、变更和消灭的方式,行使和救济机制方面也有明显不同。总之,农地“三权分置”中的农户承包权与集体成员权具有诸多不同,在理论和实践中均应当加以明确区分。

三、农户承包权与土地承包经营权的权利边界

在理论与实践上,不少学者将政策文本中“农户承包权”解读为集体成员权或者其他权利,进而认为“农户承包权”是有异于土地承包经营权的新创概念,结果对农地“三权分置”的立法表达造成了诸多纷扰。农户享有的土地承包经营权具有身份权和财产权的双重属性。对土地承包经营权进行再次权利分离的基本方向之一就是要稳定农户承包权,通过依法公正地将土地承包经营权落实到本集体组织的每个农户,实现集体土地的社会保障功能。在农地“三权分置”背景下,农户对取得的承包经营权可以自己进行使用收益,也可以流转给不具有集体经济组织成员身份的其他农业经营主体,以更好地释放土地的财产权能,其本质属性是“两权分离”基础上的再次权利分置。“农地经营权与农户承包权的分置只不过是在农地承包经营权与所有权已经实现分置的基础上进一步的分置而已。”[①]如前文所述,农户承包权

---

① 李宁等:《地权结构细分视角下中国农地产权制度变迁与改革:一个分析框架的构建》,载《中国农村观察》2017 年第 2 期。

不同于集体成员权,本质上属于受到土地经营权限制的土地承包经营权。那么,农地“三权分置”政策文本中的农户承包权与现有立法中的土地承包经营权究竟是何关系呢?如上文所述,关于农户承包权的性质有“成员权说”“土地收益权说”“复合属性说”“土地承包经营权说”“用益物权说”“纯剩余财产权说”。其中,“土地承包经营权说”即主张农户承包权就是现行法中的土地承包经营权,进而主张农地“三权分置”在法律上的权利结构是“集体土地所有权—土地承包经营权—土地经营权”。我们赞同农户承包权的“土地承包经营权说”,认为农地“三权分置”中的农户承包权(土地承包权)应当解读为现有法中的土地承包经营权。主要理由如下:

其一,从政策文件表述看,农地“三权分置”中的农户承包权实际上是指土地承包经营权。《深化农村改革综合性实施方案》中指出:“稳定农户承包权”就是要依法公正地将集体土地的承包经营权落实到本集体组织的每个农户。从该表述看,“稳定农户承包权”实际上就是稳定农户的承包经营权。《关于完善农村土地所有权承包权经营权分置办法的意见》指出:“土地承包权人对承包土地依法享有占有、使用和收益的权利。”该表述与《民法典》中的土地承包经营权的概念并无本质差异。依据《关于完善农村土地所有权承包权经营权分置办法的意见》的规定,“农村土地集体所有权是土地承包权的前提,农户享有承包经营权是集体所有的具体实现形式,在土地流转中,农户承包经营权派生出土地经营权”。对于农地“三权分置”后的法权模式,应当结合土地流转前后的不同权利结构进行全面剖析。从该表述分析,农地“三权分置”是:在集体土地所有权不变的前提下,农户享有承包经营权实际上是实现集体所有权的方式,然后在土地经营权流转过程中,对农户享有的土地承包经营权进行权利的再次分置,从土地承包经营权中派生出土地经营权。质言之,如果在农地“三权分置”后,农户享有的承包权中无经营权的内容,何以派生出经营权?故从政策文本的表述分析,农地“三权分置”中的农户承包权实际上就是现行法中已广为接受的土地承包经营权。

其二,从我国农村改革的固有规律分析,农地“三权分置”中的农户承包权实际上是指土地承包经营权。农地制度是一个国家基本经济制度的重要组成部分,往往具有固有法性、本土性和稳定性,而且往往业已形成了比较稳固的法律制度体系。现有的农地制度体系反映了改革开放以来我国在农村实行家庭联产承包责任制,农地的集体所有权和农户的土地承包经营权“两权分离”的农地权利体系构造。经过四十余年的发展,现行农地权利体系构造已经具有了较强的稳定性。但是,随着社会经济的发展,固有的法律制度体系也呈现了与社会发展需求不相一致的情况,在这样的背景下,农地“三权分置”改革应客观需要而被提出。依据《关于完善农村土地所有权承包权经营权分置办法的意见》等政策文件的要求,在“落实集体所有权、稳定农户承包权、放活土地经营权”的基本原则指引下实行农地“三权分置”,实际上是在既有农地制度体系的基础上对其进一步完善,而不是对现有制度体系的否定。

正如政策文件中所指出的,农地“三权分置”是农村基本经营制度的自我完善,符合生产关系适应生产力发展的客观规律。这就意味着农地“三权分置”的制度化、法律化,必须遵循中国农村土地制度变迁过程中呈现的渐进性特征。遵循农地制度变迁的渐进性特征要求,在制度创新过程中必须考虑与现行农地法律制度体系的协调,要充分考虑改革中设计的制度与现有制度体系的衔接与传承,而不是一味地否定与盲目地创新。农地“三权分置”改革的目的是要在坚持“两权分离”的基础上,对农户享有的土地承包经营权进行再次分离,分离出土地经营权。所以,农地“三权分置”是在集体土地所有权和农户的土地承包经营权“两权分离”的基础上进行了又一次变革,不是对原有改革成果的否定,而是对“两权分离”改革的继承。农地“三权分置”只是对农户的土地承包经营权进行再次分离,因此,政策制定者无意新创一个异于土地承包经营权的农户承包权,农户承包权是农户将土地承包经营权中的经营权流转后的剩余权利形态,即受到土地经营权限制的权利形态。而且,应当指出的是,农地“三权分置”

并不排斥“两权分离”，也不可能排斥“两权分离”，甚至二者在一定时期内还将并行存在。正如有学者指出的，“在制度上承认三权体制和目前两权体制是并行不悖、长期共存的，而非替代关系”。[①] 因此，从农地“两权分离”到“三权分置”同样也应当和必须遵循我国农村改革的渐进性发展的规律，政策文本中的农户承包权实际上就是“两权分离”状态下的土地承包经营权在权能分离后的权利形态，权能分离后并没有改变土地承包经营权的本质属性，只不过受到一定限制而已。

其三，从动态视角全面审视发现，农地“三权分置”中的农户承包权实际上是指土地承包经营权。对农户承包权和土地承包经营权关系的分析不应当仅仅关注土地经营权流转后的结果，而应当从动态视角全面审视土地承包经营权和农户承包权的关系。在农地“两权分离”背景下，土地承包经营权是承包权和经营权的综合体。在农地“三权分置”背景下，土地承包经营权是经营权流转前的圆满权利状态；当土地经营权流转后，土地经营权被派生出去，剩下的就是农户承包权。因此，农户承包权是土地承包经营权中经营权流转后的剩余权利形态。正如有学者指出的，农地“三权分置”中的承包权只不过是土地承包经营权分离出经营权后剩余土地承包经营权权利的简称，承包权不仅应当延续土地承包经营权的用益物权属性，而且承包权人就是土地承包经营权人。承包权人收回流转的承包地后，分离的经营权与承包权又恢复为完整的土地承包经营权。[②] 因此，对土地承包经营权和承包权关系的认识应当结合土地经营权流转前后进行全面审视。农户承包权实为现行法中的土地承包经营权将其中的土地经营权流转后的结果。农地“三权分置”的“所有权—承包权—经营权”的权利结构反映的是土地承包经营权分离出经营权后的权利结构，即土地经营权流转后所展现的权利结构。但是，在对农地“三权分置”进行立法表达

① 高富平：《三权分置究竟改变了什么》，载《大众日报》2016 年 11 月 9 日，第 10 版。

② 参见高海：《论农用地“三权分置”中经营权的法律性质》，载《法学家》2016 年第 4 期。

时，不应当仅限于单纯反映权利分离的结果，而应当结合现行法中的法律概念体系，对权利结构形成与变动的全貌全面展现，即以动态视角全面审视土地承包经营权和农户承包权的关系。以动态视角全面审视土地承包经营权和承包权的关系，就会发现：在经营权分离前，“三权分置”是“所有权—土地承包经营权—经营权”的权利结构；在经营权分离后，“三权分置”则是“所有权—承包权—经营权”的权利结构。因此，农户承包权是土地承包经营权中的土地经营权分离后受到限制的土地承包经营权。虽然分离前后，土地承包经营权的内容有所变化，但分离出土地经营权的农户承包权实质上并没有改变其土地承包经营权的本质，只是受到土地经营权的限制而已。

其四，《农村土地承包法》使用“土地承包权”概念具有一定的不合理性，这主要体现在：

第一，直接将政策语言法律化有违立法原则。土地承包权是有关“三权分置”政策文件中提出的概念，但这种政策语言在立法上能否直接使用值得认真考虑。在法理上，尽管政策与法律有着十分紧密的联系，党和国家的政策往往成为立法的指导方针和基本遵循，但是，立法有其自身的规律和原则，这就决定了立法不能照搬政策。因此，在法律上反映“三权分置”政策，应当是在充分理解政策内涵的基础上，契合法律体系的内在逻辑将政策间接转化为法律，而非直接将政策法律化。[①]《农村土地承包法》将政策文件中的“土地承包权”概念直接用于“三权分置”的立法表述，不仅不符合立法的基本要求，也有违“三权分置”政策精神，因为立法上承认土地承包权，就会产生“四权分置”的地权结构。

第二，《农村土地承包法》关于“三权分置”的法律表达明显有“权利束”观念的痕迹。从修法过程来看，《农村土地承包法修正案（草案）》一审稿第6条曾规定：“以家庭承包方式取得的土地承包经营权

① 参见高圣平：《为什么是“三权”而不是“四权”分置？》，载《法制日报》2018年12月26日，第12版。

在流转中分为土地承包权和土地经营权。土地承包权是指农村集体经济组织成员依法享有的承包土地的权利。土地经营权是指一定期限内占有承包地、自主组织生产耕作和处理产品,取得相应收益的权利。"从这一规定来看,土地承包权同土地经营权一样,都是在承包地流转中产生的权利。若是如此,土地承包经营权在流转后就不应再存在了,而是分解成了两项权利。同时,按照上述规定的逻辑,土地承包经营权应是由土地承包权与土地经营权两项权利集合而成的权利。这一规定显然是受到了经济学中"权利束"观念的影响,而"权利束"理论与大陆法系物权法理论是不相符的。

第三,《农村土地承包法》中"土地承包权"概念的使用造成立法体系的不协调。从《农村土地承包法》的规定来看,在承包地未流转的情况下,土地承包经营权是一项独立用益物权,自应受法律保护;在承包地流转的情况下,土地经营权亦成为一项独立的权利,也受法律保护。对此,《农村土地承包法》第四章关于"争议的解决和法律责任"将土地承包经营权和土地经营权都纳入了法律保护的对象。但是,该章并没有"土地承包权"的踪影。按法理,如果承包方仍享有土地承包权,那么法律就应当给予保护;而如果土地承包权不受法律保护,其也就不能称为权利了。

综上,农地"三权分置"中的农户承包权本质上仍指的是"两权分离"中农户享有的土地承包经营权。当承包地由其他经营主体经营时,在土地承包经营权中分离出经营权,农户享有承包权,其他经营主体享有土地经营权,进而形成集体土地所有权、土地承包经营权和土地经营权"三权分置"的形态。值得肯定的是,《民法典》并没有使用"土地承包权"的概念,这充分表明,所谓的"土地承包权"就是土地承包经营权。

第四章　农地“三权分置”的制度核心——“放活土地经营权”

第一节　“放活土地经营权”的法律解读

一、“放活土地经营权”的法律意蕴

《深化农村改革综合性实施方案》指出:“放活土地经营权,就是允许承包农户将土地经营权依法自愿配置给有经营意愿和经营能力的主体,发展多种形式的适度规模经营。”《关于完善农村土地所有权承包权经营权分置办法的意见》指出,要“加快放活土地经营权”,并对加快放活土地经营权的保障措施进行了设计。从土地承包经营权中分离出经营权并且放活土地经营权,具有重要意义。“经营权独立发挥作用,当前的意义在于其行使主体范围远远大于承包权主体。……经营权独立之后,可以在不影响土地承包权及其收益的前提下,以土地经营权来设定抵押,为农业发展提供金融支持,进而可以为构建进城农民的土地承包经营权退出机制提供一个富有

弹性的制度框架。”①

本书认为,“放活土地经营权”包含着丰富的法律意蕴,主要包括以下几个方面:

第一,“放活土地经营权”意味着农村土地的经营主体更加多元化。土地承包经营权的主体原则上是农户,而农户是由特定范围内的集体成员组成的;这就导致土地承包经营权的主体表现出较强的身份性,这势必影响土地财产权价值的发挥。放活土地经营权后,农户就可以把土地较为自由地流转给更加多元的土地经营主体,包括本集体组织内部的农户,也包括本集体组织外部的其他新型农业经营主体。因此,在“放活土地经营权”的背景下,土地经营权的主体将更加多元化。

第二,“放活土地经营权”意味着要更加强调规范流转。“放活土地经营权”意味着土地承包户对外流转经营权更加便捷,但也要依法流转。这并不代表土地经营权的流转就可以为所欲为,土地经营权的流转同样应当受到流转期限、用途管制、流转方式等多方面的限制,特别是应当做好工商资本进入土地经营权流转的各种可能风险的防控。原因在于,一方面工商资本的进入有可能挤压农民的利益空间,对农民利益造成损害;另一方面工商资本具有更加强烈的趋利动机,有可能会导致土地经营的“非农化”“非粮化”等问题。正如有学者指出的,“资本下乡经营农业的过程也是多元利益主体博弈的利益分配过程。由于农民在资本下乡经营农业的过程中无法拥有土地流转后农业生产经营决定权和土地收益主导权,在缺乏比较完善的保护农民利益的制度安排的情况下,农民往往成为利益受损的弱势群体”。②

第三,“放活土地经营权”意味着新型农业经营主体将获得更多的发展机会。“放活土地经营权”意味着土地的经营权不仅限于农户以家庭承包的方式对土地进行经营,家庭农场、农民合作社等各种新型农业经营主体可以通过土地流转直接参与土地经营,这就使新型农业

① 张红宇:《新型城镇化与农地制度改革》,中国工人出版社 2014 年版,第 215 页。
② 李家祥:《工商资本下乡经营农业:机遇与挑战》,载《求实》2016 年第 7 期。

经营主体将面临更多的发展机会。可见,“放活土地经营权”将会激活新型农业经营主体的发展。

第四,“放活土地经营权”意味着土地经营权的流转将更加普遍。数据显示,目前全国1/3的土地已经流转。全国2.3亿户承包土地的农民中,6600万户或多或少地流转了土地。据此,实施农地“三权分置”,“放活土地经营权”后,土地经营权的流转将更加普遍。

第五,“放活土地经营权”并不表明农村土地都要大规模化经营。“放活土地经营权”对土地的规模化经营显然具有积极促进意义,但并不意味着所有的农村土地都要大规模化经营,而是要因地制宜地实施。特别是要防止脱离实际、违背农民意愿,片面追求超大规模经营的倾向。因此,“放活土地经营权”是农地“三权分置”改革的亮点所在,它承载着丰富的价值内涵,更具有重要的实践价值。

二、“放活土地经营权”亟须法律制度创新

土地经营权已为《农村土地承包法》《民法典》所确认,成为一个新的法律概念。在这种情况下,推进农地“三权分置”的关键是土地经营权的定性和配套制度设计。目前,对于土地经营权的法律属性、变动模式和变动事实、权能设计等均存在诸多疑义:(1)关于土地经营权的法律属性。目前,对土地经营权的性质存在物权说、债权说等多种观点。合理界定和明确其性质,对于保护经营主体依流转合同取得的土地经营权,保障其有稳定的经营预期,具有积极价值。(2)关于土地经营权的变动模式和变动事实。土地经营权是从土地承包经营权中分离出来的,其变动实际上是基于农户与土地经营主体的法律行为引起的。基于法律行为的权利变动模式直接取决于土地经营权性质的界定:如果将土地经营权界定为物权,那么将继续沿用“区分原则”,即引起土地经营权变动的将是“债权合同+公示方式”;如果将土地经营权界定为债权,则引起土地经营权变动的仅依据债权合同即可。(3)关于土地经营权的权能设计,即土地经营权的具体权利内容。该项内容直接决定着土地经营主体的权利内容和土地资源的合理使用,

其设计科学性与否至关重要。

第二节　土地经营权的法律属性

一、土地经营权法律属性的学说分歧

(一)农地“三权分置”入法前的理论争议

农地“三权分置”政策的重要内涵是“放活土地经营权”。2009年《农村土地承包法》并不缺乏对土地承包经营权流转方式的规定,但鉴于农地的保障功能,原则上并不允许将土地承包经营权向本集体经济组织外的第三方主体进行转让。这既限制了土地担保融资功能的发挥,也不利于土地集约化经营和新型农业经营体系的构建。而农地“三权分置”政策正是因应打破束缚农地流转“紧箍咒”的改革需求,以集体所有权与土地承包经营权“两权分离”为基础,按照将土地承包经营权再分离出土地经营权的思路进行制度创新。在理论上,关于土地经营权的权利属性,学者们基于对政策目标、现行制度和法理逻辑的不同理解,大体形成了三种不同的学说。应当指出,土地经营权权利属性的定位并非孤立的类型选择,其往往是所依循的内在逻辑和理论支撑经由体系性考量下的产物。因此,掌握其背后的因果关系有助于充分认识学说的合理性和不足之处,对于寻求明确土地经营权的恰适法律定位具有重要意义。

1. 土地经营权债权说

土地经营权债权说整体上沿解释论路径展开,主张赋予土地承包经营权以完整的物权权能,通过债权方式开禁土地承包经营权的流转。如有学者指出,土地承包经营权属于用益物权,是一项完整物权,一旦基于相应的集体成员资格而取得就不存在人身权的内涵。因此,应为承包方设定一个成员权的资格底线,直接赋予承包方对土地承包

经营权进行转让的权利，对权利人开禁农地抵押。此外，“允许土地承包经营权流转”与“保持土地承包经营关系长久不变”并不矛盾，在执行土地承包经营期限且不改变农地用途的前提下，逐步放开土地承包经营权流转，相较于以农地“三权分置”理论创设“土地经营权”后再允许“土地经营权”流转的做法具有天然的制度性优势。[①] 进而农地“三权分置”所谓之土地经营权，不过是承包地的租赁经营方式。[②]

可见，该研究路径的主要思想是：强调通过建立集体成员权制度，以承包资格之保障取代现行法上土地承包经营权不可实现物权性流转的限制，核心是确认土地承包经营权的财产权属性并赋予其完整的物权权能。所谓土地经营权，指的是基于土地承包经营权的债权性经营利用权，主要是农地租赁权。这种学说的内容在一定程度上契合和照应了民事权利制度逻辑，体现出与农地“三权分置”重构土地权利体系的政策设计相异的农地改革方案。

2. 土地经营权用益物权说

土地经营权用益物权说的路径展开具有立法论的特点：其以土地经营权为政策文件上提出的一项新型权利为逻辑起点，进而在土地经营权如何与现有权利体系融合、如何实现农地“三权分置”的科学表达方面，寻求理论和制度上的突破。基于此，有学者认为，在农地“三权分置”政策背景下，土地经营权具有土地承包经营权的部分权能，土地经营权应在立法上被确认为用益物权。[③] 还有学者认为，所谓“三权”，就是农村耕作地之上的所有权、土地承包经营权、土地经营权这三种权利，在农地“三权分置”的法律实践中，应将中央文件中提到的

---

① 参见单平基：《“三权分置”理论反思与土地承包经营权困境的解决路径》，载《法学》2016 年第 9 期。

② 参见陈小君：《我国农村土地法律制度变革的思路与框架——十八届三中全会〈决定〉相关内容解读》，载《法学研究》2014 年第 4 期。

③ 参见李国强：《论农地流转中“三权分置”的法律关系》，载《法律科学（西北政法大学学报）》2015 年第 6 期。

土地经营权这一权利依法确定为用益物权。[①]

在支持土地经营权为用益物权的学说中,以下两点理由获得了广泛的支持:

一是以债权方式流转农地,不具有对抗第三人的法律效力[②];而物权所体现的效力更强,更能保障第三方经营主体的稳定经营预期。如果将土地经营权定性为债权,其法律关系实质为土地租赁合同,土地经营权的行使应遵循债权相对性原则;由于其对原承包农户的高度依赖性和权利的短期性与不稳定性[③],不利于保证第三方经营主体稳定的经营权益的实现,也不利于实现土地资源的合理配置和适度规模经营。而将土地经营权定性为物权,不仅其权利存续期间可以超越法律规定的 20 年最长租赁期限;而且物权属性的土地经营权具有较强的支配力和对抗第三人的效力,并可以采用转让、抵押、入股等各种方式实现流转,通过不动产登记,还可以强化进入市场的能力。[④]

二是物权性的土地经营权可以完善农地的融资担保功能。基于债权性的土地租赁权不能成为抵押权的客体,现行制度下限制土地承包经营权融资权能的制度设计并不能满足现实需求。[⑤] 这也是亟须发挥农地要素功能、进一步搞活农地流转市场的重要原因之一。而将土地经营权定位于物权,可以在很大程度上弥补现行制度一方面不允许土地承包经营权抵押另一方面具有相对权性质的债权难以成为抵押权标的的短板,能够为搞活农地融资担保市场注入活力。

在秉持土地经营权为用益物权的观点的基础上,另有学者围绕突破在物权上再设定用益物权的制度与法理不足,提出并证成了土地经

---

① 参见孙宪忠:《推进农地三权分置经营模式的立法研究》,载《中国社会科学》2016 年第 7 期。

② 参见蔡立东、姜楠:《承包权与经营权分置的法构造》,载《法学研究》2015 年第 3 期。

③ 参见宋志红:《“三权分置”关键是土地经营权定性》,载《中国合作经济》2016 年第 10 期。

④ 参见孙宪忠:《推进农地三权分置经营模式的立法研究》,载《中国社会科学》2016 年第 7 期。

⑤ 参见温世扬:《农地流转:困境与出路》,载《法商研究》2014 年第 2 期。

营权实质为权利用益物权。认为土地经营权是以土地承包经营权为客体,其内容为特定期限内行使土地承包经营权,取得后者的占有、使用、收益权能的权利;且土地承包经营权人在其权利上设定土地经营权这一用益物权后,其依然享有土地承包经营权,土地经营权的设定只是其行使并实现土地承包经营权的方式,其客体为土地承包经营权。[①] 但也有学者认为,土地经营权为不动产用益物权。[②] 对于土地经营权客体的两种截然不同的认识,有必要在学理上进一步厘清。

3. 土地经营权物权化债权说

土地经营权物权化债权说是在土地经营权债权说和用益物权说争论和发展的过程中形成的。其认为,农地"三权分置"的关键在于构建一种具有相当稳定性、效力更强、相对独立的土地经营权。其一,将土地经营权定性为物权性土地利用权还是定性为债权性土地利用权,法理上皆有合理性,其如何定性有赖于立法之时的政策选择。其二,基于农村土地制度改革的渐进式趋势,在现有的生产力发展水平之下,不宜将所有流转方式形成的土地经营权一概确定为物权。其三,将土地经营权定性为物权,在现有土地承包经营权流转之外再行创新流转方式,既没有实证基础,也无法说明其与现有流转方式之间的关系;而如将其界定为物权性债权,则可在土地承包经营权债权性流转内部取得体系上的统一。其四,《关于完善农村土地所有权承包权经营权分置办法的意见》就土地经营权的定性已作政策选择。[③]

从以上可见,该学说有以下几个特点:一是立论基础为土地经营权是土地承包经营权债权性流转的产物,而非物权性流转的产物。二是农地"三权分置"之下的土地经营权是土地承包经营权派生出来的权利,并非土地所有权、土地承包经营权、建设用地使用权及土地租赁权等之下的经营权能。换言之,此处"土地经营权"并不包括上述权利

---

① 参见蔡立东、姜楠:《承包权与经营权分置的法构造》,载《法学研究》2015 年第 3 期。

② 参见丁文:《论"三权分置"中的土地经营权》,载《清华法学》2018 年第 1 期。

③ 参见高圣平:《承包地三权分置的法律表达》,载《中国法学》2018 年第 4 期。

之下权利人自己行使经营权(能)的情形。[①] 因此,土地经营权的主体只能是农业经营主体,而不包括承包农户。三是充分考虑《关于完善农村土地所有权承包权经营权分置办法的意见》所明确的"发展多种形式适度规模经营"的政策目标,设计了通过登记手段加强对经营主体经营权保护的方案。[②] 四是力图实现现行法所涉及的各种流转方式的体系性协调,避免因土地承包经营权流转产生物权性经营权和债权性经营权之分。五是将土地经营权定位于物权还是债权是立法选择的结果,并未在学理上完全否定将土地经营权定性为用益物权的合理性。

总体而言,该学说所提出的观点既力求照应农地"三权分置"之政策目标,又试图契合现行制度规则。其一方面坚持现行制度下土地承包经营权不具有完整的物权权能的基本规范,并主张土地经营权为基于土地承包经营权经设定行为而产生的一项新生的民事权利[③],体现了与土地经营权债权说的重要不同;另一方面其又排斥设定新型用益物权的土地经营权产生方式,主张通过登记强化其效力,致使该学说形成了与债权说和用益物权说皆有联系但本质上又截然不同的学理解读路径。

(二)农地"三权分置"入法后的理论争议

《农村土地承包法》实现了"三权分置"政策的法律转化。该法在第二章第五节中专节规定了"土地经营权",同时在第三章中规定了以其他方式承包取得的"土地经营权"。2020 年,《民法典》以民事基本法的形式确认了土地经营权制度(第 339 ~ 342 条)。从立法表述看,《民法典》基本承续了《农村土地承包法》的规定。对于土地经营权的性质,刘振伟同志指出:在对《农村土地承包法》修改的过程中,"鉴于对土地经营权性质见仁见智,这次修改农村土地承包法,以解决实践

---

① 参见高圣平:《承包地三权分置的法律表达》,载《中国法学》2018 年第 4 期。

② 参见高圣平:《论农村土地权利结构的重构——以〈农村土地承包法〉的修改为中心》,载《法学》2018 年第 2 期。

③ 参见高圣平:《承包地三权分置的法律表达》,载《中国法学》2018 年第 4 期。

需要为出发点，只原则界定了土地经营权权利，淡化了土地经营权性质”[①]。因此，在 2018 年《农村土地承包法》修正之后，特别是《民法典》编纂期间及其公布之后，学界对土地经营权性质的探讨并未停止，其突出特点在于由立法论方向转向基于实定法的解释论路径。

在现行法中，《民法典》第 339 条[②]规定了土地经营权的生成方式，而第 341 条[③]规定了流转期限为 5 年以上的土地经营权的登记能力及其效力。其中，第 339 条所规定的租赁等流转方式一般认为显然包括典型的债权生成路径，而第 341 条似乎又赋予了流转期限 5 年以上的土地经营权以物权效力。如何弥合法条语义对于土地经营权的法律属性可能引发的分歧，并体现农地“三权分置”的制度内涵和立法科学性，成为立法解释的重要任务，而其关键在于对第 341 条的合理解释。对此，立法机关专家指出，《民法典》立法过程中经研究认为，在农地“三权分置”改革实践中，不同类型的土地经营权人对于土地经营权的需求存在差异，有人希望能长期稳定获得土地经营权，有人则仅需要短期获得土地经营权。所以，法律不宜简单规定土地经营权的性质，应当根据土地经营权流转期限长短的不同，作出不同的法律安排。土地经营权流转期限为 5 年以上的，当事人可以向登记机构申请土地经营权登记，取得物权效力。[④] 据此，土地经营权存在仅具债权效力的土地经营权，也存在具有物权效力的土地经营权。与此相类，学者在对《民法典》相关条款解释中亦认为我国法律同时规定了债权性的土地经营权与物权性的土地经营权。其中，租赁是典型的合同债权法律制度，通过出租方式流转的土地经营权应当是债权，而因入股、信托方

---

① 刘振伟：《巩固和完善农村基本经营制度》，载《农村经营管理》2019 年第 1 期。

② 对应《农村土地承包法》第 36 条。

③ 对应《农村土地承包法》第 41 条。

④ 参见黄薇主编：《中华人民共和国民法典释义》（上），法律出版社 2020 年版，第 672～673 页。此种解释实际上存在缺憾。依据《民法典》第 341 条文义，流转期限 5 年以上的土地经营权设立应采登记对抗主义，这也意味着即使设立时未登记，流转期限 5 年以上的土地经营权亦具物权效力，只是不能对抗善意第三人。

式而流转的土地经营权界定为物权性土地经营权更为合适。[①]《民法典》第341条中的"设立"是一个典型的表述物权性土地权利产生的术语,这表明立法者认为流转期限为5年以上的土地经营权为物权。[②]

以上观点突破了土地经营权性质物债二选一的思维定式,更切合立法和改革实际,得到了较多学者的支持。例如,有学者基于对土地经营权全部债权说的驳议,认为"三权分置"体系中的土地经营权本质是外延不确定的财产权概念,土地经营权全部债权说难以经受权利体系逻辑的考验,无法建构科学的"三权分置"农地权利体系,且其并未理顺"三权分置"的内在机理,曲解了物权性土地经营权对集体土地所有权、土地承包经营权的影响。根据流转方式不同,土地经营权既可以是债权性权利,亦可以是物权性权利。[③] 亦有学者以目的解释为主导,兼顾"内外关系和谐"和"不与法条文义相反"的要求,认为《农村土地承包法》中的土地经营权首先应区分为设定于土地承包经营权之上的土地经营权和设定于土地所有权之上的土地经营权两大阵营,而每一类型土地经营权又均应解释为包含物权性土地经营权和债权性土地经营权两种权利类型;设定于土地承包经营权之上的土地经营权以5年期限为物、债划界标准,设定于土地所有权之上的土地经营权以权利设定方式和实际权能安排为划界标准。[④] 为了纯化土地经营权的内涵,亦有持物债二元论立场的学者指出,土地经营权名称应当根据其用益物权的定位进行唯一化,即只有具有用益物权性质的土地经营权才能称为土地经营权,具有债权性质的则明确为土地租赁权或农

① 参见孙宪忠、朱广新主编:《民法典评注:物权编》(第3册),中国法制出版社2020年版,第111页。

② 参见孙宪忠、朱广新主编:《民法典评注:物权编》(第3册),中国法制出版社2020年版,第121页。

③ 参见屈茂辉:《民法典视野下土地经营权全部债权说驳议》,载《当代法学》2020年第6期。

④ 参见宋志红:《再论土地经营权的性质——基于对〈农村土地承包法〉的目的解释》,载《东方法学》2020年第2期。

地租赁权。[①]

在物债二元论得到广泛支持的同时，部分学者依然持债权说立场。有学者认为，虽然《农村土地承包法》第41条赋予流转期限在5年以上的土地经营权以登记能力，但该法规定的土地经营权仍旧应属债权。其理由有三：第一，土地利用关系既可定性为物权，也可定性为债权，端赖政策选择。第二，《农村土地承包法》第36条明确规定了产生土地经营权的三种方式，即"出租（转包）、入股或者其他方式"。第三，赋予部分土地经营权以登记能力，并不能得出登记的土地经营权即属物权、未登记的土地经营权即属债权的结论。[②] 亦有学者同样主张土地经营权不应定性为用益物权，而应定性为可予登记的债权性权利；这样既契合"三权分置"法制改革的政策意蕴，亦符合私权的生成逻辑和权利体系性要求，可以实现权利之间的逻辑自洽和体系完整，有利于发挥"三权"的各自功能和整体效用。[③]

此外，还有部分学者在"三权分置"入法的背景下，仍坚持认为土地经营权在性质上为用益物权。如有学者认为，农村土地经营权的债权本质说混淆了土地租赁权与土地经营权，而物债二元说则进一步模糊了其经营权的法律性质；关于债权登记的设计路径无法为权利人提供实质保障，亦不符合民事权利规范中物债二分的基本规则。土地经营权在权利内容设置和具体权能实现上都应当理解和明确为用益物权的法律属性，并且配套合理的权利移转与登记公示规则。[④] 而有学者基于权利结构层次、设定方式、公示效力方面的具体差异，认为《民法典》规定了两种统属在"土地承包经营权"概念之下的用益物权：一

---

① 参见孙建伟：《土地经营权物权化规则构建路径》，载《国家检察官学院学报》2019年第6期。

② 参见高圣平：《农村土地承包法修改后的承包地法权配置》，载《法学研究》2019年第5期。

③ 参见单平基：《民法典编纂中农地"三权分置"的立法选择》，载《中国不动产法研究》2019年第1期。

④ 参见陈小君、肖楚钢：《农村土地经营权的法律性质及其客体之辨——兼评〈民法典〉物权编的土地经营权规则》，载《中州学刊》2020年第12期。

种是土地承包经营权流转而产生的次级用益物权;另一种是与土地承包经营权并列但无身份属性的特殊的农地用益物权。并且认为从财产法体系的角度解释,不能以是否登记为理由区分土地经营权是物权还是债权;土地经营权在体系上应属于物权,并不是不满 5 年的土地经营权是债权而不能设定担保。[①] 亦有学者认为,如果将《民法典》"物权编"相关规定与《农村土地承包法》相关规定以及其他材料结合起来,通过解释完全可以认为,土地经营权确实为一种物权。同时指出,从"三权分置"改革入法入典的初衷和历史过程看,引入物权性土地经营权应为《农村土地承包法》修改和《民法典》编纂物权编的基本预期。[②]

整体而言,农地"三权分置"入法后关于土地经营权属性的争议,其核心问题仍为土地经营权是否为一项用益物权。基于《民法典》第 341 条的规定,肯定流转期限 5 年以上的土地经营权具有物权效力为有力解释;但因为土地经营权内涵和外延的不确定性,其仍存在被解释为债权的空间。不过,越来越多的学者意识到,土地经营权属性的争议与其权利名称的使用具有联系。

二、土地经营权定性诸学说评析

关于土地经营权权利属性的各种学说,其内在逻辑及研究进路上的差异使诸学说体现出内涵迥异的学理架构。对诸学说进行评析的前提是透过学说主张厘清其内在差异,以下三点对于各自学说的形成影响颇大,须特别注意:一是是否主张赋予土地承包经营权完整的物权权能。该问题能够体现债权说与其他诸学说所持立论基础的根本差异,从而也决定了对土地经营权的学理解读路径之不同。二是土地经营权主体是否包含承包农户。该问题不仅涉及对农地"三权分置"

---

① 参见李国强:《〈民法典〉中两种"土地经营权"的体系构造》,载《浙江工商大学学报》2020 年第 5 期。

② 参见龙卫球:《民法典物权编"三权分置"的体制抉择与物权协同架构模式——基于新型协同财产权理论的分析视角》,载《东方法学》2020 年第 4 期。

政策的全面理解，也涉及在各学说影响下的新型农地权利体系的重构。三是是否充分考虑全面实现农地“三权分置”所设计的土地经营权抵押、入股、信托等制度功能。此一问题不仅关涉农地“三权分置”政策目标的实现，而且立基于政策落实的权利配置方案将在宏观与微观层面决定对土地经营权的定性。考察关于土地经营权权利属性的诸学说，对以上问题的立场颇有差异；至于其能否完成农地“三权分置”法律转化的理论供给之责，以下将展开分析。

(一)土地经营权债权说评析

土地经营权债权说的特点在于，努力在现行法制下寻求农地“三权分置”法律表达的法理自洽。然而持反对意见的学者指出，试图通过流转土地承包经营权完成农地资源市场化配置的目标，不仅失于对我国农地政策兼顾农地权利财产属性与保障功能之价值取向的周到考量，也有过于僵化之嫌。[①] 从现实看，赋予土地承包经营权完整权能的农地改革路线虽经学者不断呼吁，但一直未在政策上得到肯定，反而围绕农地流转和利用中的难题形成了农地“三权分置”的政策思路。从该角度讲，土地经营权应被界定为一项基于农地“三权分置”政策而产生的具有独立性的新型权利。2009 年《农村土地承包法》中即已规定了各种农村土地承包经营权的债权性流转方式，基于债权性流转自然会产生各种债权性农地利用权；如果将这些已经由现行法律所认可的权利整体纳入所谓土地经营权的范畴，将与农地“三权分置”制度的产生背景及其创新价值相背离。另外，债权性的农地利用权本质上为基于流转合同所产生的债权，而法律上对于债权并未有如物权法上因“类型强制”对特定权利予以专门名称。如果将某些农地债权性利用权冠以“土地经营权”之称，不仅使土地经营权的法律内涵失色，亦将对既已形成的民事权利体系产生冲击。因此，在农地“三权分置”语境下，将土地经营权定位于债权不能满足农地权利体系重构的制度需

① 参见蔡立东、姜楠：《承包权与经营权分置的法构造》，载《法学研究》2015 年第 3 期。

求。除此之外，在具体制度层面，土地经营权债权说还存在以下几方面难以克服的问题：

第一，赋予土地承包经营权完整的物权权能与农地“三权分置”所确立的“稳定农户承包权”的政策要求相悖。土地经营权债权说认为，维系土地承包关系保障功能的主要是成员权；只要本集体经济组织成员身份不丧失，就享有包括在下一轮延包集体土地在内的一系列资格。[①] 我们注意到，虽然农地“三权分置”政策目标的一个重要方面是避免在实践中存在的各种流转方式对承包农户的土地承包经营权可能造成的潜在侵夺，但成员资格固化或者相对固化的“农民集体”的组织形态，事实上已经成为全国普遍的现象。[②] 况且，法律上对收回农村承包地（其实为剥夺农民的集体成员资格）的行为进行了严格的限制。因此，农民的成员权利并不容易受到事实层面上的侵害。在这种情况下，从成员权视角探讨农地保障功能并不具有现实意义。实际上，更应考虑的是：如果在承包期内，承包农户通过转让、入股等形式完成土地承包经营权的物权变动，或者在土地承包经营权上设定抵押权而最终被执行，都将导致承包农户在该承包期内丧失土地承包经营权，那么，自土地承包经营权流转后在承包期剩余期限内其生活应如何获得保障？特别是党的十九大报告已决定土地承包期届满后再延包 30 年，在如此长的期间内农户一旦丧失土地承包经营权，其生活保障必然面临巨大的挑战。即便农民通过外出打工或其他途径有所收入，也并不能忽视其因故返乡重启耕作生活的可能。很显然，虽然我国社会保障制度不断完善，但土地对于农民的基本保障功能不应被取代。因此，应当允许承包农户根据自身需要设定短于土地承包经营权剩余期限的土地经营权，在土地经营权到期后土地承包经营权自然回复到圆满状态，以使土地的兜底性保障功能得以维系。赋予土地承包经营权

---

① 参见陈小君：《“三权分置”与中国农地法制变革》，载《甘肃政法学院学报》2018 年第 1 期。

② 参见孙宪忠：《推进农地三权分置经营模式的立法研究》，载《中国社会科学》2016 年第 7 期。

完全的物权功能，虽然对于搞活农地市场具有重要意义，但却可能有损农民对承包地无法彻底割裂的依赖关系，这也是该研究路径难以跨越的理论与现实之鸿沟。

第二，土地经营权债权说为土地经营权担保融资设计的各种规则存在法理不畅和能力不足的问题。充分挖掘农地的担保融资功能是农地“三权分置”政策思想产生的主要驱动因素之一，也是放活土地经营权的重要内容。在现行法规定土地承包经营权不得抵押的情况下，政策设计者希望通过农地“三权分置”使农民摆脱土地承包经营权的身份束缚，使其享有的土地承包经营权益得以释放如一般财产权的抵押融资权能。持土地经营权债权说的学者清醒地认识到，如就土地承包经营权设定抵押，在实现抵押权时权利人将面临丧失土地承包经营权的法律后果。[①] 这也是专家长期呼吁开禁农地担保市场，而政策和立法始终持谨慎态度未予全面放开的原因。基于此，土地经营权债权说便转换思路，探讨通过其他途径实现承包地担保融资的可能，如运用权利质押的原理，以土地承包经营权的收益权进行质押。主张在不宜以土地承包经营权直接抵押的现实背景下，基于法律关于应收账款质权的规定，可以将土地承包经营权之流转收益权纳入应收账款，债权方式流转承包地的承包权人可以“正在流转之期待收益权”进行质押，尚未流转承包地的承包权人可以“尚待流转之期待收益权”进行质押。[②]

学者对承包地担保融资功能的实现所进行的探索，虽以现行法制为前提，并依循和发展相关法理，但依然存在难以克服的缺陷或弱点。本书认为，承包地担保融资功能的挖掘不仅要遵循法理，亦要重视其法律实现的实效性。例如，以“正在流转之期待收益权”质押，实质上

① 参见高圣平：《承包土地的经营权抵押规则之构建——兼评重庆城乡统筹综合配套改革试点模式》，载《法商研究》2016 年第 1 期。

② 参见高圣平：《论土地承包收益权担保的法律构造——兼评吉林省农地金融化的地方实践》，载《法律科学（西北政法大学学报）》2015 年第 6 期；高海：《论农用地“三权分置”中经营权的法律性质》，载《法学家》2016 年第 4 期。

为普通债权之质押，非与以桥梁、公路等基础设施和公用事业项目收益权出质形成的质押标的属性相同。又如，理论上，应收账款转让与应收账款质押在理论架构上存在明显差异[①]，我们亦持此种观点。基于前述方式，如果以按照特定土地租赁关系产生的收益权进行质押，则一方面，基于应收账款之收益权未发生转让，在应收账款质押权实现之前，基于农地租赁关系下的收益已依合同由出质人收取，从而在一定程度上减少了收益权的剩余价值；另一方面，基于土地租赁的收益权价值与土地产出价值相当，特别是在农地用途受严格限制的情况下，收益权价值无法充分体现承包地价值。这实际上体现出“正在流转之期待收益权”的财产价值有限，以收益权出质的方式并不能体现显著的融资功能。关于尚未流转承包地的承包权人可以“尚待流转之期待收益权”出质的主张，虽与能源、交通运输等基础设施和公用事业项目收益权[②]确有权利架构的类似之处，但本书认为，基础设施和公用事业项目收益权往往因第三方的消费需求保障而具有稳定的收益。与此有别的是，特定承包地在将来能否基于土地承包经营权以出租方式进行流转十分不确定，租赁关系能否保持稳定亦存隐忧。因此，以“尚待流转之期待收益权”质押存在质权无法实现的风险。再者，应收账款质押的设立以在信贷征信机构办理出质登记为成立要件，在目前全国范围内土地承包经营权确权登记基本完成的情况下，涉农地登记应以发挥和完善土地登记簿的登记作用为原则，现行的应收账款质押登记方式对广大农民及登记机关而言并不经济，且不易发挥登记作用。总体而言，第一种思路涉及较复杂法理及制度构成，且较难发挥承包地的融资担保功能，在具体实施上亦存相当疑点，并非理想的担保制度设计。

---

① 参见刘保玉、孙超：《物权法中的应收账款质押制度解析》，载《甘肃政法学院学报》2007 年第 4 期。

② 债权应具特定的当事人及确定的债权数额，即使期待权性质的债权亦应如此。因此，此类收益权因不具备债权构成要件，并非未来产生的债权，应将其界定为具有行政许可性质的费用收取权。

第三，土地经营权债权说存在难以克服的目的功能缺失。按照农地“三权分置”的政策内涵，放活土地经营权既包含对承包农户土地经营权的放活，也包含对其他经营主体土地经营权的放活。对于承包农户是否享有土地经营权，债权说整体上持否定态度。依土地经营权债权说的理路，其要义在于去除束缚土地承包经营权流转的各种限制，承包农户基于土地承包经营权的财产权属性可直接就其设定抵押，或将其入股其他经营主体，而对于其他经营主体如何就土地经营权设定抵押或入股则未予回答。另外，基于无法从土地承包经营权中分置出属于自己的债权性质的土地经营权，承包农户将难以实现以土地经营权入股其他经营主体。由此类制度功能实现上的不完整性，可管窥土地经营权债权说的逻辑进路之于农地“三权分置”政策的实现存在结构性之不足。

整体而言，土地经营权债权说侧重于在现行法律框架内，对土地经营权的权利属性进行解释，而忽视了围绕农地“三权分置”政策内涵实现所应展开的理论建构。在农地“三权分置”背景下，土地经营权债权说与“稳定现有土地承包关系并保持长久不变”的政策要求存在根本冲突，故其思想难以影响相关立法。而因承包农户自身不可能通过与自己签订合同从而获得债权性质的土地经营权的法理障碍，使其无法适用《农民专业合作社法》等法律明确的土地经营权入股方式，体现了该研究路径无法克服的目的功能之缺失。因此，就农地“三权分置”的法律表达，应依其政策内涵，对土地经营权之权利属性进行系统性思考，方能实现农地“三权分置”政策的功能预设。总体来说，在农地“三权分置”政策背景下，土地经营权债权说体现了较为严谨的批判理性，但依解释论为根本的研究进路，使其理论与制度建构存在难以克服的展开“瓶颈”。

（二）土地经营权物权化债权说评析

土地经营权物权化债权说是在农地“三权分置”理论研讨过程中产生的一种学说。其认为宜将土地经营权定性为债权，但赋予其登记能力,给予其类似物权的保护。[①] 该说试图在坚持现有法制的基础上,通过使土地经营权获得某些用益物权之作用以弥补债权说之不足,从而实现维持现行法制理念与实现预定规制效果的有机统一。但该研究路径的债权说基调及以政策实现为目标的着力方向,使该学说仍有以下几方面问题需要理顺:

第一,土地经营权的法律地位模糊。持物权化债权说的学者指出,在土地经营权物权说之下,经营主体依流转关系所取得的权利,有的可称为土地经营权,有的不能称为土地经营权。同样是农地“三权分置”的产物,同样为土地经营权的语义所涵盖,缘何有的是物权,有的却是债权?因此,提出土地经营权本是土地承包经营权债权性流转的法律表达。[②] 本书认为,这种解释路径仍固守土地经营权债权说的解释论立场,将依土地承包经营权债权性流转而产生的权利作为农地“三权分置”的产物,不仅与土地经营权为新型权利的立场相冲突,而且将土地经营权解释为包含债权性经营权与物权化的债权性经营权,并未彻底明晰土地经营权的权利属性。

第二,土地经营权的主体界定存在缺失。依物权化债权说,土地经营权主体仅为农业经营主体,不包括承包农户。[③] 质言之,依其主张,承包农户并不享有土地经营权。但在探索农地“三权分置”政策实施的过程中,《农村承包土地的经营权抵押贷款试点暂行办法》第 2 条规定:“本办法所称农村承包土地的经营权抵押贷款,是指以承包土地的经营权作抵押、由银行业金融机构(以下称贷款人)向符合条件的承包方农户或农业经营主体发放的、在约定期限内还本付息的贷款。”可见,在试点工作中,土地经营权抵押包含承包农户经营权的抵押。《农村土地承包法》延续了这种思路,该法第 17 条明确规定承包方有权依法流转土地经营权;第 47 条第 1 款规定:“承包方可以用承包地的土地经营权向金融机构融资担保,并向发包方备案。受让方通过流转取

① 参见高圣平:《承包地三权分置的法律表达》,载《中国法学》2018 年第 4 期。
② 参见高圣平:《承包地三权分置的法律表达》,载《中国法学》2018 年第 4 期。
③ 参见高圣平:《承包地三权分置的法律表达》,载《中国法学》2018 年第 4 期。

得的土地经营权,经承包方书面同意并向发包方备案,可以向金融机构融资担保。”依据《农民专业合作社法》第 13 条的规定,农民专业合作社成员可以其土地经营权作价出资。可见,在我国正式出台的法律文件中已明确了承包农户享有土地经营权。实质上,这也是农地“三权分置”所一贯坚持的政策思想。按照农地“三权分置”的权利设计方案,土地经营权为“优化土地资源配置”的关键所在,也是解除束缚农地承包经营权益流转的核心制度创新,其制度内容不仅关涉承包农户,亦关涉其他经营主体。物权化债权说将承包农户排除在经营权主体之外,与农地“三权分置”的政策设计不相符合。概言之,按照物权化债权说对于土地经营权主体的界定,不仅有违农地“三权分置”的权利配置方案,而且将无法全面实现政策预设功能和目标。

第三,登记行为对于土地经营权的物权化改造不具有实质意义。实践中,农地债权性流转主要形式为出租(转包),因此,农地债权性流转所产生的权利一般为农地租赁权。依大陆法系立法例,往往赋予租赁权类似物权的效力,学理上称为债权的物权化。这种趋势在我国《民法典》第 405 条有关租赁权优于抵押权的规定以及第 725 条关于“买卖不破租赁”的规定中都有所体现。因此,依我国现行法,对于土地租赁权即使不进行登记,其亦具类似物权的效力,这与是否登记没有直接关系;而且租赁权虽有物权化倾向,但其本质上仍为债权,并不具有与物权相当的能够对抗第三人的绝对权之效力。例如,第三人未经同意在租赁土地上非法取土,租赁权人只能基于占有而不是物权维护自身权益,这是其债权性的典型表现。实质上,租赁权之所以具有类似物权的效力,在于立法通过赋权性规定打破了物权的优先效力规则,从而使租赁权具有优先于成立在后的物权之效力。

第四,就租赁权的实现效果分析,在立法已就租赁权效力进行强化的情况下,如继续保留租赁权的债权特征,登记对于土地经营权的保障并不具有决定性的法律意义。对农地租赁权人而言,其往往有两方面的权益需要保护:一是基于合同的租赁权益;二是对于农地上种植物的所有权。对种植物所有权之保护,因权属明确无讨论之必要。

对于基于合同的租赁权益,实质上,即使承包农户向其他农户转让了土地承包经营权,依“买卖不破租赁”之法理,此时承租人仍可以根据租赁合同的约定继续耕作土地,租赁关系并不受影响。亦可以说,该租赁权具有对抗该特定第三人所取得的土地承包经营权之效力,但这种对抗效力并未表明租赁权已实现物权转化,其与物权可对抗任意第三人之绝对权属性显有差异。另外,在租赁合同当事人之间(不涉及第三人时),无论是否赋予租赁权以物权效力,其法律效果实质上并无不同。因为即使仅依租赁合同,出租人亦不能任意终止合同损害承租人之租赁权益。而且依物权变动之法理,即便经登记赋予其物权属性,该物权也存在因基础性的租赁合同关系终止进而导致其消灭之虞。基于以上分析,在保留租赁权债权属性的前提下,通过登记对租赁权进行不彻底的物权化改造,赋予其一定的物权效力,相对于现行法制,并不会使租赁权获得更强有力的保护。本书认为,如为保障第三人的交易安全,通过在不动产登记簿上登记土地经营权并使之具有对抗第三人的效力,按照我国现行法所确立的债权形式主义的物权变动模式,此时土地经营权实已完成物权之转化。将经登记的土地经营权定性为物权化的债权,恐有违物债二分的不动产权利体系之内在和谐。

综上,物权化债权说坚持了债权说的解释论进路,在农地“三权分置”政策功能的法律实现上相较债权说取得了一定的进步。但基于土地经营权为一项新型权利,该说将债权性农地利用权纳入土地经营权范畴,并不符合民事权利体系构造之法理,其对于土地经营权主体界定的缺失亦不利于全面实现农地“三权分置”政策目标。经由登记赋予土地经营权一定的物权效力的制度设计,在租赁权物权化的现行法背景下,显然已将土地经营权引入物权之范畴。因此,该说对土地经营权债权说进行的物权化改造相对于农地“三权分置”对于权利重构的要求尚有一定的距离。

(三)土地经营权用益物权说评析

土地经营权用益物权说试图通过赋予土地经营权以物权属性以

实现理论创新。其相对于债权说和物权化债权说存在两大优势:其一,土地经营权被界定为具有支配性的纯粹财产权。客观上,农地“三权分置”政策的法律实现必然以新型农地权利财产化为圭臬,从而使土地经营权主体可依法对抗第三人的不当干预。[①] 而将土地经营权定位于一项用益物权,以其所具有的期限性及通过自由转让所体现的经济性,恰恰可弥补土地经营权债权说与物权化债权说之弊端。如其作为一项用益物权,只需按照一般法理,通过评估确定其财产价值,进而以其设定抵押,亦可通过权利移转的方式入股其他经营主体或实施信托,不需要在现行法之外另行设计各种复杂规范。而且在现行法所确立的农地权利体系下,基于土地承包经营权债权性流转本可产生债权性质的土地利用权,因债权性土地利用权并非源于制度创新,在农地“三权分置”法律转化的现实背景下,恐唯有将其定位于物权这一途径。其二,土地经营权主体具有广泛性。依用益物权说,一般认为土地经营权主体不仅包括承包农户,还包括其他农业经营主体。如此,不仅承包农户可就土地经营权设立抵押、入股或实施信托,其他经营主体亦可就自己的土地经营权设立抵押、入股或实施信托,这就可以充分实现“放活土地经营权”的政策目标。因此,在农地“三权分置”政策语境下,土地经营权物权说相较于债权说和物权化债权说更贴合农地“三权分置”的政策意蕴,于法理逻辑及现实功能上更具有合理性,其所体现的理论优势亦能够弥补其他学说制度构造之不足。而实际上,这种理论优势的确立与以下两个问题可有效实现法理融通和规则设计密切相关。

1. 关于土地经营权的生成机制

农地“三权分置”的关键是如何“分置”,也就是土地经营权如何产生,特别是承包农户的土地经营权如何产生。因为缺乏权利生成机制的农地“三权分置”,将难以完成政策的法律转化,更无法实现其政策目标。秉持权利束观念的经济学家最早将农地产权结构分解为所

① 参见蔡立东、姜楠:《农地三权分置的法实现》,载《中国社会科学》2017年第5期。

有权、承包权和经营权三种权利。[①] 农地“三权分置”政策就是采纳了该方案完成了顶层设计。[②] 从《关于完善农村土地所有权承包权经营权分置办法的意见》及《农村土地承包法》各版修正稿中均可见这种观念对政策及立法的深刻影响。不过,这种观念自提出伊始即受到法学界的广泛批判。实际上,所谓权利束,在法律上不过是表现为权利以及权利之各种权能的集合。然而,依基本法理,权能之于其母权是浑然一体的:一项权利并不是内容表现为各项权能的集合,无法就特定权能在权利集合中任意提取相应权利;如要获得与某项权能内容相同的权利,则必须通过权利设定行为产生另一项权利。关于物权的产生,其有两种基本的形态,即法定与约定。法定方式产生法定物权,约定方式产生意定物权。从用益物权来看,域外法上存在法定物权现象,如法定地上权。在我国现行法上,尚不存在法定用益物权,仅有法定担保物权如留置权。那么,土地经营权能否被设置为法定物权呢?显然这是不可行的,因为是否设置土地经营权只能出于权利人的意愿。据此,土地经营权只能是意定物权。基于此,若第三方主体欲获得土地经营权,其可以与土地承包经营权人依设定的方式取得。这完全符合意定物权的取得原理。此时,设定土地经营权的行为为双方法律行为。不过,在土地承包经营权人欲采取抵押、入股等物权性流转方式流转土地经营权时,需要实现土地经营权的移转[③],其前提须是土地承包经营权人享有独立的土地经营权。那么,此时承包农户的土地经营权是如何产生的?该问题不仅涉及土地经营权的生成问题,也正是债权说和物权化债权说无法逾越的法理鸿沟;而物权说能否在此实现法理上的突破,决定着物权说能否承载农地“三权分置”之功能预设。对此,有学者认为,土地承包经营权人可以为自己也可以为他人

---

① 参见张红宇:《中国农村土地产权政策:持续创新——对农地使用制度变革的重新评判》,载《管理世界》1998 年第 6 期。

② 参见张红宇:《从“两权分离”到“三权分离”——我国农业生产关系变化的新趋势》,载《人民日报》2014 年 1 月 14 日,第 7 版。

③ 在抵押情形下,土地经营权的移转发生于债权人实现抵押权时。

设定土地经营权。[1] 本书同意这种观点,理由如下:第一,承包农户基于对承包地的处分权可直接为自己设定土地经营权。作为土地承包经营权的权利主体,承包农户实质上对承包地具有处分权,如其欲就承包地为自己设定物权属性的土地经营权,无需如债权说进路下必须通过双方法律行为订立租赁合同,而仅需依其处分权以单方法律行为对承包地作出处分即可。此时,这种单方法律行为理论上为处分行为,而无须是负担行为。第二,有立法例的支持。随着社会发展,现代法已经演变出所有权人为将来在所有权转移后能够继续利用土地,而可以预先在自己土地上为自己设定地上权的所有人地上权制度[2],或为维护某种建筑风格,而在自己土地上设定地役权的不动产地役权制度[3];这都突破了用益物权须在他人之物上设定的通常观念。如此,土地承包经营权人在承包地上为自己设定土地经营权并非不可实现。综上,以土地经营权的用益物权属性为基础的权利生成理论能够为用益物权说的成立提供理论依据。

2. 关于用益物权说是否存在过度保护经营主体利益的可能

实践中,农民往往担心农地租赁收益因受市场变化等影响得不到保障而不愿签订期限较长的农地利用合同。这种情形将使土地经营权制度无法发挥相应的制度功能。本书认为:一方面,选择债权性流转还是物权性流转,取决于合同双方的磋商和意思自治。物权性流转的可能性是存在的,因为其对于经营主体而言具有稳定经营预期的优势,有利于发展适度规模经营,经营主体可通过充分协商设立用益物权性质的土地经营权。另一方面,基于我国《民法典》第215条所明确的法理,当事人之间订立的有关设立、变更、转让和消灭不动产物权的合同相对于物权变动效果具有一定的独立性。因此,合同中设立土地

① 参见蔡立东、姜楠:《农地三权分置的法实现》,载《中国社会科学》2017年第5期。

② 参见孙宪忠:《德国当代物权法》,法律出版社1997年版,第229页。

③ 如《瑞士民法典》第733条规定,所有人得在自己的土地上,为自己的另一宗土地的便宜而设定地役权。我国台湾地区“民法”第859-4条规定,不动产役权,亦得就自己之不动产设定之。

经营权的条款将引发预期的物权变动效果，使农业经营主体享有稳定的具有支配性的土地经营权。而关于合同价款的相关条款则可商定较灵活的方式，如设计随市场行情调整的价格生成机制。实践中，就存在支付对价以确定数量的粮食计价的方式。依此方式，随粮食价格的变化，支付对价也会发生相应的变化。

三、《农村土地承包法》对土地经营权法律属性的定位

相对于理论上的纷争，从《农村土地承包法》的规定来看，土地经营权究竟属于何种性质的权利，立法上并没有给出明确的答案。对于这一问题，立法机关在修正《农村土地承包法》时淡化了土地经营权性质。但是，刘振伟同志指出："以承包地的土地经营权作为融资担保标的物，是以承包方对承包地的占有、使用、收益和流转权利为基础的，满足用益物权可设定融资担保标的物的法定条件。"[①]这一论述似乎又表明了立法者将土地承包经营权人的土地经营权看成一种用益物权，造成土地经营权属性不清。

（一）土地经营权属性不清的消极后果

上述"淡化了土地经营权性质"的立法态度及修法结果显然符合修法时所确定的原则，即"处理好稳定与完善的关系。不利于农村社会稳定的不改，分歧意见较大的不改""处理好体现发展趋向与循序渐进的关系，对看不清楚的事不操之过急"[②]。应当说，这种修法原则本无可厚非，但将必须明确的问题模糊处理，则是不可取的。就土地经营权而言，"放活土地经营权"是农地"三权分置"政策的核心要义，而明确土地经营权的属性是该制度能否有效实施的关键。[③] 法学界之所以对土地经营权的属性进行了广泛而热烈的讨论，也反映出这一问题的重要性。因此，法律上全面落实农地"三权分置"政策，必须解决土

---

① 刘振伟：《巩固和完善农村基本经营制度》，载《农村经营管理》2019 年第 1 期。

② 刘振伟：《巩固和完善农村基本经营制度》，载《农村经营管理》2019 年第 1 期。

③ 参见宋志红：《"三权分置"关键是土地经营权定性》，载《中国合作经济》2016 年第 10 期。

地经营权的属性问题。如果土地经营权的属性不清,将会产生如下消极后果:

第一,不利于土地经营权相关规则的设计。从民法原理上看,不同性质的权利,其规则设计显然有别。例如,物权以支配力为核心,形成了以绝对权为基础的相关物权规则;而债权以请求力为核心,形成了以相对权为基础的相关债权规则。正是这种差别,物权具有排他效力、优先效力、追及效力等效力,而债权则不具有这些效力。尽管现代民法出现了债权物权化现象,债权在一定条件下具有了物权的效力,但物权与债权的划分及其基本规则并没有发生根本性变化。因此,如果立法上不对土地经营权的属性作出明确的界定,其相关规则的设计就会出现问题。例如,《农村土地承包法》没有明确土地经营权的属性,因此,在以土地经营权进行担保时,究竟是抵押还是质押就无法区分。对此,刘振伟指出:“第三方通过流转取得的土地经营权,经承包方书面同意并向发包方备案,也可以向金融机构融资担保。由于各方面对继受取得的土地经营权是物权还是债权有争议,是作为用益物权设定抵押,还是作为收益权设定质押,分歧很大。立法不陷入争论,以服务实践为目的,使用了土地经营权融资担保概念,这是抵押、质押的上位概念,将两种情形都包含进去,既保持与相关民法的一致性,又避免因性质之争影响立法进程。”①

第二,不利于土地经营权的行使。不同性质的权利,其行使规则亦存在差别。例如,物权以支配力为核心,因此,若土地经营权为物权,该权利就是绝对权,权利人就可以行使以支配力为核心的相关权利;而若土地经营权为债权,该权利就是相对权,权利人就只能行使基于该请求力而产生的请求权。两者相比,物权的行使对土地经营权人更为有利。例如,如果土地经营权是物权,则权利人在转让该权利时,就无须征得土地承包经营权人的同意;而若土地经营权为债权,则权

---

① 刘振伟:《巩固和完善农村基本经营制度》,载《农村经营管理》2019年第1期。

利人在转让该权利时，就应征得土地承包经营权人的同意。[①] 又如，依照《农村土地承包法》第43条的规定，土地经营权人只有经过承包方的同意后，才可以依法投资改良土壤，建设农业生产附属、配套设施。这一规定对土地经营权行使的限制更为严格，即使是对承包方有利的投资改良土壤也需要征得其同意，这显然与民法的一般原理不符。本书认为，此类情形应以通知为必要，而无须所有权人同意。[②]

第三，不利于土地经营权的保护。在民法上，不同权利的保护方法并不相同。例如，物权的保护方法可以是物权请求权，也可以是债权请求权；而债权的保护方式仅有债权请求权。可见，物权较之债权，其保护方法对权利人更为有利。而如果土地经营权的属性不清，不仅权利人能否行使物权请求权无法确定，也会导致请求权基础不明。从《农村土地承包法》的规定来看，与土地经营权属性有关的保护条款主要有第56条、第59条、第65条。《农村土地承包法》第56条是保护土地承包经营权、土地经营权的一般规定，而第65条是保护土地承包经营权、土地经营权的具体规定。这两条均规定，侵害土地承包经营权、土地经营权的，侵害人应承担民事责任（损害赔偿责任）。按照我国立法的一般表述模式，"侵害"一词通常表明受损对象为人格权、物权等绝对权。据此，可以推导出土地经营权具有物权性质。同时，土地经营权与作为用益物权的土地承包经营权并列作为受损对象，也在一定程度上表明了其物权性质。但《农村土地承包法》第59条又规定，当事人不履行合同义务或履行合同义务不符合约定的，应承担违约责任。因土地经营权流转应以书面流转合同为之（第40条），故承包方违反合同的，应向土地经营权人承担违约责任。据此，可以推导出土地经营权应为债权。上述规定使土地经营权的属性到

---

① 《农村土地承包法》第46条规定："经承包方书面同意，并向本集体经济组织备案，受让方可以再流转土地经营权。"

② 例如，我国台湾地区"民法"第850－8条规定，农育权人对土地进行改良之各类事项及费用数额，应以书面形式通知土地所有人；如土地所有人收到通知后不即刻表示反对，农育权人于农育权消灭时得请求返还此类特别改良费用，但以其现存增值额为限。

底是物权还是债权无法确定,这就会影响土地经营权人依法行使保护请求权。

(二)《农村土地承包法》对土地经营权的属性建构

从《农村土地承包法》的规定来看,土地经营权既存在于家庭承包之中,也存在于其他方式的承包之中,而家庭承包之中的土地经营权又有两种不同形态。因此,土地经营权有三种形态:一是家庭承包的土地承包经营权人为他人所流转的土地经营权,这是《农村土地承包法》第二章第五节所称的“土地经营权”;二是家庭承包的土地承包经营权人用以向金融机构融资担保的“土地经营权”(《农村土地承包法》第 47 条);三是以其他方式承包农村土地所取得的“土地经营权”(《农村土地承包法》第 49 条)。统观《农村土地承包法》,上述三种土地经营权的属性并非一致。

就第一种土地经营权而言,《农村土地承包法》第 41 条规定:“土地经营权流转期限为五年以上的,当事人可以向登记机构申请土地经营权登记。未经登记,不得对抗善意第三人。”对该条规定的土地经营权,其权利属性可以有三种解释:一是土地经营权为债权,但登记的土地经营权具有一定的物权效力;二是土地经营权为物权,但未登记的土地经营权没有对抗效力;三是登记的土地经营权为物权,未登记的土地经营权为债权。从《农村土地承包法》的规定来看,土地经营权的性质应选择第一种解释,其依据在于:第一,《农村土地承包法》第 36 条规定,土地经营权流转的方式为出租(转包)、入股或其他方式。既然是以出租方式取得土地经营权,其性质就为租赁权,而租赁权为债权。应当说,土地租赁权并不是土地经营权,两者存在本质上的不同。[①] 但既然以出租方式设立土地经营权,其也只能定性为土地租赁权。第二,《农村土地承包法》第 46 条规定,受让方取得土地经营权后再流转的,应当经承包方书面同意。受让方是通过出租的方式取得土

① 参见陈小君:《〈农村土地承包法修正案(草案)〉要义评析》,载《中国土地科学》2018 年第 5 期。

地经营权的，而土地经营权再流转的，就类似于租赁合同中的转租，当然应经原权利人同意，这是债权性质的典型体现。当然，《农村土地承包法》并没有明确规定土地经营权再流转的方式，其是否包括转让、互换等物权性流转方式不无疑问，因为《农村土地承包法》并没有将转让、互换作为土地经营权的流转方式。第三，《农村土地承包法》第 47 条规定，土地经营权人以土地经营权担保的，应当经承包方书面同意。在物权法上，类似情况是不存在的，如建设用地使用权人以建设用地使用权抵押，并不需要经出让方的同意。综上，经承包方流转而产生的土地经营权，其权利属性只能解释为债权，但经登记可以发生对抗第三人的物权效力。应当指出的是，《农村土地承包法》将流转期限 5 年以上作为土地经营权登记的条件似乎并无法理与实践依据，也限制了当事人的行为自由。[①] 其结果是导致土地经营权的属性更加不清，使土地经营权的规则设计与原承包制度未能有效整合。[②] 同时，从物权法理论来说，在采取登记对抗主义的模式下，是否登记应属于当事人的自由，与权利的存续期限无关；而且以土地经营权的期限决定能否登记也不符合平等原则——为何流转期限不足 5 年的土地经营权就不能登记？

就第二种土地经营权而言，《农村土地承包法》第 47 条第 1 款第 1 句规定："承包方可以用承包地的土地经营权向金融机构融资担保，并向发包方备案。"按照这一规定，承包方也可以享有"承包地的土地经营权"，并以此进行融资担保。这表明，土地承包经营权人提供担保的客体只能是土地经营权，而非土地承包经营权。但也有学者认为，依照农地"三权分置"理论，承包方自己经营承包地时，为土地承包经营权人，此时未设定土地经营权。因此，在土地承包经营权人以"承包地的土地经营权"进行融资担保时，其实并不存在"土地经营权"，担保

---

① 参见高圣平、王天雁、吴昭军：《〈中华人民共和国农村土地承包法〉条文理解与适用》，人民法院出版社 2019 年版，第 279 页。

② 参见陈小君：《土地改革之"三权分置"入法及其实现障碍的解除——评〈农村土地承包法修正案〉》，载《学术月刊》2019 年第 1 期。

的标的实际上是土地承包经营权,并不是土地经营权。[①] 按照这种观点,土地经营权的主体只能是第三方,不能是土地承包经营权人。对此,本书认为,从有关农地“三权分置”的政策文件规定来看,放活土地经营权并不限于向第三人流转承包地,也包括土地经营权融资担保;而提供土地经营权融资担保的主体,既可以是第三方主体,也可以是土地承包经营权人。同时,土地承包经营权人以“承包地的土地经营权”融资担保也是规定在“土地经营权”一节,与第三方主体的土地经营权融资担保规定于同一条文之中(第 47 条),从体系解释上讲,这两种土地经营权应具有同一含义。从《农村土地承包法》第 47 条的规定来看,承包方以土地经营权融资担保的,并不需要经发包方同意。就此而言,土地承包经营权人用以融资担保的土地经营权并不具有债权的特性。一方面,债权存在于债的关系之中,须有债权人和债务人双方主体的存在。但在这种土地经营权中,仅有土地承包经营权人单方主体,如果认定其为债权,则有违债权法原理。另一方面,在物权法上,权利人在自己的标的物上为自己设定物权的情况是存在的,如所有权人抵押权。据此,土地承包经营权人为融资担保,于承包地为自己设定土地经营权然后进行担保,这并不违反物权法原理。可见,只有将土地承包经营权人用于融资担保的土地经营权解释为物权,才能与法理相通。

就第三种土地经营权而言,其在 2009 年《农村土地承包法》中表述为“土地承包经营权”,2018 年《农村土地承包法》修正,将其改称为“土地经营权”。本书认为,这种修正是值得肯定的,因为其本质上并没有承包的内容,仅是取得经营土地的权利,并不受身份属性的限制。关于这类土地经营权的性质,有学者认为,其与第一种土地经营权的性质和内容是相同的,即这种土地经营权经登记的则具有物权性质,

---

① 参见高圣平、王天雁、吴昭军:《〈中华人民共和国农村土地承包法〉条文理解与适用》,人民法院出版社 2019 年版,第 48、306 页。

非经登记不发生物权效力。[1] 本书认为,这种土地经营权应属于物权,而非债权或物权化债权。其一,在《农村土地承包法》修正之前,该权利(土地承包经营权)为物权已经得到学术界的公认[2],也得到了法律确认。例如,原《物权法》在"土地承包经营权"一章即规定了"通过招标、拍卖、公开协商等方式承包荒地等农村土地"的土地承包经营权(第133条)。其二,《农村土地承包法》第53条规定,以土地经营权出租、入股、抵押的,并不需要发包方的同意,这与第三方主体通过流转取得的土地经营权明显不同。其三,基于立法应不断加强民事权利保护的原则,新法不应将既有权利的性质和效力改弱。否则,就是立法的倒退。因此,在原有法律已经将"四荒地"土地承包经营权确定为用益物权的情况下,《农村土地承包法》没有任何理由借改变名称之机将其性质改变为债权。

四、土地经营权的应有定性

(一)土地经营权的法律定位及其与其他农地权利的关系

通过以上对土地经营权权利属性诸学说的评析,本书认为,应当将土地经营权定位于由土地承包经营权派生出的一项用益物权。所谓"派生"或"分置",在法律上表现为权利设定行为,在承包农户为自己设定土地经营权时为单方法律行为,为其他经营主体设定土地经营权时为双方法律行为。承包地的债权性流转方式,如农地出租,产生的不是土地经营权,而是债权性的土地租赁权。[3] 由此,农地"三权分置"政策下的新型农地权利结构应表现为:集体所有权—农户承包权(土地承包经营权)—土地经营权(由土地承包经营权派生出的不动

---

① 参见高圣平、王天雁、吴昭军:《〈中华人民共和国农村土地承包法〉条文理解与适用》,人民法院出版社2019年版,第326、335页。

② 参见王利明:《物权法研究》(第4版下卷),中国人民大学出版社2016年版,第807页;崔建远:《物权法》(第4版),中国人民大学出版社2017年版,第270页;梁慧星、陈华彬:《物权法》(第6版),法律出版社2016年版,第235页。

③ 参见耿卓:《农地三权分置改革中土地经营权的法理反思与制度回应》,载《法学家》2017年第5期。

产用益物权)。在这种权利结构下,承包农户基于土地承包经营权可为自己或他人设定土地经营权,其他经营主体亦可基于租赁、转包等债权性流转关系而获得债权性质的农地利用权,承包农户则继续保留被新设定的土地经营权或债权性农地利用权限制的土地承包经营权。这种农地利用权的多元化设置,赋予农民更多流转方式的选择权,契合了我国幅员辽阔、各地资源禀赋和农民对土地依赖程度不同的现实情形,有利于进一步搞活农地市场。而且,土地承包经营权作为农地权利“二次分离”的枢纽性权利,其概念应当保留。申言之,土地承包经营权的概念及内涵已有广泛的群众基础,如果完全摒弃既有的土地承包经营权制度,将导致我国农地权利制度的架构发生根本性变革,并会危及既有农地法律制度支撑的稳定秩序。[①] 因此,我国农地权利结构的变革和完善应坚持以围绕土地承包经营权构建的规则体系为基础,保留各种基于土地承包经营权的债权性流转方式;不应将由其产生的债权性农地利用权纳入土地经营权范畴而强行改变已成熟的制度规则和实践做法,以免造成权利体系的紊乱。略显遗憾的是,《民法典》和《农村土地承包法》以“流转土地经营权”的表述,将 2002 年《农村土地承包法》中基于土地承包经营权的各种债权性流转方式而获得的土地利用权也纳入土地经营权的范畴之中,有权利重构上的画蛇添足之嫌。

此外,对于用益物权说下的土地经营权定位,有学者认为,其有悖于“一物一权”原则。[②] 本书认为,根据物权生成规则,土地经营权为土地承包经营权人基于意思自治对土地承包经营权进行处分的产物,成立在后的土地经营权之效力自然优先于成立在先的土地承包经营权的效力。其逻辑正如在所有权之上设定用益物权一样,后设立的用益物权的效力优先于该物之上所有权的效力。因此,土地经营权对土地承包经营权的限制不属于权利冲突的范畴,并不违反“一物一权”

---

① 参见蔡立东、姜楠:《农地三权分置的法实现》,载《中国社会科学》2017 年第 5 期。

② 参见单平基:《“三权分置”理论反思与土地承包经营权困境的解决路径》,载《法学》2016 年第 9 期。

原则。

（二）基于权利客体的土地经营权属性辨析

土地经营权既为用益物权，则该用益物权客体为特定权利或物，将深刻影响对土地经营权类型与属性的认识。这也是理论上应当厘清的问题，否则客体不明的土地经营权依然无法实现法律上的完整表达。依土地经营权为权利用益物权或者次级用益物权说，土地经营权的客体为土地承包经营权，其立法依据为民事权利的客体有层次和顺位之分以及《德国民法典》规定的权利用益权制度及判例上确认的次级地上权制度。[①] 本书认为，这种观点值得商榷。依论证逻辑，其仅能证明权利可以成为权利的客体，却无法明确基于土地承包经营权设定的土地经营权的客体必然是土地承包经营权。至于土地经营权究竟为一项支配何种权利客体的用益物权，可从以下两个角度展开辨析：

其一，以处分权能的正确理解为视角的辨析。从《民法典》第 323 条的规定来看，其并未明确赋予用益物权以处分权能。依学者解释，其原因在于用益物权不能包括对物的处分权。[②] 但应注意到，我国《民法典》对"处分"权能的理解是较为狭窄的。有学者认为，处分应从广义解释，包括事实上处分和法律上处分：前者指有形地变更或销毁物的本体，后者包括债权行为（如租赁、买卖）和物权行为（如所有权的移转、抛弃，担保物权的设定）。[③] 事实上，就广义上的处分而言，无论是我国现行法上还是在实践中都存在用益物权人处分用益物的事实。其中，既包含债权性质的处分，如基于土地承包经营权对承包地的出租（转包），也包含物权性质的处分，如建设用地使用权人在建设用地上为他人通行设定地役权。从这些实例来看，新设权利的客体并非处分行为的基础性权利，而是特定的物。例如，上例地役权的客

---

① 参见蔡立东、姜楠：《承包权与经营权分置的法构造》，载《法学研究》2015 年第 3 期。

② 参见孙宪忠：《中国物权法总论》（第 3 版），法律出版社 2014 年版，第 150 页。

③ 参见王泽鉴：《民法物权》（第 2 版），北京大学出版社 2010 年版，第 113 页。

体为特定的国有建设用地，而非建设用地使用权。依此而论，承包农户有权对承包地进行处分，这也意味着土地经营权的客体可以是承包地，只不过该土地经营权不能超过原土地承包经营权的权利范围（期限、权能、行使方式等）。

其二，以用益物权的设立目的为视角的辨析。用益物权以用益某特定物为设定目的；其客体应为特定物，一般应为不动产。政策制定者所设计的土地经营权的行使与此亦相一致，因为土地经营权的内容恰为对农地的利用。即使扩大用益物权的客体范围，将权利纳入其中，用益物权人能够用益的只能是权利本身，而非该权利的客体物。因此，将德国民法上的权利用益权作为论证土地经营权是以土地承包经营权为客体的次级用益物权的论据，其合理性值得怀疑。《德国民法典》第1068～1084条规定了权利用益权，指的是在物的所有权之外的其他民事权利上设定的用益权，其实质是通过这些权利获得其法定孳息，如通过掌握某一债权而获得债权的利息，通过占有有价证券获得分红等。虽然《德国民法典》第1069条规定权利用益权的设定须依关于权利转移的规定进行，但应当明确的是，设定权利用益权并未导致用益权客体权利的主体发生变更。如某项债权为权利用益权的客体，那么权利用益权的权利人并不能行使基于该债权请求相对人履行债务的权利。用益权人的权利仅仅在于对这些权利的“占有”，而不是“所有”；用益权人可以根据其权利取得这些权利所产生的利益，却不能处分这些权利。[①] 与权利用益权运行原理相应，如果将土地经营权的客体界定为土地承包经营权，那么土地经营权人只能用益土地承包经营权本身，如就土地出产物进行收益，却无权耕作利用承包地。由此，依权利用益权的逻辑，将会使土地经营权人无法直接支配承包地，而这显然与优化土地资源配置、实现适度规模经营的农地“三权分置”政策目标相去甚远。

综上，以多层权利客体论、权利用益权、次级地上权为依据仅能证

① 参见孙宪忠：《德国当代物权法》，法律出版社1997年版，第247页。

明权利可成为另一权利的客体,但对于土地经营权的客体为土地承包经营权并不具有充分的说服力。本书认为,土地经营权为土地承包经营权人基于对土地的特定处分权能,为实现用益承包地的目的,就承包地为自己或第三方经营主体设定的用益物权。因此,土地经营权实为以承包地为客体的不动产用益物权。

(三)《民法典》中土地经营权的属性定位

综上所述,《农村土地承包法》中所设计的三种土地经营权,其权利属性各有不同。基于在同一法律涵摄之下,同一法律概念的内涵和性质应当具有一致性的基本价值判断,《农村土地承包法》在土地经营权的属性问题上存在一定的制度性缺陷。尽管立法"淡化土地经营权性质",但通过学理解释仍可以确定土地经营权的属性。如果将土地经营权定性为债权,《民法典》"物权编"就无法对此作出专门规定,只能设计指引性条款。但实际上,《民法典》基本延续甚至照搬了《农村土地承包法》的规定。虽然基于对其第 341 条的解释,多数学者持《民法典》赋予流转期限 5 年以上的土地经营权以物权效力的立场,但土地经营权在体系上仍存在仅具债权属性的土地经营权。

本书认为,从《民法典》的规定来看,流转期限 5 年以上的土地经营权应定性为物权,主要理由在于:第一,从体系结构来看,尽管《民法典》将流转期限 5 年以上的土地经营权规定于"土地承包经营权"一章,但这种规定本身就排除了土地经营权为债权的可能性,因为若土地经营权为债权,则《民法典》"物权编"无须规定。第二,《民法典》排除了流转期限不满 5 年的土地经营权,这说明《民法典》将土地承包经营权人流转的土地经营权作了两分处理,即《民法典》不承认流转期限不满 5 年的土地经营权具有物权性质。而之所以这样区分,主要是因为流转期限 5 年以上的土地经营权更需要稳定的权利预期,需要赋予物权效力加以保护。第三,从《民法典》第 341 条的规定来看,流转期限为 5 年以上的土地经营权自流转合同生效时设立;当事人未经登记的，不得对抗善意第三人。这种权利设立方式、登记效力与土地承包经营权、地役权、动产抵押权的相关规定完全相同(《民法典》第 333 条、第 335 条、第 374 条、第 403 条)。按照“同样问题作同样处理”的类推适用规则，在同一法律中，“同样表述亦应作同样解释”。因此，土地经营权应解释为物权。同时，因其以土地的占有、使用和收益为内容，故应为用益物权。

第三节　土地经营权的取得

一、土地经营权的取得方式

依照《农村土地承包法》的规定，土地经营权的取得方式有设立取得和流转取得两种。前者主要是通过出租(转包)、入股以及其他方式(如信托、代耕等)由土地承包经营权人向他人流转土地经营权(第 36 条)；后者是土地经营权人在取得土地经营权后再向他人流转土地经营权(第 46 条)。

应当指出的是，土地经营权的取得与家庭承包方式取得的土地承包经营权的取得方式明显不同。在“三权分置”下，家庭承包方式取得的土地承包经营权仍因家庭承包合同而设立。而土地经营权的取得则主要分两种类型：一种是在其他方式的承包中设立取得土地经营权，即承包方以其他方式承包农村土地的，承包方直接根据承包合同设立取得土地经营权；另一种是在以家庭承包方式取得土地承包经营权的基础上，承包方依法采取出租(转包)、入股或者其他方式向他人流转土地经营权，他人通过流转合同流转取得土地经营权。

同时，土地经营权流转也不同于土地承包经营权的流转。《农村土地承包法》区分了土地承包经营权和土地经营权的流转。其中，土地承包经营权流转指的是转让和互换两种方式，这两种方式的流转仅限于承包方之间以及本集体经济组织的其他农户。[①]

所谓土地承包经营权转让,是指承包方有稳定的非农职业或者有稳定的收入来源,经承包方申请和发包方同意,将部分或全部土地承包经营权让渡给其他从事农业生产经营的农户,由其履行相应土地承包合同的权利和义务。转让后原土地承包关系自行终止,原承包方承包期内的土地承包经营权部分或全部灭失。土地承包经营权转让不同于转包、出租和互换。转让土地承包经营权,承包方与发包方的土地承包关系即行终止,转让人也不再享有该土地承包经营权。

所谓土地承包经营权互换,是指土地承包经营权人将自己的土地承包经营权交换给他人行使,自己行使从他人处换来的土地承包经营权。对于土地承包经营权互换,需要注意以下两点:首先,土地承包经营权互换,只是土地承包经营权人改变,不是原地块承包义务的改变,互换后的土地承包经营权人要履行互换后地块原来负担的义务。其次,互换土地承包经营权要避免因此打乱不同农民集体的土地权属,承包方不能与其他集体经济组织的农户互换土地承包经营权。

《农村土地承包法》将土地承包经营权的转让和互换都置于"土地承包经营权的保护和互换、转让"这一节下,这意味着转让和互换都是土地承包经营权的流转方式,两种方式下的受让方都不应当超出本集体经济组织成员或者农户,坚持了土地承包经营权(承包权)应当保留"稳定农户承包权"的"三权分置"改革精神。正如《关于完善农村土地所有权承包权经营权分置办法的意见》指出的,"农村集体土地由作为本集体经济组织成员的农民家庭承包,不论经营权如何流转,集体土地承包权都属于农民家庭。任何组织和个人都不能取代农民家庭的土地承包地位,都不能非法剥夺和限制农户的土地承包权"。有

① 《农村土地承包法》第33条规定:"承包方之间为方便耕种或者各自需要,可以对属于同一集体经济组织的土地的土地承包经营权进行互换,并向发包方备案。"第34条规定:"经发包方同意,承包方可以将全部或者部分的土地承包经营权转让给本集体经济组织的其他农户,由该农户同发包方确立新的承包关系,原承包方与发包方在该土地上的承包关系即行终止。"第35条规定:"土地承包经营权互换、转让的,当事人可以向登记机构申请登记。未经登记,不得对抗善意第三人。"

学者认为，转让、互换产生土地承包经营权整体性变动的效果，不会分离出新的土地经营权，而仅是原土地承包经营权的享有及行使主体的变化，不涉及土地经营权的定性问题。土地承包经营权的转让属于一种彻底将该项物权让渡于他人的用益物权变动形式，并非从原土地承包经营权中分离出新的土地经营权，而是原土地承包经营者脱离原土地承包经营关系。互换是土地承包经营权本身的互换，非为土地经营权的互换，本就不会分离出新的土地经营权。[1] 该种观点准确地揭示了土地承包经营权转让、互换以及承包地“三权分置”的本质属性，值得肯定。

二、土地经营权流转的原则

根据有关法律法规和政策文件的规定，土地经营权流转需要遵循以下原则：

第一，依法、自愿、有偿流转的原则。土地经营权的流转应当建立在依法、自愿、有偿的原则之上，任何组织和个人不得强迫或者阻碍土地经营权流转。

第二，土地用途管制和保护农业生态原则。无论土地流转到哪个主体，都应当遵守法律法规中有关土地用途管制和保护农业生态的要求。不得改变土地所有权的性质和土地的农业用途，不得破坏农业综合生产能力和农业生态环境。

第三，流转期限受限原则。承包方取得的土地承包经营权本身就是一个在集体土地所有权上设定的有期限的物权。作为在土地承包经营权上设定的次级权利，土地经营权的期限必然受到承包方享有的权利期限的限制，即流转期限不得超过承包期的剩余期限。

第四，受让方主体能力、资质强制原则。为了避免受让方欠缺经营土地的能力，造成土地资源的浪费，损害农民的权益，应当加强对受

---

① 参见单平基：《“三权分置”理论反思与土地承包经营权困境的解决路径》，载《法学》2016 年第 9 期。

让方主体能力或者资质的审查力度。有关政府机关应当建立工商企业等社会资本流转土地经营权的资格审查、项目审核和风险防范制度。《农村土地承包法》要求建立工商企业等社会资本通过流转取得土地经营权的资格审查、项目审核和风险防范制度(第45条)。

第五,本集体经济组织成员优先原则。农民集体成员优先权制度中体现了丰富的价值内涵。首先,农民集体成员优先权的价值在于保护农民集体成员的土地权益,保障其生存利益。保障农民的土地权益不仅体现在土地承包、土地权属确认等领域,同样存在于土地的流转领域。在土地经营权流转的过程中,在遵从市场规律进行流转的同时,应当对农民集体成员的土地权益进行特殊保护的法律政策考量,侧重保护本集体成员的土地权益,保障农民集体成员的生存利益。其次,考虑到农民集体成员的社区共同体特征,农民大多聚村而居,多数农村地区实行的还是分散经营的模式。在土地经营权流转的过程中让本集体成员享有优先权有利于对土地以及土地上作物的经营管理,降低生产成本,提高生产收益。最后,农民集体的成员还具有同质性的特点,本集体的成员同质性更强,各个成员在团体内部具有共同的利益、目标以及利益诉求,容易形成集体行动,方便进行生产协作。关于土地经营权流转优先原则,《农村土地承包法》并没有明确规定,仅第51条规定:“以其他方式承包农村土地,在同等条件下,本集体经济组织成员有权优先承包。”但是,最高人民法院《关于审理涉及农村土地承包纠纷案件适用法律问题的解释》(法释〔2005〕6号,法释〔2020〕17号修正)对土地经营权流转中的优先原则作了明确规定。关于承包中的土地经营权流转优先原则,该司法解释第11条规定:“土地经营权流转中,本集体经济组织成员在流转价款、流转期限等主要内容相同的条件下主张优先权的,应予支持。但下列情形除外:(一)在书面公示的合理期限内未提出优先权主张的;(二)未经书面公示,在本集体经济组织以外的人开始使用承包地两个月内未提出优先权主张的。”对于其他方式承包中的土地经营权优先原则,该司法解释第18条规定:“本集体经济组织成员在承包费、承包期限等主要内容相同的条件下主张优先承包的，应予支持。但在发包方将农村土地发包给本集体经济组织以外的组织或者个人，已经法律规定的民主议定程序通过，并由乡（镇）人民政府批准后主张优先承包的，不予支持。”

三、土地经营权取得过程中的备案、登记与监管

（一）土地经营权流转的备案

在农地“三权分置”中，土地经营权的取得依据是土地经营权流转合同。根据《农村土地承包法》第36条的规定，承包方可以自主决定依法采取出租（转包）、入股或者其他方式向他人流转土地经营权；据此，土地经营权人可以通过出租（转包）、入股等合同流转取得土地经营权。值得探讨的是，《农村土地承包法》还要求承包方流转土地经营权时要向发包方备案。那么，备案的效力如何？如果未经备案，是否影响土地经营权的取得？本书认为，受让方根据土地经营权流转合同从承包方处取得土地经营权，其取得土地经营权的依据就是流转合同，而不是备案。备案应当理解为是对发包方产生约束力的一个条件，即只要土地经营权流转合同成立并符合生效要件，受让方即可取得土地经营权。如果承包方没有向发包方备案，即不对发包方产生约束力，但是不影响土地经营权的取得。

（二）土地经营权的登记

在农地“三权分置”中，土地经营权的取得是否必须登记，登记的效力为何？对此，理论上颇有争议。应当说，土地经营权性质的界定、取得与是否登记密切相关。有学者指出：随着土地承包经营权转让的现象逐渐增多，已经不限于农民集体内部，已由“熟人社会”逐渐转向“市民社会”的适用语境，土地承包经营权权利变动模式应由登记对抗主义改采登记生效主义。为适应这一转变，同时为明确和保障土地经营权的物权效力，也要求通过登记予以公示，产

生对世效力。[1]《农村土地承包法》对土地经营权的登记作了明晰。该法第 41 条规定:"土地经营权流转期限为五年以上的,当事人可以向登记机构申请土地经营权登记。未经登记,不得对抗善意第三人。"《民法典》第 341 条重申了这一规定。据此,土地经营权流转期限 5 年以下的,法律对其是否登记没有要求;土地经营权流转期限为 5 年以上的,当事人可以向登记机构申请土地经营权登记。"可以"登记意味着也不是强制性要求,即是否申请登记由当事人自己选择。而且即便是未经登记,也仅仅产生不得对抗善意第三人之效果,即采纳所谓的登记对抗主义;这意味着即便当事人没有登记也会在承包方和受让方之间产生土地经营权流转的效力,只不过如果涉及善意第三人时,不得对抗善意第三人。应当指出,这种登记应当是首次登记。[2]

(三)土地经营权取得过程中的监管

土地经营权的主体不限于本集体经济组织的成员,特别是工商资本的进入,对于促进土地经营权的流转、增加农民的财产性收入、活跃农村集体经济发展都具有积极价值。但是,工商资本的逐利本质决定了其必然具有两面性,应当对土地经营权流转进行必要的监管。特别是各地应当依法探索建立工商资本租赁农地资格审查、项目审核制度,具体可通过建立职能部门、农村集体经济组织代表、农民代表、农业专家等多方参与的农地流转审查监督机制,采取书面报告和现场察看等方式,对租赁农地企业(组织或个人)的主体资质、农业经营能力、经营项目、土地用途、风险防范,以及是否符合当地产业布局和现代农业发展规划等事项进行审查审核,并在规定时限内提出审查审核意见。《农村土地承包法》也强调,县级以上地方人民政府应当建立工商企业等社会资本通过流转取得土地经营权的资格审查、项目审核和风险防范制度。

---

① 参见耿卓:《农地三权分置改革中土地经营权的法理反思与制度回应》,载《法学家》2017 年第 5 期。

② 参见高圣平:《土地经营权登记规则研究》,载《比较法研究》2021 年第 4 期。

第二编

土地承包经营权益实现机制的制度落实

第五章　农户家庭成员与进城落户农户的土地承包权益

第一节　农户家庭成员的土地承包权益

一、承包方：承包关系中“农户”的主体地位

《农村土地承包法》第16条第2款规定：“农户内家庭成员依法平等享有承包土地的各项权益。”该条强调了在男女平等基础上对所有农户家庭成员之土地承包权益的平等保护。在“农户家庭成员土地承包权益”这一论题中，重心在于权益主体的界定，因而有必要厘清“农户”“家庭”“家庭成员”这三个主体性概念。

在农地承包关系中，“承包方”是相对于“发包方”而言的，二者是农地承包合同关系中的双方当事人。在农地承包关系中，根据现行法规定，村组集体经济组织、村民委员会或者村民小组是发包方，这在理论和实践上都是没有争议的。但就其“承包方为谁”的问题，虽然现行法也作出了明确规定，但在理论和实践上之争议却至今未休。这一争议主要集中于两种针锋相对的观点，即承包方是“农户”还是作

为自然人的"集体成员"。[①] 我国司法实践观点认为,承包方为农户[②],土地承包经营权的权利主体是农户家庭,并进而据此认为土地承包经营权不具有可继承性。[③]

本书认为,我国理论界与司法实务界之所以会就"承包方为谁"的问题发生争论,其根源并不在于制定法本身表述得不明确,而是由于观察者的认知立场与目的不同。《农村土地承包法》第16条第1款规定:"家庭承包的承包方是本集体经济组织的农户。"这一规定在表述上无任何的语义模糊之处,家庭承包的承包方就是"农户"而非"集体成员"。正是由于不同观点的持论者各有其证成目的,就导致了承包方是农户还是集体成员的争论。这一争论属于"目的决定论",其本身只是为达致特定目的的不同论证方式而已。申言之,"农户论"旨在证成土地承包经营权的不可继承性,"集体成员论"则旨在证成土地承包经营权的可得继承性。然而在我们看来,《农村土地承包法》在制定时并没有把土地承包经营权之得否继承问题作为其制度选择的立场,因而其将承包方规定为"农户"也并非旨在实现否定土地承包经营权之可继承性的立法目的。这就意味着,以"承包方是农户"为由来否定土

---

① 有关争议观点,参见朱广新:《论土地承包经营权的主体、期限和继承》,载《吉林大学社会科学学报》2014年第4期;耿卓:《家户视角下的妇女土地权利保护》,载《法学》2016年第1期;王立争:《农户主体地位的法政策学辨思》,载《中南大学学报(社会科学版)》2015年第2期。

② 最高人民法院《关于审理涉及农村土地承包纠纷案件适用法律问题的解释》(法释〔2020〕17号)第3条第2款规定:"前款所称承包方是指以家庭承包方式承包本集体经济组织农村土地的农户,以及以其他方式承包农村土地的组织或者个人。"

③ 参见李某祥诉李某梅继承权纠纷案,载《最高人民法院公报》2009年第12期。该案裁判要旨如下:"依据《中华人民共和国农村土地承包法》第十五条的规定,农村土地家庭承包的,承包方是本集体经济组织的农户,其本质特征是以本集体经济组织内部的农户家庭为单位实行农村土地承包经营。家庭承包方式的农村土地承包经营权属于农户家庭,而不属于某一个家庭成员。依据《中华人民共和国继承法》第三条的规定,遗产是公民死亡时遗留的个人合法财产。农村土地承包经营权不属于个人财产,故不发生继承问题。除林地外的家庭承包,当承包农地的农户家庭中的一人或几人死亡,承包经营仍然是以户为单位,承包地仍由该农户的其他家庭成员继续承包经营;当承包经营农户家庭的成员全部死亡,由于承包经营权的取得是以集体成员权为基础,该土地承包经营权归于消灭,不能由该农户家庭成员的继承人继续承包经营,更不能作为该农户家庭成员的遗产处理。"

地承包经营权之可继承性的观点，在解释论上是缺乏依据的。本书认为，“承包方是农户”涉及的是承包合同的当事人问题，而“土地承包经营权得否继承”涉及的则是财产权（物权）主体问题。承包方是农户，但农户并非土地承包经营权的权利主体。此外，虽然《农村土地承包法》第23条第2句规定了“承包方自承包合同生效时取得土地承包经营权”，但这并不意味着土地承包经营权的权利主体就是承包方——农户。农地承包合同是创设用益物权（土地承包经营权）的合同，合同的当事人主体与基于合同所创设之用益物权的权利主体不能直接画等号。这就好比在土地承包合同中，作为发包方的村组集体经济组织、村民委员会、村民小组虽然是合同的一方当事人主体，但其并非承包合同所处分之农地的所有权主体，土地所有权的主体是“集体”，但“集体”却不是发包方，因而发包方不是土地所有权的主体与承包方不是土地承包经营权的主体在制度构造上是对称性存在的，其理相通。鉴于此，本书支持土地承包经营权的权利主体为“集体成员”的观点。申言之，作为农户家庭成员的集体成员才是真正的物权主体，农户只是为实现“家庭承包经营”之经营方式而构造出来的经营主体。关于此点结论，实际上由《民法典》第55条规定亦可看出：“农村集体经济组织的成员，依法取得农村土地承包经营权，从事家庭承包经营的，为农村承包经营户。”由该规定可见，“农村承包经营户”（农户）[①]只是自然人从事农村土地家庭承包经营的主体形式而已。一言以蔽之，具有集体成员资格的家庭成员以“农户”为单位与发包方签订承包合同后取得土地承包经营权，再以“农户”的名义和以“农户”为单位从事农业生产经营，“农户”只是集体成员取得土地承包经营权和

---

① 《民法典》与原《民法通则》关于“农村承包经营户”的定义界定是不同的，原《民法通则》规定的农村承包经营户在外延上要远大于《民法典》的规定。原《民法通则》第27条规定：“农村集体经济组织的成员，在法律允许的范围内，按照承包合同规定从事商品经营的，为农村承包经营户。”由该规定可知，原《民法通则》上的农村承包经营户是“从事商品经营”的集体成员，而《民法典》上的农村承包经营户仅仅是从事农地生产经营的集体成员，“商品经营”的外延当然要远大于“农地经营”的外延。故此，《民法典》上规定的“农村承包经营户”就是《农村土地承包法》等法律上规定的“农户”，“农户”是“农村承包经营户”的简称。

从事农业生产经营所披上的一层法律外衣而已。

此外需指出的是,“农户”与“家庭”以及“农户成员”①与“家庭成员”并不一定具有等同或者完全重叠的关系。“农户”由“农户成员”构成,“家庭”由“家庭成员”构成,但“家庭成员”未必是“农户成员”。承前所述,“农户成员”一定是已经取得了土地承包经营权的集体成员,未取得土地承包经营权的家庭成员,如二轮承包期内的新增人口,虽也具有集体成员资格,但其却不是“农户成员”。因此,就人口范围而言,“农户成员”的人数可能等于“家庭成员”的人数,此时“农户”与“家庭”具有重叠性;“农户成员”的人数也可能少于“家庭成员”的人数(“增人不增地”的结果),此时“农户”与“家庭”就不具有等同性。因此,准确而言,《农村土地承包法》中规定的“家庭承包”是指“农户家庭承包”,应在“农户家庭”②的意义上界定作为承包方的“农户”,“农户家庭”全等于“家庭”或者只是“家庭”的一个子集。

二、同居家庭:“农户家庭”外延的应有扩展

在婚姻家庭法上,家庭关系是基于“结婚”这一法律事实而形成的。结婚的必要条件在于“结婚登记”,经结婚登记而形成夫妻关系,进而形成家庭关系。反言之,未经结婚登记,不能形成夫妻关系,进而也就不能形成家庭关系。“农户家庭”的形成理应以家庭关系之成立为前提,无家庭关系,当然也就不能形成“农户家庭”。以上理解,在恪守制定法之文义解释上是不存在问题的。但在现代社会,家庭概念已经逐渐与婚姻脱钩,出现了非基于婚姻关系的家庭形态。如同性恋者组成的家庭、非婚同居者组成的家庭等,这些新的家庭类型对以两性

① 最高人民法院《关于审理涉及农村土地承包纠纷案件适用法律问题的解释》(法释〔2020〕17号)第4条第1款规定:“农户成员为多人的,由其代表人进行诉讼。”该规定提出了“农户成员”的概念。

② 农业农村部、国家发展改革委、财政部、中国人民银行、国家税务总局、国家市场监督管理总局《关于开展土地经营权入股发展农业产业化经营试点的指导意见》(农产发〔2018〕4号)等政策性文件中普遍使用了“农户家庭”概念。

婚姻为基础的传统家庭模式提出了挑战。[①] 如何因应“同居家庭”(这里仅指两性非婚同居家庭,不包括同性家庭)的出现,是我国婚姻家庭法必须面对的一个问题。单就“农户家庭”而言,是将其仅局限于传统的“婚姻家庭”,还是有必要将其扩展至“同居家庭”? 这不仅是一个带有前瞻性的立法论问题,而且在现行法的解释论上本身就是一个应予解决的实际问题。

“家庭”外延的扩展,从其定义即可看出。《辞海》对“家庭”的定义是:“由婚姻、血缘或收养而产生的亲属间的共同生活组织。”[②]《国语辞典》对“家庭”的定义是:“一种以婚姻、血缘、收养或同居等关系为基础而形成的共同生活单位。”[③]相较于前一定义而言,后一定义增加了“同居关系”作为家庭关系形成的基础,并且在内涵上删除了家庭关系中的“亲属”属性(关于“亲属”与“家庭成员”的关系,后文再论)。自古以来,“同居”本就是“户”的本质特征。如《睡虎地秦墓竹简》中多次提到“同居”,其《法律答问》载:“可(何)谓‘同居’? 户为‘同居’。”[④]换言之,在同一个门闩内生活的人,就是“同居”,即为“一户”。[⑤] 在中国传统社会中,“家庭”与“户”是相重合的[⑥],因而“同居”也同样是“家庭”的本质特征。当然,现代法上的“同居”与中国传统社会中作为户与家庭之本质特征的“同居”不是同一概念,现代法上的“同居”不仅有“共同居住”的意思,而且还以“两性结合”为必要条件。

在域外法上,法国、德国、瑞典、瑞士、荷兰等,都对同居家庭给予了不同程度的保护,这些国家的立法已不再囿于婚姻这一模式调整家

---

① 参见向东、赵娜萍:《关系契约视角下家庭制度的重构——以非婚同居为例》,载《河北法学》2017 年第 2 期。

② 《辞海》(缩印本),上海辞书出版社 2010 年版,第 867 页。

③ 转引自《汉典》(网络版),载汉典,http://www.zdic.net/c/6/145/318614.htm,2019 年 5 月 17 日访问。

④ 睡虎地秦墓竹简整理小组:《睡虎地秦墓竹简》,文物出版社 1978 年版,第 160 页。

⑤ [日]冨谷至:《秦汉刑罚制度研究》,柴生芳、朱恒晔译,广西师范大学出版社 2006 年版,第 56 页。

⑥ 参见王玉波:《中国家庭、社会、国家的互动与社会变迁——从家庭史角度的探讨》,载唐力行主编:《国家、地方、民众的互动与社会变迁》,商务印书馆 2004 年版,第 599 页。

庭关系,而是将非婚同居作为一种家庭模式对待,赋予其应有的法律地位。有的国家甚至出台了专门的单行法,如美国的《家庭伴侣法》,就承认了非婚同居者的家庭地位,传统家庭成员享有的劳动保护、医疗待遇及福利政策等,非婚同居家庭的家庭成员也同样享有。这些国家的立法都表达了同一种理念,就是将非婚同居家庭作为与婚姻家庭并行的家庭模式对待。①

人类社会"为什么要有家庭"?人类学家给出的解释是:"……并非源自性道德的原因或任何其他感官享乐的考虑。更正确地说,这是为了适应经济方面的考虑。事实上,任何类型的结合都有一个共同的因素,那就是规定了男女之间相互的贡献。婚姻建立了性别不同的任务有别,其后果是使两性之间彼此相互依存、相互依赖:为了生计,必须合伙。"②这一人类学解释给我们的启示就是,"家庭"作为一种上层建筑,对其存在起决定性作用的仍是一定的经济基础,是"为了生计,必须合伙",而不是"为了享乐,所以结合"。在特定的历史时期、特定的国家或者地域,立法者出于特定的秩序建构目的,可以对法律所认可的婚姻关系强加某种特定的形式要求,对于不合形式要求的"两性结合"不予认可其"婚姻"属性。但对于"家庭"的形成,想要"一刀切"地只确认一种家庭形式(基于合法婚姻的家庭),恐怕就是立法理性所难以企及的了。《埃塞俄比亚民法典》"家庭与继承编"用专章规定了"非法同居"(第二编第四题第八章),其第708条规定:"非法同居是一名男子与一名妇女在未缔结婚姻的情况下,像夫妻一样共同生活的情势创立的事实状态。"③由该立法定义可见,埃塞俄比亚民法并不认可"非法同居"的婚姻属性,但由其在"家庭与继承编"之下专章规定"非法同居"问题可知,其是认可"非法同居"所形成之家庭模式的。

---

① 参见王旭霞:《多层次家庭规制体系之一——非婚同居的历史考察及重构》,载《兰州大学学报(社会科学版)》2009年第2期。

② [法]安德烈·比尔基埃等主编:《家庭史》(第1卷),袁树仁等译,生活·读书·新知三联书店1998年版,第101页。

③ 徐国栋主编:《埃塞俄比亚民法典》,薛军译,中国法制出版社2002年版,第142页。

“非法同居”一语在我国的使用已经长达半个世纪之久①，直至2000年，最高人民法院《民事案件案由规定（试行）》（法发〔2000〕26号，已失效）之第240号案由仍是“解除非法同居关系纠纷”。2001年《婚姻法》（已失效）修正后，“非法同居”一语基本上就退出了历史舞台，被一律改称为“同居”。1994年2月1日民政部发布的《婚姻登记管理条例》（已失效）是一个分水岭，在此之前我国是承认“事实婚姻”的，但在此之后就不再认可同居关系形成的事实婚姻关系了。但是，我国现行法虽然否定了基于同居关系形成的事实婚姻关系，不认可同居的婚姻形成力，但就因同居所形成的“家庭关系”，却从来没有明确表示过否定的态度。相反，我国司法实践对于“同居家庭”模式实际上是持认可态度的。例如，最高人民法院《关于开展家事审判方式和工作机制改革试点工作的意见》（法〔2016〕128号）就试点案件的范围明确作出了如下表述：“家事案件是指确定身份关系的案件及基于身份关系而产生的家庭纠纷，主要案件类型有：……5. 同居关系纠纷案件，包括同居期间的财产分割、非婚生子女抚养等……”这种将“同居关系纠纷”纳入“家事审判”范围的做法，实际上已经明确表明了对“同居关系”所形成之“家庭关系”的认可态度。又如，《反家庭暴力法》第2条规定：“本法所称家庭暴力，是指家庭成员之间以殴打、捆绑、残害、限制人身自由以及经常性谩骂、恐吓等方式实施的身体、精神等侵害行为。”该条规定将适用范围限定于“家庭成员之间”实施的家庭暴力，但我国的司法实践实际上已经将该法的适用范围扩展至同居关系成员间的保护问题了。如在2017年3月8日最高人民法院发布的《反家庭暴力法实施一周年十大典型案例》中，张某某申请人身安全保护令案就是一起典型的将《反家庭暴力法》适用于同居关

---

① 如1957年4月15日最高人民法院发布了《关于在刑事判决书中可否将与本案有关联但未经人民检察院起诉的人的事实写出和有关逮捕人犯等问题的复函》（法研字第7023号），1958年1月27日最高人民法院发布了《关于如何认定重婚行为问题的批复》（法研字第11号，已失效），都提到了“非法同居”问题。

系的案例。[①] 这也足以表明,在反家庭暴力领域,基于同居关系的男女已经形成了家庭关系,相互之间具有家庭成员的身份。实际上,根据我国现行法,"同居家庭"不仅可能以原生形态形成,而且也可能由"婚姻家庭"转化而成。如《民法典》第1054条规定:"无效的或者被撤销的婚姻自始没有法律约束力,当事人不具有夫妻的权利和义务。同居期间所得的财产,由当事人协议处理;协议不成时,由人民法院根据照顾无过错方的原则判决。……"根据该规定,因婚姻无效、被撤销,就会形成转化而来的"同居家庭"。

综上所述,我国现行法虽然不认可"同居"的婚姻形成力,但却并不否认其对于"家庭关系"的形成力,亦即我国现行法是认可"同居家庭"这一家庭模式的。鉴于此,本书认为,在农地承包中,作为承包方的农户家庭应当包括同居家庭下的农户家庭(同居农户家庭)。既然农户家庭是由已经取得土地承包经营权的集体成员构成的,就意味着同居农户家庭也只能由一对具有同一集体成员资格的男女构成。换言之,同属于同一集体的一男一女形成同居家庭关系后,有权以"一个农户"的身份作为承包方与集体签订土地承包合同,发包方不得以男女二人不具有夫妻关系为由拒绝。于此情形,同居农户家庭的成员之间在农地承包经营方面,形成了一种典型的"家庭合伙"模式。

三、家庭成员:户内家庭成员与户外家庭成员

依据《农村土地承包法》第16条第2款的规定,"农户内家庭成员依法平等享有承包土地的各项权益"。依反对解释,可以得出两点可能的解释结论:一是农户外家庭成员不享有土地承包权益;二是农户外家庭成员不能与农户内家庭成员平等享有土地承包权益。依体系

---

① 本案是一起残疾人申请人身安全保护令的案件。申请人张某某与被申请人熊某某均为残障人士,双方虽未领取结婚证,但同居多年,并育有一子。张某某近年来因眼疾加重,生活无法自理。熊某某及其家人平日对张某某非常粗暴,2015年对张某某进行了暴力殴打,当地政府和派出所均对双方纠纷进行过多次调处。江西省南昌市高新技术产业开发区人民法院依照《反家庭暴力法》第27条、第37条的规定,裁定禁止熊某某对张某某实施家庭暴力;禁止熊某某骚扰、侮辱张某某及其近亲属。

解释,第二点结论是正确的,而第一点结论是不成立的,因为农户外家庭成员依法也享有一定的土地承包权益(详见下文所论)。既然"户内"与"户外"家庭成员的土地承包权益不同(不平等),那么在法律适用上就须先予厘清户内家庭成员与户外家庭成员的主体范围。而无论是"户内成员"还是"户外成员",首先都应当是"家庭成员",因而"家庭成员"的界定就是一个必要前提。

在我国法上,"家庭成员"是一个常见的正式用语。《民法典》第1045条第2款、第3款规定:"配偶、父母、子女、兄弟姐妹、祖父母、外祖父母、孙子女、外孙子女为近亲属。""配偶、父母、子女和其他共同生活的近亲属为家庭成员。"可见,家庭成员可以区分两类:一是配偶、父母、子女。这是当然的家庭成员,不以共同生活为必要。二是共同生活的其他近亲属。这类人员并非当然的家庭成员,只有同时具备近亲属和共同生活这两个条件才能取得家庭成员资格,具体人员包括共同生活的兄弟姐妹、祖父母、外祖父母、孙子女、外孙子女。可见,虽一直共同生活但非近亲属,或虽为近亲属但未一直共同生活的,都不属于家庭成员。所谓"共同生活",是指长久地同居在一起的共同生活,而不是短期的、临时性的共同生活。①

以共同生活为条件取得家庭成员身份的近亲属,一旦"不再继续共同生活",即丧失了家庭成员的身份。当然,对于配偶、父母、子女而言,因其家庭成员身份的取得并不以共同生活为条件,故即使未一直共同生活,其仍为家庭成员。例如,子女结婚后,与父母分家另外组成自己的家庭,但该子女仍为原生家庭的家庭成员。同时,该子女又是新生家庭的家庭成员。可见,非以共同生活为条件的家庭成员可以存在于两个家庭之中。虽然家庭成员可能存在于两个家庭之中,但就农地承包而言,其并不能享有两个农户的承包土地权益。

关于农户内家庭成员,有两个特殊问题需要探讨:一是农户内家

---

① 参见黄薇主编:《中华人民共和国民法典婚姻家庭编释义》,法律出版社2020年版,第26页。

庭成员是否必须具备集体成员的资格？二是未在承包权证上列入的家庭成员是否就不被认定为农户家庭成员？对于第一个问题的回答应当是肯定的。本书认为,农户家庭应由具有集体成员资格并取得土地承包经营权的家庭成员组成,具有集体成员资格是取得农户家庭成员资格的必要条件。申言之,不具有集体成员资格的人虽然可能被认定为家庭成员,但因其不能取得土地承包经营权,故不能兼有农户家庭成员的资格。与之相对应,本为农户家庭成员的人因丧失集体成员资格,也就会随之丧失农户家庭成员资格。[①] 对上述第二个问题的回答,涉及对《农村土地承包法》第 24 条第 2 款规定的理解,该款规定:"土地承包经营权证或者林权证等证书应当将具有土地承包经营权的全部家庭成员列入。"本书认为,在相关权证中列明农户家庭成员是法律对登记机构的一项明确要求,但其所列入的人员是否即为"全部"以及被列入的人员是否就是农户家庭成员,权证的记载只起到一个初步的证明作用,对是否有遗漏以及是否具有真正的成员资格,在发生争议时,仍须进行个案的实质认定。[②]

综上所论,我们就可以对"户内家庭成员"与"户外家庭成员"的范围作一比较清晰的界定了。所谓"户内家庭成员",即《农村土地承包法》第 16 条第 2 款规定的"农户内家庭成员",是指具有集体成员资格并实际取得土地承包经营权的家庭成员;所谓"户外家庭成员",即"农户外"的家庭成员,是指虽然具有家庭成员资格,但要么因不具有集体成员资格而不能取得土地承包经营权,要么虽具有集体成员资格但未实际取得土地承包经营权的其他家庭成员。基于此,对《农村土

---

① 在 2014 年最高人民法院公布的《保障民生第二批典型案例》中,王某荣与何某云、王某胜等农村土地承包经营权纠纷案就明确回答了集体成员资格与农户家庭成员资格之间的这种关联关系。

② 如在最高人民法院《关于吴某芳房产申诉案的复函》([1989]民他字第 33 号)中,最高人民法院对河北省高级人民法院的答复是:"土改时吴某芳虽未把吴某卿夫妇填入土地证的家庭成员中,但吴某卿夫妇在外地也未参加土改,故讼争房产以认定为吴某卿夫妇、吴某芳及其 3 个女儿的共同财产为宜。具体分割时,可考虑该案的具体情况,妥善解决。"该答复虽然是针对房产纠纷的,但就相关权证对家庭成员进行记载的法律意义,与土地承包经营权证对农户家庭成员列入的法律意义却应作相同理解。

地承包法》第16条第2款的正确理解应当是:户内家庭成员对土地承包权益是依法平等享有的,而户外家庭成员不能与户内家庭成员平等享有土地承包权益。

四、承包方:户内家庭成员的应有承包权益

在《农村土地承包法》上,"承包人"是不同于"承包方"的另一个主体性概念。由该法的相关规定可以看出,"承包方"是农户,"承包人"是自然人,前者是一种团体性人格,而后者只关涉单个的自然人个体。易言之,承上所论,"承包人"是"户内家庭成员",而"承包方"是户内家庭成员的联合体(农户)。《农村土地承包法》第16条第2款的直接适用对象是"承包人"(户内家庭成员),并且各项土地承包权益的归属主体也是"承包人"。该法只有三处提到了"承包人"(第32条、第54条),并且所涉都是承包人死亡后的承包权益继承问题(下文详论),并没有直接规定属于承包人的土地承包权益,而是于该法第17条专门规定了"承包方"的权益①,亦即"农户"的权益,这些农户权益的真正主体就是各个承包人,"承包方权益"只是"承包人权益"的外在表现和行使方式而已。

(一)外嫁女、离婚女、丧偶女的特殊承包权益

《农村土地承包法》第31条规定:"承包期内,妇女结婚,在新居住地未取得承包地的,发包方不得收回其原承包地;妇女离婚或者丧偶,仍在原居住地生活或者不在原居住地生活但在新居住地未取得承包地的,发包方不得收回其原承包地。"该规定对外嫁女、离婚女、丧偶女三类妇女的权益保护,已经突破了前文所论的基于共同生活和集体成员资格的户内家庭成员的认定标准,使有关妇女之户内家庭成员的身份丧失与土地承包经营权的丧失二者间发生了分离,而赋予了其特殊

---

① 《农村土地承包法》第17条规定:"承包方享有下列权利:(一)依法享有承包地使用、收益的权利,有权自主组织生产经营和处置产品;(二)依法互换、转让土地承包经营权;(三)依法流转土地经营权;(四)承包地被依法征收、征用、占用的,有权依法获得相应的补偿;(五)法律、行政法规规定的其他权利。"

的承包方地位。

1. 外嫁女。外嫁女即嫁出本集体而入夫家居住生活或者与丈夫于异地组建起新家庭的已婚女。女儿成婚，如果嫁于本集体的其他男性成员（可称为“内嫁女”），因其未丧失本集体成员资格，故其承包方的地位不因之而发生改变；有所变动的只是夫妻二人从原生家庭中脱离组建起新的核心家庭，通过分家析产将属于自己的一份承包地分出，夫妻二人成立了一个新的“农户”。此种农户属于土地承包经营权已经取得之后经由农户分立而新成立的农户，而非原始的与集体签订承包合同的农户。“外嫁女”与“内嫁女”的不同在于，外嫁女可能因结婚而“归化”为新的农村集体的成员，从而丧失原生集体成员的身份，随之而来的应是承包资格的丧失和土地承包经营权的消灭。外嫁女属于农户家庭减少人口，根据“减人不减地”政策，集体本就无权收回外嫁女的承包地，娘家的承包地数量也不会因其外嫁而减少，但该种外嫁女承包地的保有利益本应归属于其娘家这一农户，现行法却将该权益仍保留给了外嫁女。申言之，外嫁女虽然丧失了集体成员资格，但如果在新居住地未取得承包地的[①]，其承包方资格就不因之而丧失，其土地承包经营权也不因之而消灭，此时即发生了集体成员资格与承包方资格的分离，是为例外。

2. 离婚女。妇女离婚后有两个去处：一是仍生活于原居住的集体内；二是迁出原集体至新居住地生活。如果仍生活于原集体内，就会发生原农户的“分户”情况，离婚后妇女成为独立的一个农村承包经营户；如果迁至新居住地生活，与上述外嫁女的情形相同，不再赘述。

3. 丧偶女。夫妻二人本为一个农户家庭的成员，丈夫死亡发生的是家庭减员情况，根据“减人不减地”政策，丧偶女仍在原集体内生活

---

① 在我们看来，外嫁女可能成为新的农村集体的成员，存在另行取得承包地的可能；也可能完全城镇化而不再加入任何新的农村集体，其就无另行取得承包地之可能。但是，即便在后一种情形下，依据《农村土地承包法》第 27 条第 1 款“承包期内，发包方不得收回承包地”的新规，外嫁女的承包地亦仍应予以保留，这才能既体现平等保护的立法精神，又能体现新法对妇女承包权益的特殊保护精神。

的，发包方当然无权收回其承包地，原农户的承包地数量也不会因之而发生变化。如果丧偶女迁至新居住地生活，其情形与离婚女迁至新居住地生活的情形相同，也不再赘述。

（二）承包方自耕权、处分权、流转权与补偿权

依据《农村土地承包法》第17条的规定，户内家庭成员的应有土地承包权益主要包括以下四种：

一是自耕权。“自耕”即“农户自耕”，是指由农户自己就承包地进行使用收益，自主组织生产经营和处置农产品。在家庭联产承包责任制推行的早中期，农户自耕是承包经营的普遍形态。自耕权是农户的选择自由权，任何组织和个人不得强迫农户放弃自耕（《农村土地承包法》第38条）。

二是处分权。承包方处分权的客体是土地承包经营权，是指农户依法互换、转让土地承包经营权的权利。土地承包经营权是承包方享有的一类重要财产权，农户并非土地承包经营权的权利主体，但在进行权利处分时，仍应以农户的名义进行，农户成员不能将自己拥有的份额分出处分。

三是流转权。承包方流转权的客体特指土地经营权。“土地经营权”是“三权分置”改革中提出的新概念，也是法律赋予农民的一项新兴土地权利。《农村土地承包法》就流转方式、流转期限、流转价款、流转原则、流转程序、流转合同的解除、土地经营权的融资担保等诸方面作出了一般性规定。

四是补偿权。补偿权是指当承包地被依法征收、征用、占用时，承包方有权依法获得相应补偿的权利。《民法典》第338条规定了土地承包经营权人的征收补偿权。[①] 有疑问的是，“征用补偿”与“占用补偿”的差异何在？本书认为，“占用”分为依法占用和违法侵占两种，若是“依法占用”，应当参照“征用补偿”处理；若是“违法侵占”，实际

① 《民法典》第338条规定：“承包地被征收的，土地承包经营权人有权依据本法第二百四十三条的规定获得相应补偿。”

上已经构成侵权,就属于侵权赔偿的问题了。

(三)数承包方之间对土地承包权益的共同共有

农户成员可能是一人(原始的一人或继发的一人),也可能是数人。若是数人,数承包方间对土地承包权益应是何种权利形态呢?本书认为,其权利形态不可能是单独所有,只能为共有。有疑问的只是,其应为按份共有还是共同共有?

《民法典》第308条规定:“共有人对共有的不动产或者动产没有约定为按份共有或者共同共有,或者约定不明确的,除共有人具有家庭关系等外,视为按份共有。”据此规定,承包方对土地承包权益的共有应为共同共有,主要理由就在于,数承包方是同一农户家庭的成员,相互之间具有家庭关系,因而其共同共有的基础是法定的。这就意味着,虽然在取得土地承包经营权时,发包方是按照“一人一份”的等分原则进行发包的,但这并不意味着承包方之间形成的是按份共有关系,“一人一份”只是土地承包经营权创设取得时的量化方式而已。

关于共同共有财产的分割,《民法典》第303条中规定,“……共同共有人在共有的基础丧失或者有重大理由需要分割时可以请求分割。……”就共同共有土地承包权益的分割而言,基本上就只有“共有的基础丧失”这一个理由,所谓的“有重大理由需要分割”的情形,实际上所指也是“共有的基础丧失”。在这一点上与通常的夫妻共有财产分割不同。例如,夫妻离婚后分户,作为基础关系的婚姻关系消灭,土地承包权益的共有形态也随之而终止,夫妻二人就需要对承包地进行分割。又如,儿子成家后与父母分家析产,导致原生的家庭关系消灭,也需要就承包地进行分割。

关于共同共有财产所导致的债务承担问题,依据《民法典》第307条的规定,共同共有人应当共同承担债务。该规定是关于一般情形下共同共有债务的承担规定,而就此问题,《民法典》第56条第2款还作出了如下的特别规定:“农村承包经营户的债务,以从事农村土地承包经营的农户财产承担;事实上由农户部分成员经营的,以该部分成员的财产承担。”据此规定,所谓的“共同承担”,是指实际经营人的共同承担,而非一律由全部的承包人共同承担,不参与经营的承包人不承担责任。还须指出的一个问题是,由“农户财产”承担并不等同于由“家庭财产”承担。“农户财产”指的是“农户家庭财产”,在“农户成员”的范围小于“家庭成员”的范围时,非农户成员的其他家庭成员就不共同承担责任。当然,如果农户经营所得用于整个大家庭的共同生活,因经营所产生的债务也就应当由整个大家庭的财产共同承担责任。

五、继承人:承包人死亡后的承包权益继承

承包人是自然人(集体成员),土地承包权益是其拥有的合法财产,承包人死亡时,其继承人有权依法继承承包方的土地承包权益。我国相关法律在表述承包权益的继承时,往往使用的是“承包收益”继承、“个人收益”继承、“其继承人可以在承包期内继续承包”等表述。关于承包人死亡后的承包权益继承问题,涉及土地承包经营权、承包收益、征收补偿款等相关的继承问题,也涉及“继续承包”的属性认定。这里仅就承包收益的继承、征收补偿款、“继续承包”的继承属性问题进行论述,而有关土地承包经营权的继承问题于本书第七章阐述。

(一)承包收益的继承

《农村土地承包法》第32条第1款规定:“承包人应得的承包收益,依照继承法的规定继承。”同法第54条前半段规定:“依照本章规定通过招标、拍卖、公开协商等方式取得土地经营权的,该承包人死亡,其应得的承包收益,依照继承法的规定继承。”承包收益是承包人的生产经营所得,纳入可继承的遗产范围当然不存在问题。对此,最高人民法院《关于适用〈中华人民共和国民法典〉继承编的解释(一)》第2条规定:“承包方死亡时尚未取得承包收益的,可以将死者生前对承包所投入的资金和所付出的劳动及其增值和孳息,由发包单位或者

接续承包合同的人合理折价、补偿。其价额作为遗产。”在农户成员为一人时,不存在通过财产权分割以确定遗产范围的问题。但当农户成员为数人时,该数人对于生产经营所得享有共同共有权,就应当首先按照等额分割的原则进行共有财产的分割,在被继承人的承包收益分出后,再由其继承人单独继承或者共同继承。

(二)征收补偿款的继承

关于承包人死亡后征收补偿款能否继承的问题,司法实践有两种不同的意见。一种意见认为,农村土地承包经营权证书上明确载明了各个家庭成员都有一份承包地,根据物权法定原则,各份土地的承包经营权属于家庭成员个人所有,应属于个人的遗产范畴。土地征收补偿款系承包经营权所产生的收益,应当根据继承法的规定依法予以继承。另一种意见认为,家庭联产承包责任制的承包方是本集体经济组织的农户,即家庭承包是以农户为单位而不是以个人为单位,这就决定了家庭土地承包经营权的继承与一般意义上的继承不同。家庭成员之一死亡,并未导致农户的消亡,农村土地承包合同并未终止,故以家庭为农村土地承包户的承包地并不发生继承,且征地补偿款不属于承包收益,因此征地补偿款不能作为遗产继承。[①] 本书基本赞同上述第一种意见,认为征收补偿款属于可继承的遗产[②],但不赞同其认为征收补偿款属于承包收益的观点。在性质上,已死亡承包人应得的征收补偿款属于其作为集体成员、土地承包经营权人和地上青苗及其他附着物的所有权人,在集体土地所有权、土地承包经营权、地上青苗和附着物之所有权被征收后获得的代位物(补偿款),是由其所享有的原财产权转化而来的财产,当然属于遗产的范畴。否定征收补偿款可继承的观点,实际上是将土地承包经营权的性质与征收补偿款的性质等而视之的结果,其否定土地承包经营权的可继承性,

---

① 参见许建军、廉玉光:《承包人死亡后征地补偿款能否继承》,载《人民法院报》2013年6月20日,第7版。

② 参见王洪平:《论征地补偿费的继承》,载《烟台大学学报(哲学社会科学版)》2014年第2期。

当然也就会一并否定征收补偿款的可继承性。[①] 须补充指出的一点是，在继承人范围上，征收补偿款的继承不存在继承人范围的限定问题，因为征收补偿款不具有特定的身份性，因而无须像土地承包经营权的继承那样限定为特定的继承人，凡是已死亡承包人的继承人都有权继承。

（三）"继续承包"的继承属性

《农村土地承包法》第32条第2款规定："林地承包的承包人死亡，其继承人可以在承包期内继续承包。"同法第54条后半段规定：（四荒地）在承包期内，其继承人可以继续承包。就上述规定中"继续承包"的性质，在理论上有三种不同的认识：[②]第一种观点认为，"继续承包"即"合同的继续履行"；第二种观点认为，"继续承包"就是"债权债务的概括移转"；第三种观点认为，"继续承包"就是"继承"。本书赞同"继续承包"就是"继承"的观点，这是有立法上之解释论依据的。时任全国人大法律委员会副主任委员顾昂然在2002年的全国人大法律委员会《关于〈中华人民共和国农村土地承包法（草案）〉修改情况的汇报》中指出："对于少数通过招标、拍卖、协商等方式取得的土地承包经营权以及林地承包经营权，应当允许继承。"这足以表明，"继续承包"的立法原意就是"继承"。换言之，对于林地的土地承包经营权和"四荒地"的土地经营权[③]，相对于耕地之上的土地承包经营权而言，继承人享有继承自由，无论是否具有集体成员资格以及无论是否具有家庭成员身份，都有权继承。

---

① 参见邹庆昀、康宽梁：《父亲名下自留山被征收，为争夺补偿款兄妹翻脸——征地补偿款不能作为遗产继承》，载《农民日报》2013年8月1日，第8版。

② 参见高圣平、王天雁、吴昭军：《〈中华人民共和国农村土地承包法〉条文理解与适用》，人民法院出版社2019年版，第170页。

③ 《农村土地承包法》第49条第1句规定："以其他方式承包农村土地的，应当签订承包合同，承包方取得土地经营权。"该法把原来的以其他方式取得的土地承包经营权改为了土地经营权。

第二节　进城落户农户的土地承包权益

随着我国经济社会的不断发展和新型城镇化步伐的加快,大量农村人口到城镇就业,其中部分进城务工的农民选择在城镇落户。为了对全家进城落户农户享有的合法土地权益进行充分保护,2009 年《农村土地承包法》规定了进城落户农户之承包地处理规则。此后,在党和国家政策的大力推动下,户籍制度、农村土地制度、农村社会保障制度和农村集体产权制度等改革逐步深入,农户进城落户后能否继续保留承包地再次成为各界关注的焦点。2018 年《农村土地承包法》加大了对进城落户农户享有的土地承包经营权的保护力度,但就该规定及相关法律规则是否妥适地表达了现有政策精神,学界却存有不少疑问。

一、进城落户农户之承包地处理规则的法理检视

在承包农户全家进城落户后,如何处理该农户拥有的承包地一直都是实践中的疑难问题。2009 年《农村土地承包法》第 26 条首次以法律规范形式明确了进城落户农户之承包地处理规则,该条依据进城农户落户于小城镇抑或设区的市而对该农户作出区别保护:对于进城农户落户于小城镇的,尊重进城落户农户的意愿,其可以选择保留土地承包经营权,也可以选择将承包地交回发包方;在保留土地承包经营权时,进城落户农户有权自己经营该承包地,也有权依法将土地承包经营权予以流转。对于进城农户落户于设区的市的,进城落户农户无论是将承包地交回发包方,还是发包方在其不交回时收回承包地,进城落户农户均丧失原本享有的土地承包经营权。同时,根据该条规定,在交回承包地给发包方或发包方依法收回承包地后,进城落户农户无权对丧失土地承包经营权请求发包方给予经济补偿,但其有权就为提高该承包地的土地生产能力所作出的投入获得相应的补偿。

对2009年《农村土地承包法》第26条的内容进行分析可知，该条确立的进城落户农户之承包地处理规则以实现承包地的社会保障功能为依归，没有彰显出土地承包经营权的财产价值。由于全家迁入设区的市并转为非农业户口后，该农户便丧失了农村集体经济组织成员的资格，以致其取得土地承包经营权的基础不复存在。同时，迁入设区的市的农户在城市有一定的就业机会，不需要再通过承包地来提供生活保障，故该农户承包的土地应当被收回。[①] 与之相反，目前许多小城镇没有建立城市居民最低生活保障等社会保障制度，全家迁入小城镇的农户一旦失去非农职业或生活来源，则该农户在农村享有的土地承包经营权仍将是其基本的生活保障[②]，故除非全家迁入小城镇的农户自愿将承包地交回发包方，发包方不得收回该农户的承包地。可见，承包地的社会保障功能在该条中得到了充分体现。尽管土地承包经营权作为一种用益物权，有明确的存续期限，其剩余承包期限的长短是评估该权利之财产价值的重要因素，全家迁入设区的市的农户在将承包地交回发包方或发包方依法收回承包地后，其丧失土地承包经营权的财产损失应当得到弥补，但这一财产法理在2009年《农村土地承包法》中完全被无视。

不过，2009年《农村土地承包法》第26条并没有将其遵循的制度逻辑贯彻到底。进城农户是落户于小城镇还是设区的市，对于该农户能否获得较为稳定的社会保障而言的确至关重要，但该农户均应因此而丧失原农村集体经济组织的成员资格。当前，在农村集体经济组织的成员资格之认定规则中，已经较少采以户籍为依据的单一标准，以农地作为基本生存保障资源也是一个重要的考虑因素[③]，但对于具有本农村集体经济组织成员身份的土地承包经营权人来说，其将全家的户籍迁出而

---

① 参见王利明：《物权法研究》（第4版下卷），中国人民大学出版社2016年版，第845～848页。

② 参见胡康生主编：《中华人民共和国农村土地承包法通俗读本》，法律出版社2002年版，第59页。

③ 参见高飞：《集体土地所有权主体制度研究》，中国政法大学出版社2017年版，第217～219页。

落户于城镇,却可以被理解为是一种自愿放弃成员资格的行为。对于不具有成员身份的人员来说,该农村集体经济组织没有以分配承包地为其提供基本生活保障的义务,故规定落户于小城镇的农户有权保留土地承包经营权增加了原农村集体经济组织的义务。而且,进城落户于小城镇的农户是仅在第二轮承包的剩余期限内保留土地承包经营权,还是可以在第二轮承包期限届满后继续保留土地承包经营权,2009 年《农村土地承包法》也未作出明确规定,从而成为一个制度漏洞。

以 2009 年《农村土地承包法》第 26 条的规定为基础,2018 年《农村土地承包法》第 27 条对进城落户农户之承包地处理规则进行了重构,该条的主要内容包括:(1)不再以迁入小城镇和设区的市为标准对进城农户进行区分,而且对进城落户农户享有的土地承包经营权实行一体保护;(2)进城落户农户可以选择将承包地交回发包方,也可以选择保留土地承包经营权,但在其不交回承包地时,发包方不得收回承包地;(3)进城落户农户保留土地承包经营权时,可以将土地承包经营权转让,也可以仅流转土地经营权。由此可知,进城落户农户之承包地处理新规则更加偏重张扬土地承包经营权的财产属性,这可以从 2018 年《农村土地承包法》第 30 条增加承包方自愿交回承包地“可以获得合理补偿”的规定得到进一步的佐证。

由于 2018 年《农村土地承包法》修正的一个重要任务是将农地“三权分置”政策以法律形式固定下来,有关农地“三权分置”政策的解读尚存在诸多分歧,这种情形影响进城落户农户之承包地处理新规则的理解与适用。农地“三权分置”政策出台后,对于土地承包经营权的性质有纯粹财产权说和兼具身份属性的财产权说两种观点,2018 年《农村土地承包法》修正,通过对土地承包经营权的流转方式加以限制,并将承包关系的终止与土地承包经营权流转相联系,“悄悄地”对土地承包经营权的概念作出了修改①,以致有学者认为土地承包经营

① 参见陈小君:《土地改革之“三权分置”入法及其实现障碍的解除——评〈农村土地承包法修正案〉》,载《学术月刊》2019 年第 1 期。

权已经纯化为具有身份属性的财产权利，只有依家庭承包方式取得的承包地权利才能被称为土地承包经营权。[①] 根据 2018 年《农村土地承包法》第 5 条和第 16 条的规定，具有农村集体经济组织成员资格是取得土地承包经营权的前提。可见，由于与农村集体经济组织的成员资格纠缠在一起，才导致土地承包经营权产生了所谓的身份属性。然而，如果结合上述有关土地承包经营权的权利性质之认定来解读 2018 年《农村土地承包法》第 27 条，则该条在理解与适用中将面临以下挑战：

第一，进城落户农户是否仍然保留着农村集体经济组织的成员资格？尽管我国现行法对农村集体经济组织成员资格的认定标准没有作出统一规定，但不少省市在地方立法中对此问题有所涉猎，最高人民法院及一些省市的高级人民法院也对成员资格的认定表明了态度。总体来看，在地方立法中，户籍是各个标准中都未缺少的要素，尚未见到撇开户籍而以其他要素作为成员资格判断标准的规范。[②] 在司法机关发布的文件中，对于成员资格的认定，有的强调以“生活状况 + 户籍 + 基本社会保障功能”为标准，如最高人民法院《第八次全国法院民事商事审判工作会议（民事部分）纪要》；有的以“户籍 + 生产、生活”为一般标准，以“基本生活保障”为补偿标准，如天津市高级人民法院《关于农村集体经济组织成员资格确认问题的意见》。从上述认定标准来看，进城落户农户均应当丧失农村集体经济组织的成员资格，此时允许进城落户农户保留土地承包经营权无疑与土地承包经营权只能由农村集体经济组织成员享有的规范相矛盾。

第二，进城落户农户是否仍然有权参与第三轮承包地延包？为了实现“保持农村土地承包关系稳定并长久不变”的政策精神，2018 年《农村土地承包法》第 21 条增加规定了续包权（或延包权）制度，

---

① 参见高圣平、王天雁、吴昭军：《〈中华人民共和国农村土地承包法〉条文理解与适用》，人民法院出版社 2019 年版，第 14 页。

② 参见戴威：《农村集体经济组织成员权制度研究》，法律出版社 2016 年版，第 149 页。

即在第二轮土地承包期限届满后,原土地承包经营权的承包期限再依法延长。由于土地承包经营权是有期限的用益物权,第二轮土地承包期限届满,则该土地承包经营权消灭,故依据本法第 21 条续期而产生的土地承包合同,实质上是在终止原有承包合同的基础上,重新签订的一个承包合同。这个新的承包合同与已终止的第二轮土地承包合同在内容方面虽然没有发生变化,但新签订的承包合同却不是原有承包经营关系的继续。[①] 进城落户农户在保留土地承包经营权时,依据《农村土地承包法》第 21 条的规定,其应当可以在第二轮土地承包期限届满后续期,而取得土地承包经营权又必须以具有农村集体经济组织成员资格为条件,那么,丧失成员资格的进城落户农户是否有权参与第三轮土地承包,依据《农村土地承包法》予以处理显然面临两难境地。

第三,进城落户农户是否应当向发包方交纳相应的承包费?在实行土地承包经营制度之初,承包方在享有土地承包经营权时需要承担沉重的税费,后为减轻农民负担,我国 2006 年在全国范围内取消了农业税和农业特产税,同时也取消了村提留和乡统筹。村提留是集体土地所有权人享有利益的体现,取消后农户享有土地承包经营权则不需要交纳任何费用,因此,致使原本应当由所有权人享有的土地收益通过承包制由土地承包经营权人所分享。也就是说,土地承包经营权人以行使土地承包经营权的名义,在获得基于土地承包经营权的全部收益的同时,还获取了基于农村集体经济组织成员才有资格分享的土地所有权的收益。[②] 农户进城落户便丧失了原农村集体经济组织的成员资格,即使其享有的土地承包经营权作为用益物权因期限未届满而能够得以保留,但由于享有基于集体土地所有权产生的收益是农村集体经济组织成员权的内容,故该农户在进城落户后继续无偿享有土地承

---

① 参见王利明:《物权法研究》(第 4 版下卷),中国人民大学出版社 2016 年版,第 848 页。

② 参见高飞:《集体土地所有权主体制度研究》,中国政法大学出版社 2017 年版,第 253 页。

包经营权,没有法律依据。

二、进城落户农户之承包地处理规则的生成根源

2009年《农村土地承包法》第26条以承包地具有社会保障性为由,使土地承包经营权的财产价值被掩盖,而2018年《农村土地承包法》第27条通过强化土地承包经营权的财产属性弥补了这一制度缺憾。不过,农地“三权分置”政策入法将身份属性嵌入土地承包经营权,使依据2018年《农村土地承包法》第27条的规定对进城落户农户的承包地进行处理遇到了新的制度困境。从2018年《农村土地承包法》修正的制度背景和法律规则设计方案来看,导致处理进城落户农户的承包地产生制度困境的原因主要有以下三个方面。

(一)集体土地的公有制职能虚无化

在我国,土地制度的核心是土地的社会主义公有制,由此决定土地所有权的主体只能是国家和农民集体,其中集体土地所有权是集体土地所有制的法律实现形式。与实行土地私有制的国家或地区不同,“基于土地的社会主义公有制的基本经济制度之精神,集体土地所有权在实现集体土地所有制赋予的使命时既具有公共职能,又具有财产职能”[①]。集体土地所有权的公共职能主要表现为农村集体经济组织分配土地给其成员以维护其基本生产和生活条件、对其成员负有保障义务和安置义务、对土地规划和生态环境等负有实施和保护义务。[②]集体土地所有权的财产职能表现为农村集体经济组织有效率地管理和配置土地,其可以自己利用土地获得收益,也可以将土地使用权出资分享红利,还可以为他人设定土地使用权收取租金,从而实现集体资产的保值增值。尽管集体土地所有权的公共职能与财产职能并存且不可分割,但财产职能的有效实现是基础,否则,其公共职能将缺少

---

① 高飞:《落实集体土地所有权的法制路径——以民法典物权编编纂为线索》,载《云南社会科学》2019年第1期。

② 参见李凤章:《从公私合一到公私分离——论集体土地所有权的使用权化》,载《环球法律评论》2015年第3期。

实现的必要物质资源。

农村土地承包经营制度是集体土地所有权行使的一种方式。由于当前农村土地还需要承担一定的社会保障功能,故在以家庭承包方式取得土地承包经营权时,农村集体经济组织放弃了以收取承包费来实现集体土地所有权的财产职能的机会,而这种机会的放弃却正好是其履行集体土地所有权的公共职能的一种形式。然而,无偿取得土地承包经营权或以承包地作为基本生活保障,需要具有农村集体经济组织的成员资格,因为集体土地之公有制职能的直接获益者只能是农村集体经济组织及其成员。对于进城落户农户而言,其已经丧失了原农村集体经济组织的成员资格,不应再享有无偿经营承包地的权利,原农村集体经济组织也没有继续为其提供基本生活保障资源的义务。《农村土地承包法》第 27 条片面强化了土地承包经营权对进城落户农户的财产价值,以致这种土地财产权的享有与农村集体经济组织成员身份之间的抵牾没有得到很好的协调,造成了土地承包经营权似乎自承包合同签订时起便成为承包方的固有财产之印象,其中蕴含的集体土地的公有制职能之意蕴荡然无存。可见,如果不能将集体土地的公有制职能内化于法律制度,有关进城落户农户的承包地之处理的纷争就不会平息。

(二)政策精神之法律表达简单化

在我国农村土地立法方面,党和国家的政策发挥着主导作用,2014 年国务院《关于进一步推进户籍制度改革的意见》提出:“现阶段,不得以退出土地承包经营权、宅基地使用权、集体收益分配权作为农民进城落户的条件。”2016 年中共中央办公厅、国务院办公厅《关于完善农村土地所有权承包权经营权分置办法的意见》强调:“不得违法调整农户承包地,不得以退出土地承包权作为农民进城落户的条件。”党的十九大报告和中共中央、国务院《关于实施乡村振兴战略的意见》(2018 年中央一号文件)也重申了上述政策精神。《农村土地承包法》第 27 条在保护进城落户农户之土地承包经营权方面无疑是对相关政策的践行。

其实,从户籍制度改革角度来看,为了在新型城镇化发展过程中不给进城落户农户设置障碍,明确规定"不得以退出土地承包经营权作为农户进城落户的条件",这是极为合理的。户籍制度改革是为了走出"城乡分治,一国两策"的窘境,其建立城乡统一的户口登记管理制度,有助于逐步推动户籍与各项福利享有资格脱钩,实现人口自由迁徙,确保城乡居民均等享有各项公共服务。[①] 可见,户籍制度改革并不会取消户籍,更没有放弃当前亟待明确农村集体经济组织成员资格的意图。尽管"社会保障是国家或社会对社会成员依法提供基本生活保障的社会安全制度,其'本质是一种政府的义务,公民的权利',属公法层面的公民权利"[②],但这种社会保障与农村集体经济组织以分配承包地的方式为其成员提供基本生活保障的性质截然不同,因为农村集体经济组织没有为其成员之外的人员提供社会保障资源的义务。加之在农业税费减免后,获得土地承包经营权也是农村集体经济组织成员分享基于集体土地所有权所产生的收益的一种方式,因此,以户籍制度改革中去除城乡二元体制之目标,作为支持进城落户农户如同未丧失农村集体经济组织成员资格一样享有土地承包经营权的理由,并不具有说服力。

"政策是法律的依据和内容,法律是政策的规范化(法律化)。"[③] 但立法者不能放弃法律自身知识体系而机械地对政策话语进行表达。2009 年《农村土地承包法》第 26 条之所以规定收回全家迁入设区的市并转为非农业户口的农户之承包地,是因为此时"承包方继续享有土地承包经营权就会两头获利,既享受城市居民的福利,又得到承包地的好处;而本集体经济组织内部还会有一部分新增人口无地可种,

---

① 参见陈鹏:《新一轮户籍制度改革:进展、问题及对策》,载《行政管理改革》2018 年第 10 期。

② 高圣平、王天雁、吴昭军:《〈中华人民共和国农村土地承包法〉条文理解与适用》,人民法院出版社 2019 年版,第 135 ~ 136 页。

③ 梁慧星:《梁慧星谈民法》,人民法院出版社 2017 年版,第 372 页。

又不能享受社会保障,结果可能造成严重的不公平"①。当然,随着户籍制度改革的推进和社会保障制度的健全,有关进城落户农户之土地承包经营权保护的制度环境已经有所变化。但应注意的是,党的一系列文件政策在指出应保护进城落户农户之土地承包经营权的同时,也反复强调"深化农村集体产权制度改革,保障农民财产权益,壮大集体经济","研究制定农村集体经济组织法,充实农村集体产权权能"。2018年《农村土地承包法》第27条确保了进城落户农户继续无偿享有承包地,可能使进城落户农户与无地可种的新增人口之间的不公平程度进一步增大,同时也不符合充实集体土地所有权权能的政策意旨。可见,充分保护进城落户农户的土地承包经营权是政策的要求,但在对政策进行法律表达时不能简单化,更不应对其他相关政策的要求视而不见,这才是在立法中落实党和国家政策的科学态度。

(三)法律规则之设计思路逻辑混乱

"自近代以来,法学领域日渐受自然科学思维模式影响,自然科学方法开始引入法律学及法律实务,具体表现为模仿自然科学的方法将法律规范体系化,体系思维也渐渐深入法学内部。"②在体系思维的渗透下,立法者注意到法律规范之间不仅存在各种脉络关联,彼此之间并非孤立地存在,而且还致力于以一定的法律价值将所有的法律规范融合为一个有机整体,从而共同促使预定的法律目标的实现。2018年《农村土地承包法》以农地"三权分置"政策入法为主要任务,这一任务的完成理应遵循法律规范逻辑,并将各种法律规则以外在层级分明和内在和谐一致的体系呈现出来。

在2009年《农村土地承包法》第26条基础上对进城落户农户之承包地处理规则进行重构,这本身就是农地"三权分置"政策入法的一个环节。2018年在对以解决农村土地承包经营关系为己任的《农村

---

① 何宝玉主编:《〈中华人民共和国农村土地承包法〉释义及实用指南》,中国民主法制出版社2002年版,第82页。

② 舒国滢等:《法学方法论问题研究》,中国政法大学出版社2007年版,第433页。

土地承包法》进行修正时，各界均将关注点放在如何"稳定农户承包权"和"放活土地经营权"方面，致使如何"落实集体所有权"没有得到应有的重视，故在将进城落户农户之承包地处理规则置于2018年《农村土地承包法》的整体规范中予以理解时，出现了一定程度上的制度逻辑的混乱。

依据2018年《农村土地承包法》第33条和第34条的规定，2009年《农村土地承包法》中的土地承包经营权流转中有关物权性流转和债权性流转的区分不复存在，土地承包经营权仅能够与同一农村集体经济组织的其他农户进行互换、转让。主要理由是："仅有本集体经济组织成员才能取得和保有土地承包经营权，非本集体经济组织成员的经营主体不得享有土地承包经营权。"①然而，在2018年《农村土地承包法》修正过程中，立法者认为，"承包方全家迁入城镇落户，纳入城镇住房和社会保障体系，丧失农村集体经济组织成员身份的，支持引导其按照国家有关规定转让土地承包权益"②。结合对《农村土地承包法》第27条的内容之分析可知，立法者的意图是不再具有农村集体经济组织成员资格的进城落户农户仍然保有土地承包经营权。可见，以农村集体经济组织成员身份取得土地承包经营权后，是否在该成员身份丧失时自然不再享有土地承包经营权，相关法律规则之间没有做到无缝衔接。同时，无论是在修正前还是修正后，依据《农村土地承包法》的规定，作为非本农村集体经济组织的成员，其一般只能有偿从农村集体经济组织获得经营承包地的权利，这是集体土地所有权的收益权能的体现。但进城落户农户依据2018年《农村土地承包法》第27条规定继续享有土地承包经营权时，是否因农村集体经济组织成员身份的丧失而从无偿转变为有偿，对此法律规则也保持了缄默，从而导致"落实集体所有权"与"稳定农户承包权，放活土地经营权"之间发

---

① 高圣平、王天雁、吴昭军：《〈中华人民共和国农村土地承包法〉条文理解与适用》，人民法院出版社2019年版，第188页。

② 刘振伟：《关于〈中华人民共和国农村土地承包法修正案（草案）〉的说明——2017年10月31日在第十二届全国人民代表大会常务委员会第三十次会议上》。

生了制度逻辑上的抵牾。

三、进城落户农户之承包地处理规则的实现进路

在法律制定或修改时,由于众多人员和组织基于各自的立场会提出不同的意见,以致最终只能在各方妥协后获得一个不甚完美的结果,故如何将不尽如人意的新的法律规则付诸实践,从而使之发挥出实效是一个重要问题。为促使进城落户农户之承包地处理规则得以顺利施行,应当以集体土地的公有制职能之实现为引导,深入挖掘涉农涉土政策文件之精神,并体系化思考法律规则之间的逻辑关联,厘清以下三个问题。

(一)土地承包经营权的权利性质界定

在《农村土地承包法》颁布前,有关土地承包经营权的权利性质存在物权说与债权说的分歧,《农村土地承包法》制定时明确提出"对家庭承包的土地实行物权保护"[①],从而确认了以家庭承包方式取得的土地承包经营权的物权属性。此后原《物权法》将土地承包经营权作为用益物权加以规定,终结了土地承包经营权的法律性质之争。同时,无论是2009年《农村土地承包法》还是原《物权法》,均规定了土地承包经营权的物权性流转方式,而且流转相对方也不限于本村集体经济组织成员,只是强调本集体经济组织成员在同等条件下享有优先权。这些法律法规中有关土地承包经营权物权性流转规则的规范意旨表明土地承包经营权是一种纯粹的财产权。

土地承包经营权染上身份色彩乃源于我国政策中将以转让方式流转土地承包经营权的主体限于本农村集体经济组织成员之间的规定。[②]《农村土地承包法》根据政策文件的要求也只承认土地承包经营权可以在同一农村集体经济组织内的农户之间进行转让和互换,似乎认可了土地承包经营权是一种具有身份属性的财产权。不可否认,享有农

---

① 柳随年:《关于〈中华人民共和国农村土地承包法(草案)〉的说明——2001年6月26日在第九届全国人民代表大会常务委员会第二十二次会议上》。

② 参见中共中央办公厅、国务院办公厅印发的《关于引导农村土地经营权有序流转发展农业适度规模经营的意见》。

村集体经济组织成员资格才能取得土地承包经营权，且承包地对于农村集体经济组织成员来说也还发挥一定的社会保障功能，但取得土地承包经营权须具有特定的身份不等于基于该特定身份取得的土地承包经营权必然具有身份属性，而赋予土地承包经营权身份属性也不是实现土地承包经营权的社会保障功能的唯一途径。[①] 可见，对于土地承包经营权的权利性质存在两种可能的解释，而将土地承包经营权解读为不具有身份属性的纯粹财产权，方能够使之与2018年《农村土地承包法》有关进城落户农户保留原享有的土地承包经营权的规则相契合。

当然，将土地承包经营权认定为一种纯粹的财产权，也面临如何对2018年《农村土地承包法》第33条和第34条之规定作出合理解释的问题，即为什么土地承包经营权只能在同一农村集体经济组织内的农户之间进行互换和转让？其实，上述规定可以理解为立法者对2009年《农村土地承包法》中规定的土地承包经营权的流转方式进行了更改，即将原来土地承包经营权的物权性流转的相对方限于同一农村集体经济组织内的农户，将原来土地承包经营权的债权性流转产生的权利称为土地经营权。尽管从2018年《农村土地承包法》中土地承包经营权互换和转让以及土地经营权流转等规则设计方案来看，这种理解存有限制权利人自由流转财产权的制度瑕疵，但其避免了在进城落户农户之承包地处理规则与相关规范之间产生更加重大的制度逻辑冲突。同时，因实践中出租（转包）是最为各方青睐的流转方式[②]，且2018年《农村土地承包法》第47条建立了土地经营权融资担保制度，这种理解也不会成为推动农地适度规模经营和疏通承包地融资渠道的障碍。总之，将土地承包经营权纯化为一种财产权，尽管不是一种完美无缺的方案，但无疑是现行制度环境约束下所能够作出的最优选择。

---

① 高飞：《寻找迷失的土地承包经营权制度——以农地"三权分置"政策的法律表达为线索》，载《当代法学》2018年第6期。

② 参见陈小君等：《农村土地问题立法研究》，经济科学出版社2012年版，第82页。

(二)成员资格丧失的法律后果

农村集体经济组织的成员资格是我国农民参与分享农村集体资产所生利益的基本依据,也是经营管理农村集体资产的制度前提。在农村土地承包经营制度中,不少规定的适用都与农村集体经济组织的成员资格之确定密切相关,故《农村土地承包法》第69条规定:“确认农村集体经济组织成员身份的原则、程序等,由法律、法规规定。”尽管这一规定属于原则性规定,但其意义极为重大,因为这是我国第一次明确将农村集体经济组织成员资格问题纳入法律范畴,也暗示在理解土地承包的法律规则时不可忽视成员资格之有无可能产生的影响。

具有农村集体经济组织成员资格的人,才能享有该农村集体经济组织的成员权。农村集体经济组织成员权即法律上所谓的社员权,其包括共益权与自益权,其中共益权是参与农村集体经济组织事务的权利,自益权是受领或分享农村集体经济组织财产利益的权利。承包农户进城落户后,便丧失了此种成员资格,也就不能再享有该农村集体经济组织成员享有的各种权利。依据《农村土地承包法》第5条第1款的规定,农村集体经济组织成员享有的承包集体土地的权利,属于自益权的一种类型。

农户全家进城落户后丧失农村集体经济组织的成员资格,导致其原本享有的以该成员身份的拥有为前提的权利随之消灭,而消灭的权利中与土地承包经营权的享有相关的权利包括:(1)继续承包权。依据《农村土地承包法》第21条第2款和《民法典》第332条的规定,在第二轮土地承包期限届满后,对于集体土地的同一地块,原土地承包经营权人有权依法继续承包。由于第三轮承包是在第二轮承包终止后重新签订土地承包合同,且只有农村集体经济组织成员才有签订土地承包合同的资格,而进城落户农户不具有该成员身份,故进城落户农户保留的土地承包经营权在期限届满后消灭,其也无权参与第三轮土地承包。(2)无偿保留土地承包经营权的权利。党的十八届三中全会通过的《关于全面深化改革若干重大问题的决定》提出,要加快构建新型农业经营体系,赋予农民更多财产权利。此处的“农民财产权利”

不仅指农民个体的权利,也包括农民集体的权利。在我国现阶段,“如果架空农民集体,无视集体利益,很难说是公平合理,更可能无法实现中国式农地制度设立和变革即缩小城乡差距受惠于数亿农民的初衷”①。当集体利益独立存在时,基于集体土地的公有制职能,在农村集体经济组织中,“一个人成为集体的一员,就可以从集体获得一份土地的利用权或者分享集体利益,从而得到集体为其提供的生存保障”②。在家庭承包经营中,农户取得土地承包经营权无须支付相应的承包费,反映的是农村集体经济组织将成员应当分享的集体收益置于土地承包经营权的享有之中,也就是成员以应当支付的承包费和集体分享收益进行了抵销,省去了先交费后从集体分享利益的环节。在农村集体经济组织内的农户公平分享承包地的情形下,这种做法也不失为一种公平处理方案。进城落户农户因丧失成员身份,其就不再有资格从集体分享收益,因而其应当支付的承包费便不能免除。因此,农户进城落户后虽然不丧失土地承包经营权,但其需要自失去成员身份时向发包方支付相应的承包费。

(三)免交承包费的法理依据及立法回应

由于土地承包经营权是一种用益物权,该权利具有明确的期限,故在标的物存续而期限尚未届满之前,基于土地承包经营权的用益物权属性,进城落户农户有权继续享有该权利。为促进合理利用农地资源,减少承包地闲置,发展多种形式适度规模经营,推动现代农业发展,引导承包农户有偿退出承包地的政策文件相继出台③,《农村土地

---

① 参见陈小君等:《农村土地问题立法研究》,经济科学出版社2012年版,第60页。

② 韩松:《论成员集体与集体成员——集体所有权的主体》,载《法学》2005年第8期。

③ 如中共中央办公厅、国务院办公厅《关于完善农村土地所有权承包权经营权分置办法的意见》指出:“在完善‘三权分置’办法过程中,要充分维护承包农户使用、流转、抵押、退出承包地等各项权能。”中共中央办公厅、国务院办公厅《深化农村改革综合性实施方案》要求:“在有条件的地方开展农民土地承包经营权有偿退出试点。”国务院办公厅《关于加快转变农业发展方式的意见》也强调:“在坚持农村土地集体所有和充分尊重农民意愿的基础上,在农村改革试验区稳妥开展农户承包地有偿退出试点,引导有稳定非农就业收入、长期在城镇居住生活的农户自愿退出土地承包经营权。”

承包法》第30条以这些政策为指导增加规定了承包方自愿交回承包地时有请求补偿的权利,该规定对于进城落户农户也当然适用。

应当指出的是,不仅土地承包经营权具有财产属性,集体土地所有权的财产属性同样也需要得到体现。一般来说,“人们拥有某物,都是为了在物之上获取某种经济利益以满足自己的需要,只有当这种经济利益得到实现后,所有权才是现实的。如果享有所有权对所有权人毫无利益,所有权人等于一无所有”①。集体土地所有权尽管较之私人所有权应当承担更多的公共职能,但不能因此而否定其财产职能实现的重要性,这种财产职能在将土地交由他人使用时表现为有收取租金的权利,在农村土地承包关系中,此处所谓的租金就是承包费。

进城落户农户保留土地承包经营权,且并没有因成员身份丧失而向发包方支付承包费,这是2018年《农村土地承包法》确立的规则。为了从法理上对该新规则予以证成,尚需结合农村集体经济组织成员权的退出进行探讨。在集体土地所有制情形下,农民个人的身份具有二重属性,其既是一个独立的个体,又是公有制经济组织的一个成员,而且其不一定需要拥有集体资产的所有权来实现自身权益,成员权成为兼顾公有制经济组织和其中个人利益的一种可供选择的法律方式。② 由于享有成员权便有权参与分享集体资产利益,这说明成员权具有一定的财产价值,而部分成员的退出将使参与分享集体资产利益的人数减少,也就会扩大剩余成员享有的份额。因此,为了保障退出农村集体经济组织的农民之权益不遭受损害,应当建立农村集体经济组织成员权有偿退出制度,使选择退出的成员能够获得相应的补偿。③进城落户农户在退出农村集体经济组织时没有因为成员权的丧失获得相应的补偿,其在继续以非成员身份享有土地承包经营权时也没有

---

① 王利明:《物权法研究》(第4版上卷),中国人民大学出版社2016年版,第387页。

② 参见高飞:《农村土地“三权分置”的法理阐释与制度意蕴》,载《法学研究》2016年第3期。

③ 参见戴威:《农村集体经济组织成员权制度研究》,法律出版社2016年版,第225~226页;许中缘、崔雪炜:《“三权分置”视域下的农村集体经济组织法人》,载《当代法学》2018年第1期。

支付相应的承包费,在当前阶段应理解为两者相抵销而实现了大致的公平。由此可见,进城落户农户免交承包费具有一定的正当性。不过,成员权退出与集体土地所有权收益权能的实现超出了《农村土地承包法》的规范领域。

综上所述,2018 年《农村土地承包法》虽已生效,但因此次的修正成果是一个"急就章",以致该修正案确立的一些新规则的合理性面临理论界的质疑,其中有关进城落户农户之承包地处理的规定尽管在旧规则的基础上前进了一大步,但该规则在法理上是否自洽还存有诸多疑问。不过,将 2018 年《农村土地承包法》第 27 条置于该法全部规范中予以解读,可以使之与相关制度有效衔接。同时,通过农村集体经济组织立法规范成员权,有助于进城落户农户之承包地处理新规则发挥出应有的制度功能。

第六章　承包地调整与收回中的土地承包权益

第一节　承包地调整中的土地承包权益

一、承包地调整的理论争议和实践困境

在制定法意义上,承包地调整是指发包方在承包期内单方面实施的承包地调整,属于单方调整。从广义上说,承包地调整除单方调整外,还包括土地承包关系当事人之间的自主调整。从私法的视角观察,承包地调整的本质为农户享有的土地承包经营权的变更。根据我国现行法的有关规定,承包地调整指的是承包期内基于自然灾害严重毁损承包地等特殊法定原因,发包方依照法定程序对个别农户之间承包的耕地和草地进行的局部调整。这种单方调整体现了农民集体的土地所有权主体地位,本质上是农民集体及其代表主体(农村集体经济组织)行使农地集体所有权的体现。虽然承包地调整反映的是农村集体经济组织与土地承包方之间的私权关系,但单方调整是直接动用集体权力影响承包方的权利变动,呈现较强的权力色彩。对此,有学者指出:“集

体组织主导的土地调整其实就是一种外力强加于己的被动调整机制，忽视了相关农户的自主意志，不符合成员自治的集体所有制精神。”①相较而言，承包地自主调整依据当事人的合同约定自愿进行，能够较好地体现当事人的意志自由和权益维护。应当说，这两种类型的承包地调整所承担的制度目标是不同的。单方调整的制度目标在于尽可能地限制承包地的局部调整而实现保持土地承包关系的权利内容、权利期限等方面的稳定性，进而实现赋予农户稳定且有预期的土地承包经营权的目的；自主调整的制度目标旨在根据农户的自主意思选择实现土地承包权关系的自我调适。基于制度设计目标的不同，两种不同的承包地调整应适用不同的制度和规范设计，对当事人之间的权利义务关系也会产生效果迥异的影响。目前，承包地的自主调整并不存在疑问，但单方调整却面临诸多学理争议和实践困境。

（一）承包地调整的理论争议

改革开放以来，贯穿于我国农地制度改革过程的一条主线是，通过不断深化调整农民和土地关系的渐进式、持续性改革，实现稳定农民对土地的权利预期、激励农民安心从事农业生产的改革目标。我国为此还进行了一系列系统化的制度设计：一方面，逐步赋予农户更加稳定的土地承包经营权，通过从“债权式赋权”到“物权式赋权”的转变实现了农户土地承包经营权的切实有效赋予，并且通过不断健全土地承包经营权的行使、保障和救济机制，确保了农户土地承包经营权的有效实现；另一方面，通过两次无条件延长土地承包经营期限的方法，实现了农户土地承包期限方面的趋于稳定，实现了“有恒产者有恒心”的目标。但是，即便是付出了如此诸多的努力，保持土地承包关系稳定和承包地调整之间的矛盾在较长时期内仍旧是存在的，要在短期内彻底消除承包地调整现象是非常困难的。不容否认，承包地调整和

---

① 祝之舟：《农村土地承包关系自主调整机制的法理内涵与体系完善》，载《法学家》2021年第2期。

保持土地承包关系稳定并长久不变存在不可协调的矛盾,保持土地承包关系稳定并长久不变的基本理念与承包地调整的制度内涵存在逻辑背离。在实践中,承包地调整先后经历了“大稳定,小调整”“增人不增地,减人不减地”“严格限制调整”三个阶段,现行立法坚持“严格限制调整”的规范选择。在理论上,学者间对承包地应否调整存在激烈争议,支持调整论和反对调整论各持不同的理由。

支持调整论的主要理由在于:其一,承包地调整可以满足农民对土地的现实需求。承包地调整所要解决的是在农民集体土地所有权的基础上,集体经济组织成员对集体土地承包经营权的公平享有问题,本质上是其对集体所有土地的物权实现问题。在土地承包经营权对集体经济组织成员公平设定并作为其社会保障基础的条件下,只要集体经济组织成员行使其分配取得土地承包经营权的权利,作为发包方的集体经济组织就应当满足,即使暂时没有条件满足的,也应当在有合理条件时满足;而解决没有取得承包地的集体经济组织成员之现实需求的最直接、最简便的办法就是合理调整承包地。[①] 其二,严格限制承包地调整会增加人地矛盾。严格限制承包地调整虽然可以使土地承包经营权更趋于稳定,但由于现行法律制度所隐含的对因人口增减等原因导致的人地矛盾没有相应的应对措施,一定程度上加剧了现实中的人地占有不公的矛盾。[②] 其三,合理的、适度的承包地调整并不会影响土地承包经营权的稳定或损害农户的土地财产权益。相较而言,既然法律鼓励和允许承包地经营权的规模化流转,就应当允许承包地的适当调整。而且,相对于集体土地所有权而言,承包地调整的价值性似乎更加明显。土地承包经营权流转不会破坏土地承包关系稳定,适当的承包地调整同样也不会破坏农户的土地承包经营权稳定

---

① 参见韩松:《关于土地承包经营权调整的立法完善》,载《法学杂志》2010年第12期。

② 参见林苇:《农村承包地调整制度研究》,中国检察出版社2010年版,第46页。

或损害其土地财产权益。[①] 其四,适当的承包地调整具有扎实的社会实践基础。在全国各地农村,承包地调整已得到农户的普遍认同,事实上也一直在进行承包地调整。其五,适当的承包地调整可以缓和局部的人地矛盾冲突。虽然《民法典》等明确了土地承包经营权的期限,但这并不意味着认可了适当的承包地调整就破坏了土地承包经营权的期限效力,甚至是影响了土地承包关系的稳定性。实际上,严格法定框架内的适当承包地调整既能满足合理的用地需求,又能实现土地资源的更加有序流转,提升土地资源的利用效率,并最终实现实质意义上的土地承包关系的稳定有序。

反对调整论的主要理由在于:其一,承包地调整会影响农民对土地的稳定感和对土地的投入。[②] 因此,为了提高农村土地利用的整体效益,不仅要全面禁止任何理由下的承包地调整,而且必须严格禁止发包方与承包方之间通过合意开展承包地调整。[③] 只有这样,才能真正实现改革的预期目标和制度初衷。其二,土地承包经营权的本质属性是物权,而基于物权的稳定性,就不应允许基于发包方的单方意思或发包方与承包方的合意而频繁调整承包地。甚至有学者认为,限制承包地调整不仅包括承包期内限制调整承包地,而且在 30 年承包期期满后,也不能按农村实有人口调整土地承包关系,否则,就不是土地承包关系的延长,而是重新发包。[④] 其三,实践证明,频繁调整承包地可能会滋生基层干部腐败、损害农民集体成员利益、危害社会稳定。其四,频繁调整承包地会挫伤农户的土地权利预期、增加较大的制度成本。例如,承包地调整会影响农民与土地关系的稳定,破坏农民对土地的投资预期;承包地调整的谈判和协调成本较高;“增人不增地,

---

① 参见韩松:《关于土地承包经营权调整的立法完善》,载《法学杂志》2010 年第 12 期。

② 参见廖洪乐:《农村承包地调整》,载《中国农村观察》2003 年第 1 期。

③ 参见朱广新:《土地承包关系长久稳定的制度建构》,载《河南财经政法大学学报》2013 年第 4 期。

④ 参见黄延信:《农村土地承包经营权延续的前沿问题研究》,载《毛泽东邓小平理论研究》2019 年第 5 期。

减人不减地”的政策可能对部分增人户不公平;现行的严格限制承包调整的制度执行成本在下降,大多数农民已经接受,如果法律允许承包期内调整土地,可能带来更多负面效应。[①] 更为重要的是,频繁调整承包地不利于贯彻落实中央政策文件所坚持的“保持土地承包关系稳定并长久不变”的基本要求。自党的十七届三中全会提出“赋予农民更加充分而有保障的土地承包经营权”“土地承包关系保持稳定并长久不变”以来,中共中央、国务院的“一号文件”多次提出要“抓紧研究现有土地承包关系保持稳定并长久不变的具体实现形式,完善相关政策和法律制度”,这足以看出党和国家稳定土地承包关系的改革决心和意图。农村土地承包立法和执法当然要反映党和国家的政治目标,以真正体现以人民为中心的发展思想。

(二)承包地调整的实践困境

实证调研揭示,虽然我国现行立法采纳了严格限制承包地调整的法律和政策,但是,有关法律和政策并没有得到有效的贯彻执行和严格遵守,而是面临诸多的实践困境。这主要体现在:

其一,实践中对严格限制承包地调整的认同度不高。曾有研究发现,尽管党和国家一直在推行稳定农村土地承包关系的有关政策,而且随着政策的贯彻实施各地的承包地调整现象总体上呈现下降趋势,但仍有超过60%的农户对“土地承包期限30年不变”的政策保持保留的态度,特别是二轮承包以来,家庭人口增加的被访者以及家庭收入以非农业收入为主的被访者,都倾向于支持承包地调整。[②] 目前,这种情况在实践中仍然存在,甚至在局部地区较为普遍。从实践来看,农民对调整承包地的看法也存在较大的分歧,特别是不少农民对于“增人不增地,减人不减地”的政策存在较大的不理解。局部地区的承

---

① 参见刘守英、王佳宁:《长久不变、制度创新与农地“三权分置”》,载《改革》2017年第12期。

② 参见陶然、汪晖、黄璐:《二轮承包后的中国农村土地行政性调整——典型事实、农民反应与政策含义》,载张曙光主编:《中国制度变迁的案例研究(土地卷)》第8集,中国财政经济出版社2011年版,第207页。

包地调整问题甚至已经成为一个困扰基层改革和实践的焦点问题，不少农民乃至基层干部、法官认为这一政策脱离了农村的实际，应予修正。[①] 承包地调整制度还有其较为广泛的群众基础，“增人不增地，减人不减地”的土地政策在实践中也没有真正扎根，保持土地承包关系稳定的理想制度设计与农民对调整承包地的普遍认同产生了一定的冲突。[②] 从我们在国内多省市的调研来看，基层干部、群众中确实对现行政策和立法中的严格限制承包地调整存在一定的不理解、不认同。

其二，公平和效率的价值难以平衡。我国目前实行的“农村土地集体所有—农户承包经营”的制度在实施过程中存在公平和效率之间价值难以平衡的难题。公平的价值要求集体土地的土地承包经营权尽可能地在同一社区范围内的农户之间实现尽可能公平的分配，而效率的价值则要求尽可能给农户稳定而又有预期的权益保障。具体到承包地调整，实际上也同样面临公平和效率的两难选择。一方面，适度调整承包地有助于实现不同农户之间土地承包经营权分配的公平；另一方面，调整承包地会使农户的土地产权预期不稳定，以至于可能降低农户对土地经营的长期投资。而且，不同的农户对土地承包关系稳定的客观需求是不一致的，这就导致他们具有不同的权利诉求，这本身也是公平和效率价值难以平衡的体现。有研究指出，在多数农民不支持稳定承包权政策的情况下，要切实实现土地承包关系的长久不变确实有相当大的难度。调查发现，即使可以通过法律方式强制执行该政策，但因为土地分配不均，仍然会带来不少村民之间、村民与村委会乃至基层政府之间的矛盾和冲突。[③] 在司法实践中，对于违法调整

① 参见“农村土地问题立法研究”课题组、陈小君：《农村土地法律制度运行的现实考察——对我国10个省调查的总报告》，载《法商研究》2010年第1期。

② 参见高飞：《土地承包经营权稳定与承包地调整的冲突及其解决之道——一个社会实证的分析》，载耿卓主编：《土地法制科学》第1卷，法律出版社2017年版，第189页。

③ 参见陶然、汪晖、黄璐：《二轮承包后的中国农村土地行政性调整——典型事实、农民反应与政策含义》，载张曙光主编：《中国制度变迁的案例研究（土地卷）》第8集，中国财政经济出版社2011年版，第212页。

承包地,法院是不予支持的。即便是通过召开民主议定的方式进行调整,也不会得到法院的支持。[①]

总之,承包地调整直接关系土地承包关系的稳定、农户土地财产权益的保障、农民的权利预期和农业的可持续发展,是农地制度体系中一个至关重要的制度设计。但是,承包地单方调整具有权利行使的单向性、效力的相对强制性等特点,加之各地资源禀赋的差异性,造成了农民对承包地调整态度的迥异,这导致了承包地调整的理论争议和实践困境在短时期难以有效解决。因此,有必要深入揭示承包地调整的制度逻辑,并在此基础上做好承包地调整的规范解释。

二、承包地调整的基本逻辑

承包地调整是改革开放后,我国实行统分结合的双层经营体制才产生的新生制度安排,严格限制承包地调整是贯穿于该项改革的基本逻辑。

应当说,是否严格限制承包地调整与土地承包经营权的性质密切相关。从制度演变来看,承包地调整经历了由宽松到严格的转换过程。实行家庭联产承包责任制之初,土地承包经营权是农户依据承包合同取得的具有相对性的合同权利,呈现较强的债权属性,发包方使用行政手段或者利用土地所有权的主体地位频繁调整承包地,严重损害了土地承包经营权的稳定性,造成了一系列恶劣后果。如承包方不愿意对土地进行长期投资,导致土地肥力下降;承包地出现碎片化,不利于推行现代农业技术和机械化耕作;个别基层干部借承包地调整之机谋取私利,引发新的矛盾和纠纷,影响农村社会稳定。针对这种情

① 例如,在张某与某村集体经济组织土地承包经营权纠纷案中,法院判决认为:集体经济组织通过召开村民会议等方式作出土地承包方案调整的决定,违反《农村土地承包法》对承包权保护等法律规定,侵害承包方权益的,承包方依据原《物权法》的规定,向法院起诉请求撤销该决定的,法院应当予以支持。参见最高人民法院民事审判第一庭编:《民事审判指导与参考》2014 年第 1 辑(总第 57 辑),人民法院出版社 2014 年版,第 72 页。

况，党和国家的相关政策进行了及时回应。[①] 可见，我国目前严格限制承包地调整有其特定的历史背景。随后，党和国家的一系列政策文件基本上沿循了严格限制承包地调整的制度路线。

从我国 21 世纪初以来的立法演变过程观察，法律基本上是严格限制承包地的调整。2009 年《农村土地承包法》确立了严格限制承包地调整的规范[②]，随后的司法解释对承包地调整作了更为详细的规定，通过效力强制性规范直接否定了违反有关规定进行承包地调整的效力。[③] 2004 年《土地管理法》及其修正案确立了承包地调整的集体经济组织内部的民主决策程序和行政批准程序。[④] 原《物权法》沿袭 2009 年《农村土地承包法》，继续严格限制承包地调整。[⑤] 在 2018 年《农村土地承包法》修正过程中，关于承包地调整的争辩异常激烈，修正过程中对承包地调整的有关规范也曾有反复。基于现实生活中人地矛盾冲突的现实，《农村土地承包法修正案（草案）》初审稿和二审稿，对承包地调整作了略微松动，进而规定：在因“特殊情形矛盾突出”

---

① 中共中央、国务院《关于当前农业和农村经济发展的若干政策措施》（中发〔1993〕11 号）指出，为避免承包耕地的频繁变动，防止耕地经营规模不断被细分，提倡在承包期内实行“增人不增地，减人不减地”的办法。

② 2009 年《农村土地承包法》第 27 条规定：“承包期内，发包方不得调整承包地。承包期内，因自然灾害严重毁损承包地等特殊情形对个别农户之间承包的耕地和草地需要适当调整的，必须经本集体经济组织成员的村民会议三分之二以上成员或者三分之二以上村民代表的同意，并报乡（镇）人民政府和县级人民政府农业等行政主管部门批准。承包合同中约定不得调整的，按照其约定。”

③ 最高人民法院《关于审理涉及农村土地承包纠纷案件适用法律问题的解释》（法释〔2005〕6 号，已被修改）第 5 条规定：“承包合同中有关收回、调整承包地的约定违反农村土地承包法第二十六条、第二十七条、第三十条、第三十五条规定的，应当认定该约定无效。”2020 年 12 月修正后的该司法解释第 5 条仍维持原有规定，仅是相关条文有所变动：“承包合同中有关收回、调整承包地的约定违反农村土地承包法第二十七条、第二十八条、第三十一条规定的，应当认定该约定无效。”

④ 2004 年《土地管理法》第 14 条第 2 款规定：“在土地承包经营期限内，对个别承包经营者之间承包的土地进行适当调整的，必须经村民会议三分之二以上成员或者三分之二以上村民代表的同意，并报乡（镇）人民政府和县级人民政府农业行政主管部门批准。”

⑤ 原《物权法》第 130 条规定：“承包期内发包人不得调整承包地。因自然灾害严重毁损承包地等特殊情形，需要适当调整承包的耕地和草地的，应当依照农村土地承包法等法律规定办理。”

的情况下，可以在“坚持土地承包关系稳定、不得打乱重分”的原则基础上对个别农户之间承包的耕地和草地适当调整。① 但是，该观点也遭到强烈反对，其理由主要有：土地承包关系保持稳定并长久不变的政策必须坚决贯彻；家庭人口变动是一个经常性的状态，不能以此为理由作为调整承包地的原因；承包地调整会给“三权分置”的落实造成困难，影响土地流转各方的权利预期等。事实上，农业农村部也曾对承包地调整问题作出过解释，从具体表述来看，农业农村部对此问题亦持否定态度。② 最终，基于保持政策稳定性的考虑，2018 年《农村土地承包法》还是维持了原来规定。③ 2019 年，中共中央、国务院《关于保持土地承包关系稳定并长久不变的意见》依然坚持“保持土地承包关系稳定并长久不变”的政策精神，继续执行严格限制

---

① 其主要理由是：“实践中，对因各种特殊情形造成人地矛盾突出的问题，一些地方尊重大多数农民意愿，因地制宜，分类施策，在坚持稳定土地承包关系的基础上，妥善解决矛盾纠纷；鉴于各地情况差异较大，可以授权省、自治区、直辖市制定地方性法规具体规定。”参见全国人民代表大会宪法和法律委员会《关于〈中华人民共和国农村土地承包法修正案（草案）〉修改情况的汇报》。

② 原农业部《关于政协十二届全国委员会第五次会议第 1721 号（农业水利类 150 号）提案答复的函》（农办案〔2017〕185 号）指出：“随着时间推移和家庭人口变化，会出现农户间人均承包地占有差异。但承包期内，作为本集体经济组织成员的农户家庭成员共同享有对承包地的占有、使用、收益权利，不存在新增家庭成员无地问题。按照家庭人员变化调整承包地，既不符合国家农村土地承包法律政策，不利于保持土地承包关系的稳定，也不利于农业生产持续稳定健康发展。如果采用调整其他农户承包地的办法解决人地矛盾，农村就会无休止地调地，承包关系就很难稳定下来，就会侵害其他农户土地承包权益。因此，在承包期内，应按照《农村土地承包法》的规定，用集体经济组织依法预留的机动地、依法开垦等方式增加的土地、承包方自愿依法交回的土地等，按照公平合理的原则，分类排队，逐步解决新增人口要地问题。对确因缺地导致生活贫困的，应当将该户农民纳入农村最低生活保障和贫困救助体系，并帮助转移就业。”

③ 全国人民代表大会宪法和法律委员会《关于〈中华人民共和国农村土地承包法修正案（草案）〉审议结果的报告》指出：草案二次审议稿对现行法律有关承包地个别调整的规定作了部分修改。有的常委委员和地方、部门、专家、社会公众提出，承包地个别调整问题较为复杂、敏感，建议按照保持土地承包关系稳定并长久不变的精神恢复现行法律的规定，不作修改。宪法和法律委员会经研究认为，承包地调整问题政策性很强，多年来，中央在承包地调整问题上的政策没有变化，不久前印发的中央文件对有关精神再次作了强调。因此，建议本次修法对现行法律有关调整承包地的规定不作修改，维持现有规定不变。

承包地调整的基本政策。[①] 之后,《民法典》依然坚持了《农村土地承包法》中严格限制承包地调整的规定。[②]

那么,我国为什么要严格限制承包地调整呢?有学者认为,其原因主要有两方面:一是立法政策导向上要求长期稳定承包制,承包期内承包地的调整必然会影响土地承包经营权的稳定;二是在法理上为了稳定土地承包经营权,就要赋予土地承包经营权以物权效力,承包地的调整必然会损害土地承包经营权的物权效力。[③] 本书认为,上述观点当然有其合理性,但审视严格限制承包地调整的根源还应当在更开阔的视野中寻找答案。在全面推进乡村振兴,加快农业农村现代化的历史背景下,我国严格限制承包地调整,说明新时代深化农村改革的主线仍然是"处理好农民和土地的关系",这蕴含丰富的理论和实践逻辑。详言之,严格限制承包地调整对于切实巩固和完善农村的基本经营制度,保障农民的土地财产权益和自愿选择权利,激发乡村振兴的内生动力,保持农村社会的稳定以及乡村全面振兴和农业农村现代化目标的实现均具有积极价值。综上所述,虽然我国在立法过程中对承包地调整的态度存有争议且几经反复,但保持农村土地承包关系稳定、严格限制承包地调整的基本逻辑没有改变。

---

① 中共中央、国务院《关于保持土地承包关系稳定并长久不变的意见》规定:"农户承包地要保持稳定,发包方及其他经济组织和个人不得违法调整。""稳定土地承包关系。第二轮土地承包到期后应坚持延包原则,不得将承包地打乱重分,确保绝大多数农户原有承包地继续保持稳定。对少数存在承包地因自然灾害毁损等特殊情形且群众普遍要求调地的村组,届时可按照大稳定、小调整的原则,由农民集体民主协商,经本集体经济组织成员的村民会议三分之二以上成员或者三分之二以上村民代表同意,并报乡(镇)政府和县级政府农业等行政主管部门批准,可在个别农户间作适当调整,但要依法依规从严掌握。"

② 《民法典》第336条规定:"承包期内发包人不得调整承包地。因自然灾害严重毁损承包地等特殊情形,需要适当调整承包的耕地和草地的,应当依照农村土地承包的法律规定办理。"

③ 参见陈小君等:《农村土地问题立法研究》,经济科学出版社2012年版,第211页。

三、承包地调整的规范解释与适用

(一)承包地调整的现有规范构造

在坚持“保持土地承包关系稳定并长久不变”的价值底线基础上,《农村土地承包法》第28条和第29条、《民法典》第336条构建起了较为完善的承包地调整规范体系,主要内容包括:其一,“严守基本底线”,即以“原则上不得调整承包地”为基本原则。这一规定确保了土地承包关系的总体上保持稳定态势。其二,“局部调整仅限法定情形”,即承包地调整仅限于存在“自然灾害严重毁损承包地等特殊情形”。这一规定克服了严守基本底线的僵化性,有助于解决局部的特殊情况下造成的“人地矛盾”问题。其三,“局部调整仅限个别主体之间调整”,即“只针对个别农户之间承包的耕地和草地进行调整”。这就否定了大规模的土地调整,保持了土地在农户之间总体稳定。其四,“调整幅度局限于适当调整”,即必须坚持土地承包关系基本稳定,不得打乱重分。这就进一步强化了土地承包关系总体稳定的基本态势。其五,“调整必须严格遵守法定程序规则”,即承包地调整必须履行法定的程序要求。在民主决议规则方面,须“经本集体经济组织成员的村民会议三分之二以上成员或者三分之二以上村民代表的同意”,并“报乡(镇)人民政府和县级人民政府农业农村、林业和草原等主管部门批准”。这一严格的程序规则设计,有助于加强行政权力对成员自治权利的有效监督,防止其恣意侵犯集体经济组织成员权益。其六,“充分尊重成员自治”,即如果发包方和农户在承包合同中事先具有约定不得调整的意定情形,则应当遵守其事先约定。以上六点构成了我国现行法中有关承包地调整的现有规范构造。承包地调整规范的解释与适用需要结合上述有关承包地调整的规范构造和基本制度逻辑实施,并在廓清承包地调整的理论争议和妥当解决相关实践难题的基础上依法依策有序进行。

(二)基本遵循:承包期内发包方不得调整承包地

从我国现行法中的有关规范表达分析,立法已经将“承包期内发包方不得调整承包地”作为承包地调整的总基调和制度底线。这充分说明,立法中严格贯彻了“保持土地承包关系稳定并长久不变”的基本政策目标。“保持土地承包关系稳定并长久不变”是对我国改革开放实践以来一直采取并持续坚持的稳定农户的土地承包关系政策的延续和发展,是政策和立法中都需要持续秉持的基本价值目标,这也是对承包地调整规范进行解释适用需要秉持的基本价值根基。本书认为,理解“承包期内发包方不得调整承包地”,需要注意以下几点:

第一,坚持承包期内不得调整。为保障承包关系的稳定,在确立土地承包经营权为用益物权的基础上,我国立法对承包地实行长期承包期制度(耕地承包期为30年,草地承包期为30年至50年,林地承包期为30年至70年),而且坚持在土地承包期内原则上发包方不得对承包地进行调整。需要注意的是,党的十九大报告作出了“第二轮土地承包到期后再延长三十年”的政治承诺,这意味着第二轮土地承包到期后仍然应坚持原来承包地的自动延包原则,延包中不得将承包地打乱重分,以确保延包后绝大多数农户原有的承包地继续保持稳定不变。而且延包后,在重新确立的土地承包期内,仍然要坚持承包期内不得调整承包地的总基调。这就基本上做到了保证土地承包关系的长久不变。

第二,发包方在承包期内“不得调整承包地”并不意味着承包地绝对不能调整。此所谓“不得调整承包地”,直接针对的是发包方不得单方按照自己的意思开展承包地调整,并没有禁止土地承包双方基于意思自治对承包地进行调整。当然,承包方有合理理由,请求发包方适当调整的,只要符合有关规定,发包方可以调整。[①] 事实上,2018年《农村土地承包法》中已经认可了根据承包方的意志自愿选择的承包地调整,如互换(第33条)。承包方对承包地的调整本质上是基于其自由选择确定的,属于自主调整的范畴。对此,有观点指出,土地承包

① 参见黄薇主编:《中华人民共和国民法典物权编释义》,法律出版社2020年版,第338页。

经营权的互换、转让和自愿退出，以及土地承包经营权的协议分割、赠与等行为，其本质是农户自主发动的变更土地承包关系的自主调整行为。①

第三，“不得调整承包地”意味着应当坚持土地承包关系稳定，不得打乱重分。不得打乱重分是针对现实生活中有些地方任意改变土地承包关系的现象，为稳定土地承包关系而采取的一个具体做法，体现了对发包方发包土地权利的限制。

（三）适度缓和：适当调整的规范解释

如上文所述，制定法意义上的承包地调整指向的是发包方的单方调整。这种调整很可能会危及土地承包关系的稳定和农户的土地承包权益安全，故立法对其采纳了严格限制的规范设计。但是，这种规范设计并不完全否定承包地的适当调整。所谓适当调整，对应的是打乱重分的规模化调整。强调适当调整意味着不得打乱重分，而是应当维持绝大多数农户原有承包地的稳定不变。如何进行承包地的适当调整，需要注意以下方面。

第一，适当调整适用于极其个别的“法定特殊情形”，即“因自然灾害严重毁损承包地等特殊情形”。至于如何解释“等特殊情形”，学理上有不同观点。有学者认为：“立法上应当对合理的、必要的可以进行承包地调整的情形作出明确的列举式规定，将不得调整的原则性与必要调整的灵活性结合起来，使法律规定更加符合农村的实际。”②有学者认为，“等特殊情形”主要包括两种情形：一是部分农户的土地被征收或者被用于乡村公益设施和公益事业建设，失地农户不愿意“农转非”，不要征地补偿费用而要求继续承包土地；二是人地矛盾突出的情形。③ 但是，在制定法没有明确列举的情况下，司法实践中鲜有对

---

① 参见祝之舟：《农村土地承包关系自主调整机制的法理内涵与体系完善》，载《法学家》2021年第2期。

② 陈小君等：《农村土地问题立法研究》，经济科学出版社2012年版，第211页。

③ 参见高圣平、王天雁、吴昭军：《〈中华人民共和国农村土地承包法〉条文理解与适用》，人民法院出版社2019年版，第144~145页。

“因自然灾害严重毁损承包地”之外的其他情形进行扩张解释适用。

第二，适当调整仅适用于“个别农户之间承包的耕地和草地”的调整。首先，适当调整仅限于个别农户之间承包地的调整，这意味着不得实施打乱重分性质的规模化调整。其次，适当调整的范围仅限于耕地和草地，而不包括林地以及其他依法用于农业的土地。[①] 本书认为，既然立法上仅规定对个别农户之间承包的耕地和草地进行适当调整，就应当严格遵循文义解释，不应作扩大解释，即适当调整不适用于林地及其他依法用于农业的土地。关于调整承包地时的土地来源问题，《农村土地承包法》第 29 条作出了相关规定。[②] 这意味着，从体系上解释，如果农村集体经济组织还存有第 29 条规定的三种类型土地，首先应当用上述三种类型土地进行个别农户之间的调整；只有在没有上述类型土地的情况下，才可以动用其他农户承包的耕地和草地进行调整。[③]

第三，要严格遵循法定程序规则，即需要履行农村集体经济组织内部的民主决策程序和行政批准程序。为了保障承包方对承包地的财产权利和经济民主权利，有必要对适当调整进行程序规制。对此，《农村土地承包法》第 28 条作了明确规定。一方面，承包地调整需要经过农村集体经济组织的内部成员民主决议程序，即“必须经本集体经济组织成员的村民会议三分之二以上成员或者三分之二以上村民代表的同意”；另一方面，承包地调整要经过行政机关的批准程序，即“报乡（镇）人民政府和县级人民政府农业农村、林业和草原等主管部门批准”。这里的批准程序是“双重批准程序”，依据行政规则，在解

---

① 依据《农村土地承包法》第 2 条的规定，农村土地包括农民集体所有和国家所有依法由农民集体使用的耕地、林地、草地，以及其他依法用于农业的土地。

② 《农村土地承包法》第 29 条规定：“下列土地应当用于调整承包土地或者承包给新增人口：（一）集体经济组织依法预留的机动地；（二）通过依法开垦等方式增加的；（三）发包方依法收回和承包方依法、自愿交回的。”

③ 参见黄薇主编：《中华人民共和国民法典物权编释义》，法律出版社 2020 年版，第 339 页；高圣平、王天雁、吴昭军：《〈中华人民共和国农村土地承包法〉条文理解与适用》，人民法院出版社 2019 年版，第 150 页。

释上应当理解为:须先经乡镇政府批准,再经县级政府行政主管部门批准。

(四)以自治制约强制:尊重承包合同中的特别约定

土地承包经营权本质上是农户享有的私权,农村土地承包的制度和规范设计当然应当充分展现其私权特性。在私法上,私权最突出的特性就是权利主体可以根据意思自治决定权利的变动。集体土地所有权的本质是一种财产权,农民集体成员作为成员集体的组成部分,既是集体土地所有权的终极权利主体,也是土地承包经营权的直接权利主体,因此,应当遵循财产权的基本原理,以私权自治为理念,由作为集体土地所有权终极权利主体和土地承包经营权直接权利主体的农户自行决定其权利的运行。有学者指出:"在现行法严格限制集体组织的调地行为的背景下,集体农户的自主调地行为更应当得到尊重、保障和倡导,以促进农村土地承包关系的完善和优化。"①这一观点突出了土地承包经营权的自主调整的功能,值得赞同。同理,如果发包方和承包方在承包合同中约定承包地不得调整的,亦应遵从承包合同的约定。② 换言之,即便其具备立法中规定的法定情形、履行法定程序,也不能进行调整。这本质上是以自治限制强制,充分反映了对当事人意思自治的高度尊重。

第二节　承包地收回中的土地承包权益

发包方收回承包地,是指在承包期内,发包方基于法律规定的事由而收回土地承包经营权的制度。虽然现行立法中零散地确立了发包方收回承包地的规范体系,但是在规范体系内部依然存在诸多矛盾

① 祝之舟:《农村土地承包关系自主调整机制的法理内涵与体系完善》,载《法学家》2021年第2期。

② 依据《农村土地承包法》第28条的规定,承包合同中约定不得调整承包地的,按照其约定。

之处。甚至有学者指出,现行法中的收回承包地制度没有经过法律技术处理,游离于法律思维之外。① 我国现行法中的收回承包地制度设计充分体现了当时的社会问题,带有强烈的时代背景烙印,具有很强的政策导向性,很好地回应了社会需求,取得了明显的制度效果。但是,收回承包地制度没有很好地依据物权法的基本法理对其权利构造进行合理的制度设计,这势必影响到其与其他相关制度设计的衔接,甚至影响到其制度绩效。

一、收回承包地的内涵、政策基调与立法现状

(一)收回承包地的内涵与政策基调

根据2009年《农村土地承包法》,关于承包地收回的基本制度构造已经形成的共识有:其一,承包地收回的法律效果为土地承包经营权的向后绝对消灭;其二,承包地收回的发生时点为承包期届满之前;其三,承包地收回的客体仅限于耕地和草地;②其四,承包地收回的实施主体是集体土地所有权人。收回承包地实际上是集体土地所有权的重要权能③之一,也可以称为收回权。但是,从实践观察,2009年《农村土地承包法》第26条第3款赋予发包方在一定条件下收回承包地的权利,但该权利受到严格限制,只要"承包方全家"有一人户籍仍在本集体经济组织就无法收回承包地,这就直接导致实践中几乎没有农民集体可以依法行使该项权利。④ 简言之,承包地收回的制度意蕴

① 参见蔡立东:《论承包地收回的权利构造》,载《法商研究》2012年第3期。

② 2018年《农村土地承包法》不再有"耕地和草地"的限制,解释上也应当作适当调整。

③ 《关于完善农村土地所有权承包权经营权分置办法的意见》指出:"农民集体是土地集体所有权的权利主体,在完善'三权分置'办法过程中,要充分维护农民集体对承包地发包、调整、监督、收回等各项权能,发挥土地集体所有的优势和作用。"

④ 参见陆剑:《"二轮"承包背景下土地承包经营权制度的异化及其回归》,载《法学》2014年第3期。

在于确保“土地承包关系稳定并长久不变”政策的实施。[①] 从法理基础分析,收回承包地之所以受到如此严格的限制,根本上源于土地承包经营权的本质属性和强大的物权效力。“《物权法》对收回承包地的条件作出了严格的限定,这是所有权人受到土地承包经营权这种他物权之限制的表现,与土地承包经营权是否受到农村集体经济组织成员的身份之影响无关。”[②]正如有学者指出的,在土地所有权人设定土地承包经营权之后,从权利效力看,土地承包经营权具有限制所有权之作用,可将所有权人排除在外,效力较所有权为强,属于最具全面性的用益物权类型,不同于地役权等限制性的用益物权。所有权之“使用、收益、处分等权能或尽归他人享有,或受限制,所有权已裸体化(虚有化),徒拥其名”,其全面支配所有物之权利大为缩减,此即“所有权之虚有权化”。此时,土地承包经营权人可先于所有权人利用土地从事农林牧渔活动并获取收获物的所有权,所有权人所享有的使用权所剩无几。这也是法律规定在承包期内,发包方既不得收回承包地,又不得调整承包地的原因。[③]

《农村土地承包法》关于收回承包地制度更加强调了土地承包经营权人的利益的稳定和维护,反映了中共中央、国务院近年来的政策要求。虽然《农村土地承包法》几经变迁,但是“承包期内,发包方不得收回承包地”的基本政策基调没有变化,即承包期内原则上不得收回承包地。即便是在法律规定可以收回承包地的情形下,如果发包方没有收回也无相应的法律责任配置。这就更加强化了土地承包经营权的物权属性,弱化了集体土地所有权人的收回权能。这是因为,我国农村人多地少,大部分地区经济还比较落后,二、三产业不够发达,大多数农民一时难以实现非农就业,不得不从事农业生产,农民对土

① 参见管洪彦、孔祥智:《“三权分置”下集体土地所有权的立法表达》,载《西北农林科技大学学报(社会科学版)》2019 年第 2 期。

② 高飞:《寻找迷失的土地承包经营权制度——以农地“三权分置”政策的法律表达为线索》,载《当代法学》2018 年第 6 期。

③ 参见单平基:《“三权分置”理论反思与土地承包经营权困境的解决路径》,载《法学》2016 年第 9 期。

地的依赖性较强，在相当时间内，土地仍是农民的基本生产资料和最主要的生活保障，因此必须保持土地承包关系的长期稳定，不得随意收回承包地。①

严格限制承包地收回制度有其特定的社会背景，经历了复杂的政策变迁过程，但是土地承包关系稳定且长久不变和严格限制承包地收回的政策基调一直没有改变。20 世纪 80 年代后期开始，在实施家庭承包经营制度不久，部分村委会常利用国家赋予的这一行政权力随意改变土地承包关系，以各种名义强行收回农民的一部分承包地，然后重新以高价发包，这加重了农民负担。20 世纪 90 年代初，曾有部分基层组织以发展集体经济为名干预农户家庭生产，收回承包地，造成一些农民失去土地，严重影响了农民生活和农村社会稳定。为此，中共中央、国务院在 1993 年发布了《关于当前农业和农村经济发展的若干政策措施》，该文件重申了之前的改革政策，认为集体经营只是为家庭经营提供服务。之后，又在 1997 年发布了《关于进一步稳定和完善农村土地承包关系的通知》，这一文件明确反对以发展集体经济的名义将农民承包地收回，从而削弱和破坏农户家庭经营的现象。② 中共中央《关于做好农户承包地使用权流转工作的通知》（中发〔2001〕18 号）指出："不准收回农户的承包地搞招标承包，不准将农户的承包地收回抵顶欠款。"中共中央、国务院《关于进一步加强农村工作提高农业综合生产能力若干政策的意见》（2005 年中央一号文件）指出："针对一些地方存在的随意收回农户承包地、强迫农户流转承包地等问题，各地要对土地二轮承包政策落实情况进行全面检查，对违反法律和政策的要坚决予以纠正，并追究责任。"中共中央、国务院《关于切实加强农业基础建设进一步促进农业发展农民增收的若干意见》（2008 年中央一号文件）指出，要"严格执行土地承包期内不得调整、收回农户承包

① 参见全国人大常委会法制工作委员会民法室编：《中华人民共和国物权法：条文说明、立法理由及相关规定》，北京大学出版社 2017 年版，第 282 页。

② 参见谭秋成：《农村集体经济的特征、存在的问题及改革》，载《北京大学学报（哲学社会科学版）》2018 年第 3 期。

地的法律规定”。中共中央、国务院《关于 2009 年促进农业稳定发展农民持续增收的若干意见》(2009 年中央一号文件)指出:“抓紧修订、完善相关法律法规和政策,赋予农民更加充分而有保障的土地承包经营权,现有土地承包关系保持稳定并长久不变。……稳步开展土地承包经营权登记试点,把承包地块的面积、空间位置和权属证书落实到农户,严禁借机调整土地承包关系,坚决禁止和纠正违法收回农民承包土地的行为。”2016 年,中共中央、国务院《关于完善农村土地所有权承包权经营权分置办法的意见》指出:“要充分维护农民集体对承包地发包、调整、监督、收回等各项权能,发挥土地集体所有的优势和作用。”党的十八大以来,中央的政策文件中多次强调保持土地承包关系稳定并长久不变,进一步强调了维护土地承包关系的稳定性,这意味着严控承包地收回的政策基调没有变化。

(二)收回承包地的立法现状

《农村土地承包法》第 27 条规定:“承包期内,发包方不得收回承包地。国家保护进城农户的土地承包经营权。不得以退出土地承包经营权作为农户进城落户的条件。承包期内,承包农户进城落户的,引导支持其按照自愿有偿原则依法在本集体经济组织内转让土地承包经营权或者将承包地交回发包方,也可以鼓励其流转土地经营权。承包期内,承包方交回承包地或者发包方依法收回承包地时,承包方对其在承包地上投入而提高土地生产能力的,有权获得相应的补偿。”《民法典》第 337 条规定:“承包期内发包方不得收回承包地。法律另有规定的,依照其规定。”上述规定对收回承包地制度进行了规范设计,建构起了较为系统的承包地收回制度。

第一,确立了“保持农村土地承包关系稳定并长久不变”的总基调。这实际上是进一步通过立法形式确认了“严格限制承包地收回”的政策基调。

第二,确立了承包地收回的基本规则。具体包括以下四条规则:其一,承包期内,发包方原则上不得收回承包地。其二,进城农户的土地承包经营权仍受保护。这就是中央政策中反复强调的要保护进城农户的土地承包经营权、宅基地使用权、集体收益分配权“三权不变”，这实际上改变了2009年《农村土地承包法》中的规定。2009年《农村土地承包法》第26条第3款规定：“承包期内，承包方全家迁入设区的市，转为非农业户口的，应当将承包的耕地和草地交回发包方。承包方不交回的，发包方可以收回承包的耕地和草地。”司法实践中，法院也在部分案例中适用了该规定，典型案例为“王某荣与何某云、王某胜等农村土地承包经营权纠纷案”①。但是，从近年来的政策演变和2018年《农村土地承包法》的修正内容观察，即便出现上述农户进城落户或者是弃耕抛荒等情形，发包方仍不能收回承包地。这实际上进一步强调了承包期内不得收回承包地的基本政策导向，意味着国家进一步强化了对土地承包经营权物权属性以及农户权利的保护。其三，保护承包农户对土地投资的利益。承包期内，承包方交回承包地或者发包方依法收回承包地时，承包方对其在承包地上投入而提高土地生产能力的，有权获得相应的补偿。其四，对妇女权益的特殊保护。《农村土地承包法》一直强调对妇女承包权益的保护，非有法定情形、非经法定程序均不可收回妇女的承包地。司法实践中，法院也往往通过对法律规范的灵活解释加强对妇女的土地承包权益的保障。

第三，对违法收回承包地的禁止和惩戒措施。《农村土地承包法》第57条规定：“发包方有下列行为之一的，应当承担停止侵害、排除妨碍、消除危险、返还财产、恢复原状、赔偿损失等民事责任：（一）干涉承包方依法享有的生产经营自主权；（二）违反本法规定收回、调整承包

---

① 参见王某荣与何某云、王某胜等农村土地承包经营权纠纷案，载《最高人民法院公报》2015年第3期。法院认为，由于我国长期存在城乡二元体制，城市居民享有基本的社会保险和福利，而对农村村民而言，土地承包经营权则是农户成员的基本生活保障，农户家庭为本集体经济组织的承包方。依据2009年《农村土地承包法》第26条第3款的规定，承包期内，全家迁入设区的市，转为非农业户口的，应当将承包的耕地和草地交回发包方。可见，农业户口转为非农业户口，是丧失农村土地承包经营权的条件。因此，在土地延包之前，已将户口迁入设区的城市落户的原承包方，已属城市居民，不再属于集体经济组织的农户的成员，不再继续享有土地承包经营权。

地;(三)强迫或者阻碍承包方进行土地承包经营权的互换、转让或者土地经营权流转;(四)假借少数服从多数强迫承包方放弃或者变更土地承包经营权;(五)以划分‘口粮田’和‘责任田’等为由收回承包地搞招标承包;(六)将承包地收回抵顶欠款;(七)剥夺、侵害妇女依法享有的土地承包经营权;(八)其他侵害土地承包经营权的行为。”另外,为了避免发包方利用优势地位作出对承包方不利的约定,《农村土地承包法》对承包合同中违背承包方意愿或者违反法律、行政法规有关不得收回承包地等强制性规定的约定的效力作了否定性评价。[①] 此外,最高人民法院《关于审理涉及农村土地承包纠纷案件适用法律问题的解释》对因违法收回承包地产生的纠纷配置了更为详细的规则。[②] 司法实践中,对于承包方要求返还被发包方违法收回承包地的诉讼请求,应否适用《民法典》有关诉讼时效制度的规定?一般认为,抛开基于物权产生的原物返还请求权是否属于诉讼时效制度客体的争论,以超过诉讼时效期间为由,驳回承包方要求返还被发包方违法收回承包地的诉讼请求的做法是不妥的。[③] 对此,本书认为:一方面,基于保护农民生存保障利益的需要,对于违法收回承包地的诉讼请求不应当适用诉讼时效制度;另一方面,违法收回承包地的行为实际上是侵害集体成员土地承包经营权的行为,在违法收回的情形下,侵害状态一直存在,由此方面观之,亦不应当认定为超过诉讼时效。

---

① 《农村土地承包法》第 58 条规定:“承包合同中违背承包方意愿或者违反法律、行政法规有关不得收回、调整承包地等强制性规定的约定无效。”

② 依据最高人民法院《关于审理涉及农村土地承包纠纷案件适用法律问题的解释》(法释〔2020〕17 号)第 6 条规定,对于违法收回承包地,或者因发包方收回承包方弃耕、撂荒的承包地产生的纠纷,按照下列情形分别处理:(1)发包方未将承包地另行发包,承包方请求返还承包地的,应予支持;(2)发包方已将承包地另行发包给第三人,承包方以发包方和第三人为共同被告,请求确认其所签订的承包合同无效、返还承包地并赔偿损失的,应予支持。但是,属于承包方弃耕、撂荒情形的,对其赔偿损失的诉讼请求,不予支持。可见,承包方所请求的损失赔偿应当以当事人具有过错为原则,除非承包方能够证明第三人有过错,否则承包方的损失仅应由发包方负赔偿之责。

③ 参见辛正郁:《农村土地承包纠纷案件审判实践中的若干疑难问题》,载最高人民法院民事审判第一庭编:《民事审判指导与参考》2009 年第 1 辑,法律出版社 2009 年版。

二、收回承包地的理论争辩

无论是政策表达中还是立法中,国家都对收回承包地作出了明确的表达,而且基本上是持严控承包地收回的态度,但是学界对收回承包地的态度却存在不同。

不少学者认为,现行政策和立法中对承包地收回的态度过度强调了土地承包权的物权属性,结果导致集体土地所有权的虚化,乃至承包地权利结构的失衡。有学者指出,现行法律原则上禁止集体经济组织在承包期内收回家庭承包地,强化土地承包经营权的稳定性及物权性的做法,确实有其合理的地方,但也不免存在片面之处。[①] 有学者指出,要改变农村土地承包法等法律向土地承包经营权过度倾斜的价值取向。基于土地承包经营权的社会保障性,适当向土地承包经营权倾斜也还是可以的,但对于擅自将承包地用于非农建设、永久性损害承包地、长期抛荒承包地这样严重损害农村集体组织利益和土地公共利益的行为,不应姑息。这些行为导致土地承包合同目的落空,侵害集体土地所有权利益,损害土地公共利益,既是根本违约,也是违法侵权,应当允许农村集体组织解除或调整土地承包合同:(1)对于已不依赖承包土地生活的农户,可以解除土地承包合同,收回承包地;(2)对于依然依赖承包土地生活的农户,可以收回擅自用于非农建设、永久性损害、长期抛荒如5年以上的承包地;(3)对于农户以外的土地承包

---

① 理由主要在于:第一,土地所有权与用益物权之间应存在相互制衡的合理张力,如果过分强化土地承包经营权的权能,虚化土地所有权的权能,必将颠倒两者之间的固有逻辑,致使物权体系产生内在混乱。第二,如果将土地承包经营权强化到集体土地所有权都无法企及的绝对性,形成事实上的弱所有权、强经营权的权利构造,必然会影响集体经济组织作为发包方所应负担的义务的履行。第三,如果不适当地禁止在承包期内收回家庭承包地,必然会影响集体经济组织所应承担的土地用途管理职能的履行,致使土地合理利用目标无法实现。可见,为了使集体经济组织能够积极督促承包主体很好地履行承包义务,实现土地用途的管制,完全有必要在整合《土地管理法》《农村土地承包法》的相关规范的基础上,对土地承包经营权收回的法定条件,做如下拓展:(1)因承包方改变土地农业用途,将土地用于非农建设的。(2)因承包方给承包地造成永久性损害的。参见陈小君等:《我国农村集体经济有效实现的法律制度研究:理论奠基与制度构建》,法律出版社2016年版,第181页。

经营权人,不仅可以解除土地承包合同,收回承包地,而且还可追究其违约责任和赔偿责任。在土地承包方严重违约的前提下收回承包地是农村集体组织维护集体土地所有权的理所当然之举,对于土地承包经营权人而言,是一种法律约束力。[1] 还有学者指出,对于农户不愿意耕种或无力耕种且无法流转的承包地,集体经济组织可以收回。集体对农户在土地上从事提高肥力以及其他改善生产条件的投资做出补偿后,可以消灭该农户享有的土地承包经营权。为减少资源浪费,还可参照国有土地使用权的管理办法,集体强制收回撂荒 2 年以上的农地。[2]

可见,学界观点与政策和立法中承包地收回制度的观点形成了鲜明的对比。其根本原因在于立场的不同,政策和立法显然是基于保持土地承包关系稳定并长久不变,赋予农民稳定的土地财产权,以及承包地收回成本过大难以执行的考虑;学界更注重农地产权内部权能配置的平衡和集体土地所有权的实现,以及对严重土地违法行为惩戒的考量。客观来讲,这两者的出发点均有其根据。但是,不难发现,承包地收回制度至少存在以下缺憾:首先,对集体所有权的不当限制,使集体土地所有权的收回权能难以实现。对于以家庭承包方式获取的土地而言,农民集体所拥有的集体土地所有权的部分权能已被严格限制,而监督、管理甚至收回承包地的权能受制于交易费用过高而难以执行。[3] 但是,从所有权的应然权能和效力而言,农民集体作为农村土地所有权人理应有权对所有之土地进行管理、保护,依照法律规定和约定对承包方进行约束,在法定情形下可以收回承包地。其次,现行承包地收回制度并没有遵循严格的法律逻辑。现行法中的承包地收回制度没有经过法律技术处理,游离于法律思维之外,因此应按照土

---

① 参见孟勤国:《论新时代农村土地产权制度》,载《甘肃政法学院学报》2018 年第 1 期。

② 参见桂华:《集体所有制下的地权配置原则与制度设置——中国农村土地制度改革的反思与展望》,载《学术月刊》2017 年第 2 期。

③ 参见吴一恒、徐砾、马贤磊:《农地"三权分置"制度实施潜在风险与完善措施——基于产权配置与产权公共域视角》,载《中国农村经济》2018 年第 8 期。

地所有权及用益物权的运行逻辑，以终止权及其行使为平台对承包地收回进行权利构造。[①] 这就导致承包地收回制度实际上难以在私法体系中找到其制度根基，这势必影响承包地收回制度的科学建构与实践实现。

三、收回承包地制度的理念与法理基础

（一）理念层面：坚持利益配置均衡的理念

从集体土地所有权人的角度观察，收回承包地是集体所有权行使的体现，集体土地所有权人有权依法收回承包地，乃集体土地所有权的本质属性的反映；从土地承包经营权人的角度观察，收回承包地实质上是以"家庭承包"方式取得的土地承包经营权的消灭方式。在农地"三权分置"体制下，农民集体所有权具有私法效力，从而取得所有权的排他性。如果出现"产权冲突"，妨碍成员集体获取份额所有权，成员个体不能按份额取酬，农民集体所有权就可以通过收回成员个体对土地的直接支配权，重新获取土地的处分权，并按照效用最大化原则配置土地资源，实现对土地的最优经营。[②] 因此，集体土地所有权人有权依法收回承包地，并无实质性障碍。只是问题的重点在于，如何实现集体土地所有权人和土地承包经营权人之间利益的均衡。基于现实生活中土地承包经营权频繁受到侵害的现实状况，为实现保持土地承包关系稳定并长久不变的改革目标，现行政策与立法体系奉行了土地承包经营权人权益倾斜保护的理念。其具体表现为政策和立法中过于偏重对土地承包经营权物权地位的维护，强调对作为承包方的土地承包经营权人的权益的确认和保护，在立法中具体体现为奉行严苛的承包地收回制度。但是，这实际上造成集体土地所有权变成了一个几近空虚的权利。集体土地所有权的权能体系配置是集体土地所

---

① 参见蔡立东：《论承包地收回的权利构造》，载《法商研究》2012 年第 3 期。

② 参见李光德：《农地"三权分置"制度演进与变迁优化》，载《江汉论坛》2018 年第 11 期。

有权的内容能否得到切实实现的基础，集体土地所有权的保障机制是集体土地所有权的制度目标能否得到完整实现的保障。但是，我国农村集体土地所有权并不是完整意义上的所有权，而是受到诸多立法限制的所有权。而对集体土地所有权权能的过多限制，已经成为集体土地所有权实现的阻力。而且，集体土地所有权的保障机制同样存在缺陷，导致集体土地所有权饱受诟病，致使集体土地所有权的实现缺乏强制力保障。

政策和法律中虽然规定了集体土地所有权具有收回权能，但是该权能实际上难以落实。故为了实现集体所有制背景下农地权利体系内的利益配置均衡，在建构承包地收回制度过程中，需要坚持利益配置均衡的理念。在强化土地承包经营权物权属性和保障集体经济组织成员权益的同时，也应当注重对集体土地所有权权能的强调和完善。当承包户存在法定的严重违法行为时，发包方有权依照法定程序收回承包地。但是，该具体权能也必须严格控制在法定情形下，以确保"土地承包关系稳定并长久不变"政策的实施。总之，合理定位收回承包地制度，需要坚持利益均衡的理念，以实现集体土地所有权人权益和土地承包经营权人权益的平衡。

（二）制度层面：以终止权重构承包地收回的权利构造

如上文所述，现有承包地收回制度具有缺陷，有学者对如何克服缺陷已经进行了探讨，认为"应当按照土地所有权及用益物权的运行逻辑，重新明晰承包地收回的权利构造，以作为土地所有权人的发包方与作为用益物权人的承包方之间的权利义务关系为线索，描绘承包地收回在法律世界中的图景。借助权利构造，使承包地收回制度成为农民集体所有权的支点，并将其镶嵌到法律体系中，与其他制度相互支撑，得到来自体系的支持，凭借制度的整体性，获得发挥实效的必要条件"①。具体而言，应当改变目前权力驱动型的承包地收回的规范模式，实行权利行使型的规范模式。承包地收回的法律结构只能演绎

① 蔡立东：《论承包地收回的权利构造》，载《法商研究》2012年第3期。

为土地承包经营权因所有权人行使终止权而消灭，以终止权而非其他法律技术来构造承包地收回的法律结构最能妥帖地协调承包地收回本身所蕴含的及其可能引发的继发利益冲突。[①] 承包地收回的权利构造表现为土地承包经营权因终止权的行使而消灭。以终止权的发生事由为参照重整承包地收回的条件，除承包方丧失集体经济组织成员身份外，弃耕抛荒两年以上及承包方根本违反保护和合理利用土地法定义务，也构成承包地收回的法定事由；以规范终止权的行使为依托设定承包地收回的程序，土地承包经营权绝对消灭之法律后果的发生须以履行必要的前置程序并完成物权公示为条件。[②] 本书认为，从应然角度分析，以终止权重构承包地收回的权利构造颇具科学性，有利于实现承包地收回制度回归到法律逻辑。无论对实现法律制度的科学化、体系化建构，还是实现良好的实践效果都具有积极意义。

但是，鉴于保持土地承包关系稳定并长久不变的价值观念，以及《农村土地承包法》将其写入立法目的，并在具体制度上建构起了系统化的制度实现体系，我们有理由相信，短期内很难实现运用终止权对其进行全面的制度改造。但是，这并不影响在学理上对终止权理论进行深入的研讨。

---

① 参见王宇飞：《论我国农村承包地收回制度的权利逻辑——一个所有权与用益物权关系的分析框架》，中国政法大学出版社 2014 年版，第 62 页。

② 参见蔡立东：《论承包地收回的权利构造》，载《法商研究》2012 年第 3 期。

第七章　征收关系与继承关系中的土地承包权益

第一节　征收关系中的土地承包权益

征收标的是征收的构成要素之一，是产生征收效果的征收行为必须具备的法律要件。征收标的是私有财产权，而且应当是受到宪法保障的私有财产权。受到宪法保障的财产权范围是非常广泛的，因此，在对征收标的进行判断时，解释上应当从宽，非有正当且充分的法律政策要素的考量，原则上不得作出违法性的判断，这是现代法治国家保障私人财产权益的合法要求。土地征收标的之确立模式，解决的是土地征收中的征收标的的确定问题。该问题直接涉及土地承包经营权是否属于土地征收的标的，既关系到土地承包经营权在集体土地征收及其补偿中的地位，也关系到土地承包经营权人地位和权益的切实实现。

一、土地征收标的之确立模式

目前，我国学界对土地征收标的确定究竟采取的是“一元化模式”抑或“二元化模式”存有争议。

(一)"一元化模式"

所谓"一元化模式",是指土地征收的客体仅为集体土地所有权,因此,仅对集体土地所有权进行征收补偿,即认为我国立法上尚未确认土地承包经营权的征收,征收标的不包括土地承包经营权。其主要内涵包括以下三个方面。

1. 在目前的政策法律背景下,我国现行法上的征收对象应为集体土地所有权、房屋所有权,而不包括土地承包经营权、宅基地使用权等,即征收标的不包括他物权。理由在于:其一,我国现行法上的征收概念是以消灭被征收对象的所有权、国家原始取得所有权为内容的,并以此区别于仅仅移转标的物使用权的征用。这与美国等国家不特意区分征收和征用的模式有别。其二,《民法典》第 243 条(原《物权法》第 42 条)、第 327 条(原《物权法》第 121 条)等有关规定未将依国家权力消灭土地承包经营权作为征收的内容。其三,在被征收的集体土地所有权消灭时,以该所有权为母权的土地承包经营权消灭,这完全可以按照母权消灭、子权随之消灭的原理解释,而无须向征收制度求援。①

2.《民法典》第 338 条(原《物权法》第 132 条)规定土地承包经营权人有权获得补偿,该条作为一种原则性规定仅具有宣示作用。目前,我国法律实际上并未将土地承包经营权作为独立的征收对象,也未将其真正纳入征收补偿范围。②

3. 我国现行的征地补偿制度是单一的土地所有权征收补偿制度。现行的法律法规只是单纯强调对土地所有人的补偿,属单一的土地所有权征收补偿制度。③

不过,"一元化模式"的缺点也较为明显:其一,"一元化模式"缺

---

① 参见崔建远:《征收制度的调整及体系效应》,载《法学研究》2014 年第 4 期。

② 参见申建平:《对农村集体土地征收补偿范围的反思》,载《比较法研究》2013 年第 2 期。

③ 参见郭平:《农地征收制度的变革契机——土地承包经营权的征收补偿制度》,载《华南农业大学学报(社会科学版)》2007 年第 3 期。

乏实证法的正当性基础;其二,“一元化模式”有损集体成员权益,无法确保承包方享有话语权,致使承包方的知情权、异议权及财产权等方面的权益难以得到有效的保障;其三,“一元化模式”容易导致发包方与承包方之间的征收补偿费的分配纠纷。[①] 虽然“一元化模式”并不承认土地承包经营权是一种独立的征收标的,但是,持该种观点的学者同样认为应当加强土地承包经营权人的权益保障。

(二)“二元化模式”

“二元化模式”是指土地征收的客体不仅包括集体土地所有权,而且包括土地承包经营权等用益物权,即认为我国土地征收的标的包括土地承包经营权,主要理由有:(1)从解释论的视角分析,《民法典》第338条(原《物权法》第132条)已经确立了独立的土地承包经营权征收制度,而在此之外无另外规定土地承包经营权为独立征收标的之必要。[②] (2)从体系解释的视角分析,土地承包经营权人可以基于其用益物权请求征地补偿,且该请求权独立于土地所有人的征地补偿请求权。[③] (3)从土地承包经营权的物权性质分析,土地承包经营权作为一项独立的物权,国家在土地征收过程中必须单独征收,故应当把土地承包经营权也作为征收的客体,建立土地承包经营权的征收制度。[④] (4)从征收标的的立法意旨分析,土地承包经营权作为一项不动产权利,为了公共利益的需要,依照法律规定的权限和程序,当然可以依《民法典》第243条(原《物权法》第42条)的规定进行征收。总之,“二元化模式”基于土地承包经营权的独立用益物权地位,认为为了在征收补偿中更好地突出土地承包经营权人的地位,实现其利益的充分补偿,应当明确土地承包经营权和集体土地所有权具有同等的征收标

① 参见郭继:《土地征收补偿标准的法经济学解读——兼论〈物权法〉第42条第2款及第132条之适用》,载《法学论坛》2012年第4期。

② 参见房绍坤、王洪平:《公益征收法研究》,中国人民大学出版社2011年版,第240~241页。

③ 参见周江洪:《土地承包经营权独立补偿问题研究——以〈物权法〉与〈土地管理法〉的衔接为中心》,载《兰州大学学报(社会科学版)》2011年第5期。

④ 参见宋刚:《论土地承包经营权的征收》,载《法学杂志》2006年第2期。

的地位。“二元化模式”的优点在于，无论是其出发点还是其客观结果，对于加强土地承包经营权人的权益保障都具有积极意义。在推进农地“三权分置”改革的背景下，农户承包地上的权利结构将更加复杂，突出作为权利构造枢纽的土地承包经营权的征收标的地位，对于强化农户土地承包经营权益以及土地经营权人利益的保障具有积极意义。

二、土地承包经营相关权利人在征收补偿中的地位

土地承包经营权人和土地经营权人在征收补偿中的地位问题旨在解决不同情形下，各种征收补偿利益的归属问题至关重要。

（一）土地承包经营权人在土地征收中的地位

1. 土地承包经营权人应当认定为被征收人

被征收人是指因征收而丧失财产权之人。根据绝大多数国家宪法征收条款及单行征收立法的规定，征收标的仅限于私有财产。因而，被征收人一般仅指私有财产的权利人，如私有土地的所有人、私有房屋的所有人、土地或房屋的他项权利人等。申言之，将被征收人限于私有财产权人，是由征收的含义及性质决定的，即征收“是一种私有财产权灭失、变性（变‘私’为‘公’）的状态”。因此，公有财产的权利人原则上不得作为被征收人。由于被征收人是对征收标的享有权利或其权利因征收受到影响的人，因此，被征收人是土地征收中最为重要的当事人。①

在我国，土地征收就是指对集体所有土地的征收，而不包括对国家所有土地的征收。这表现在《民法典》第 243 条第 1 款（原《物权法》第 42 条）的规定：“为了公共利益的需要，依照法律规定的权限和程序可以征收集体所有的土地和组织、个人的房屋以及其他不动产。”该条明确将“征地”界定为“征收集体所有的土地”。一般而言，私人

---

① 参见王克稳：《论我国集体土地征收中的被征收人》，载《苏州大学学报（哲学社会科学版）》2013 年第 1 期。

财产权益被征收时，所有权人、用益物权人、担保物权人、债权人、知识产权人等都是被征收人。[①] 从广义上讲，被征收人包括征收标的物的所有人及关系人两种。通常所言的被征收人不包括关系人，因为关系人不属征收法律关系的当事人。农民集体所有的不动产等财产权益被征收时，该集体成员集体是被征收人，集体经济组织或者村民委员会不是被征收人。同时，依据《民法典》第327条、第338条的规定，土地征收的补偿主体不仅包括土地所有人，而且还包括土地承包经营权人在内的用益物权人。[②] 在征收程序中，如果将土地承包经营权人界定为被征收人，将有利于其积极参与土地征收的相关环节，表达自己的利益诉求，更好地维护自己的合法权益。[③] 我国实行土地公有制，用益物权特别是土地使用权是私人能够拥有的最重要的土地财产权，在一定意义上具有“准所有权”的地位。因而，在土地所有权被征收时，不应将用益物权人作为关系人处理，而是应将用益物权作为独立的征收标的，赋予用益物权人以被征收人的法律地位。[④]

2. 土地承包经营权互换、转让情形下的被征收人

《农村土地承包法》区分了土地承包经营权的互换、转让与土地经营权的流转。土地承包经营权的互换和转让本质上属于物权性流转，其特点表现在：仅存在于本集体经济组织内部的农户之间、标的是土地承包经营权、原承包方即退出原来的土地承包关系、效力并不采取强制登记主义而是采取登记对抗模式。在土地承包经营权互换、转让的情形下，土地承包经营权发生根本的变化，承包方发生变更，原承包关系被新的承包关系取代。因此，上述两种情形下的土地承包经营权

---

① 参见房绍坤、王洪平：《公益征收法研究》，中国人民大学出版社2011年版，第409～410页。

② 参见王利明：《〈物权法〉颁布后土地承包经营权征收中的若干法律问题》，载《法学》2009年第5期。

③ 参见王利明：《〈物权法〉颁布后土地承包经营权征收中的若干法律问题》，载《法学》2009年第5期。

④ 参见房绍坤、王洪平：《公益征收法研究》，中国人民大学出版社2011年版，第159页。

的权利主体已经发生了变化，而不发生土地经营权设定问题。那么，在上述情形下，承包地被征收后，由于原承包方已经退出承包关系，实际上是发包方与流入农户新签订了承包合同，确立了新的土地承包关系，流入方即为土地承包经营权人。因此，新的土地承包经营权人当然为被征收人。司法实践也认为，土地承包经营权被依法转让后，原承包方即退出承包关系，受让方与发包方形成新的承包关系，土地承包经营权的权利主体发生变更，受让方成为新的土地承包经营权人。土地被征收后，受让方有权享有相应的土地补偿款。[①] 例如，在朱某楼、廖某年与朱某松土地承包经营权纠纷案[②]中，法院再审认为，有效互换土地承包经营权后，互换后的承包方有权获得土地补偿款。

（二）土地经营权人在土地征收中的地位

尽管现行法对土地经营权法律属性的规定不清，理论上对土地经营权法律属性的认识也存在不同，但这并不妨碍学界对土地经营权人在征收中地位的论述。

在土地被征收的情况下，涉及的土地经营权包括两种：一是"四荒地"土地经营权；二是在流转中第三方取得的土地经营权。前者属于用益物权，其如同土地承包经营权一样可以作为征收标的，对此应无疑问；后者是土地承包经营权人为第三人设立的土地经营权，且以5年期为界限区分能否登记。本书认为，在能否成为征收标的问题上，应当以是否办理登记作为认定依据。

---

① 参见《农村土地承包经营权依法转让后土地被征收，征地补偿款是否归受让方所有》，载最高人民法院民事审判第一庭编：《民事审判指导与参考》2013年第4辑，人民法院出版社2014年版。

② 参见湖南省常德市中级人民法院（2017）湘07民再19号。法院再审后认为：双方互换土地系双方自愿行为，且已报所在村组备案，双方以互换形式的土地承包经营权流转符合《农村土地承包法》的规定，应受法律保护。双方互换土地时，朱某松一家虽已转为非农业户口，但一直居住在原居住地，其以家庭为单位所分得的承包地并未由发包方收回，仍在其名下，朱某松以在其家庭名下的宅基地与朱某楼互换，并不违反法律禁止性规定。朱某松享有该土地的承包经营权，其作为承包方，有权获得集体经济组织因该承包地被征收而分配的补偿款。

1. 已经办理土地经营权登记的土地经营权人应具有被征收人地位

《农村土地承包法》以5年期限为界限确定了两种土地经营权，且对于5年以上的土地经营权赋予登记能力（第41条）。《民法典》仅规定了5年以上的土地经营权，并明确当事人可以向登记机构申请登记；未经登记，不得对抗善意第三人（第341条）。一般认为，流转期限为5年以上的土地经营权已经具有了物权属性和物权效力。但是，如果没有登记，不具有对抗善意第三人的效力。基于此，为了更好地保障土地经营权人的权益，应当赋予已经办理登记的土地经营权人独立的被征收人地位。这样，一方面可以确保土地经营权人在征收过程中以独立的主体地位表达自己的权利诉求；另一方面，由于此时土地经营权已经登记，赋予其权利人独立的被征收人地位不会危及交易安全以及其他人的利益。因此，应当认为已经办理土地经营权登记的土地经营权人已经在征收补偿法律关系中取得类似于土地承包经营权人的地位。

2. 没有办理土地经营权登记的土地经营权人应具有征收关系人地位

征收关系人又称征收的利害关系人，是指非征收标的的直接权利主体，如在征收标的为所有权时，是除被征收土地或房屋所有权人之外的承租人等。征收关系人因征收而受有损害时，有权以自己的名义参与征收程序并作出一定的独立权利主张。[①] 虽然征收关系人的财产权并非征收直接剥夺的对象，但其权益损害却与征收的实施具有直接的因果关系。因此，有关征收关系人范围的确定，是直接关系到财产权人能否获得补偿的重要问题。

在比较法上，就征收关系人作出明确立法界定的是日本《土地收用法》。该法第8条专门就“起业人”“土地所有人”“关系人”三个概念作出了立法界定。根据该条对“关系人”的界定，依征收标的的不同，征收关系人包括以下诸多类型：其一，在以土地为征收标的时，征

① 在形式上，征收关系人类似于民事诉讼程序中的“有独立请求权的第三人”。

收关系人是指对该土地拥有地上权、永佃权、地役权、采石权、质权、抵押权、使用借贷权、租赁权或所有权以外之其他权利的权利人以及对土地上之对象具有所有权或其他权利的权利人。所谓“所有权以外之其他权利的权利人”，是指矿业权、渔业权、入渔权、入会权、先取特权、留置权等的权利人，同时也包括其他以土地物权为标的的权利人（如地上权的抵押权人），但占有人除外。其二，在以权利为征收标的时，如以地上权、永佃权、地役权、采石权、矿业权、温泉利用权以及其他土地所有权以外之权利等为标的时，征收关系人是指对该权利具有质权、抵押权、使用借贷权、租赁权或其他权利之人。其三，在以竹木、建筑物及其他土地定着物为征收标的时，征收关系人是指对该对象具有所有权以外权利之人。其四，在以土石沙砾为征收标的时，征收关系人是指对该土石沙砾所属的土地具有所有权以外权利或对该土地上之对象具有所有权以外权利之人。此外，根据日本《土地收用法》同条的规定，上述所谓土地或附属物所有权以外权利之权利人尚包括假登记权利人、已登记之买受人、已登记之查封债权人、假扣押债权人等在内。从日本《土地收用法》第 8 条规定的关系人范围可见，征收关系人的范围是非常广泛的，其范围不仅包括被征收标的物所有权人之外的其他权利人，而且还包括征收标的之权利人的权利人。如此广泛的关系人范围，相对于私有财产权的保障而言，是非常周延的。但有学者认为，若对于上述的关系人均予以保护，则于公共事业的兴办而言未免有碍，因此对征收关系人的范围应有所限定。[①] 或许正是基于该种思想，我国台湾地区的征收有关规定就采取了限缩关系人的态度。根据我国台湾地区的相关规定，就土地有地上权、永佃权、地役权、典权、抵押权、耕作权及租赁权之人为关系人；改良物（包括建筑改良物和农作改良物）的限制物权人及承租人亦为关系人；接连土地所有人因征收土地之使用致不能为从来之利用或减低其利用之效能时，亦为关系人。本书认为，就征收关系人的范围究竟应从宽确立还是从严确立，

① 参见史尚宽：《土地法原论》，台北，正中书局 1964 年版，第 473 页。

属立法政策考量与选择的问题。但立法在确立征收关系人的范围时，既不宜完全放开，亦不宜收得太紧，而是应当在公益的实现与私益的保护之间寻找一个适当的平衡点。

基于保护征收关系人权益的客观需要，本书认为，在用益物权被征收时，在该用益物权上设定抵押权的抵押权人、以该用益物权为标的的合同债权人等应为征收关系人。[①] 在农地"三权分置"制度背景下，未登记的土地经营权既可以是流转期限不满5年的土地经营权，也可以是流转期限5年以上而没有办理登记的土地经营权，这两种土地经营权都因未办理登记而缺乏对抗效力，因而将其权利人定位为征收关系人较为妥当。

三、土地征收有关费用的分配主体

（一）土地征收补偿费的分配主体

土地补偿费是对特定农民集体失去集体土地所有权的补偿。我国法上的土地补偿费不仅应包括对集体土地所有权丧失的补偿，还应包括对土地承包经营权丧失的补偿。[②] 土地补偿费的分配与集体经济组织的收益分配不同，其并不考虑集体经济组织成员对于集体经济组织的贡献大小，只要具有集体经济组织成员资格，即应当享有均等分配土地补偿费的权利。土地补偿费也与土地被征收后的地上附着物和青苗补偿费不同，它只能被分配给本集体的成员，而地上附着物和青苗补偿费是针对物的所有人和青苗的实际投入人的补偿，被补偿人可以是本集体成员，也可以是本集体成员以外的人。[③] 按现行法规定，土地补偿费应归属于特定农民集体的成员集体所有。农民集体所有

---

① 参见房绍坤、王洪平：《公益征收法研究》，中国人民大学出版社2011年版，第410页。

② 参见房绍坤、王洪平：《论土地承包经营权流转后征地补偿费的归属与分配》，载《吉林大学社会科学学报》2012年第3期。

③ 参见最高人民法院民事审判第一庭编著：《最高人民法院农村土地承包纠纷案件司法解释理解与适用》，人民法院出版社2015年版，第252～253页。

权的权利主体是本集体成员组成的成员集体，而集体成员在成员集体内部按照法律法规和自治规约对属于成员集体所有的不动产和动产共同享有自益权和共益权。基于农民集体和集体成员之间的密切关系，归属于农民集体的土地补偿费实际上归属于集体成员享有。而集体成员是土地承包经营权的权利主体，故土地补偿费最终应当分配给失去土地承包经营权的土地承包经营权人。

那么，在农地“三权分置”下，土地经营权人有无权利获得土地补偿费？持肯定意见的学者认为，对于农地的征收补偿，建议将土地补偿费以土地经营权分离期限与本轮发包期内土地承包权剩余期限的比例为标准进行分配，还应当综合考量被征农地的使用属性、年限以及经济价值等因素。[①] 也有学者持反对意见，认为土地补偿费是权利人基于其集体成员的身份且承包特定区域的土地而获得，土地经营权人无权享有。[②] 本书认为，对于已经登记的土地经营权，应按肯定说的主张将土地补偿费在土地承包经营权人和土地经营权人之间进行分配；对于未登记的土地经营权，土地经营权人虽然对集体土地享有使用、收益等权益，但其无权享有土地补偿费的分配权。此时，土地经营权人属于征收关系人，其为有权以自己的名义参与征收程序并作出一定的权利主张的第三人。另外，土地经营权人还可以通过与承包方合同约定的方式平衡其因承包地征收而失去的利益。

（二）土地征收安置补助费的分配主体

关于土地征收安置补助费的分配，《土地管理法实施条例》作了详细规定。有关请示批复对征地补偿安置费的性质也有明确态度，认为征地补偿安置费是征地单位按照国家有关规定支付给征收土地的农村集体经济组织和农民的补偿安置资金。[③] 按照现行规定及实践做

---

① 参见温世扬、吴昊：《集体土地“三权分置”的法律意蕴与制度供给》，载《华东政法大学学报》2017 年第 3 期。

② 参见彭诚信、畅冰蕾：《“三权分置”中土地经营权的立法论思考》，载《河南社会科学》2018 年第 8 期。

③ 参见财政部、国家发展改革委《关于征地补偿安置费性质的批复》(财综〔2004〕19 号)。

法,承包地被依法征收,放弃统一安置的家庭承包方,有权请求发包方给付已经收到的安置补助费。[①] 司法实践中也有判决持该种观点,认为安置补助费归属于失去土地的农村集体经济组织的内部成员,是对被征地农户丧失土地承包经营权的补偿,请求安置补助费的主体只能是家庭承包方式的承包方即农村集体经济组织的农户。[②] 这意味着,安置补助费的享有必须具备两个要件:一是必须是家庭承包的本集体经济组织的农户,非本集体经济组织的农户以及以其他方式承包土地的本集体经济组织的农户均不可以享有安置补助费;二是必须是放弃统一安置的本集体经济组织的农户。当然,这是关于"两权分离"情况下安置补助费的归属确定规则。

在农地"三权分置"下,由于家庭承包的承包方将土地经营权流转给土地经营权人,因土地的征收,土地承包经营权人(承包方)和土地经营权人都将失去土地经营和收益的权利。那么,土地经营权人是否有权分配安置补助费?这就涉及农地"三权分置"下,当承包地被征收时如何在安置补助费方面实现各方主体利益的平衡。一种观点认为,安置补助费应当由土地承包经营权人和土地经营权人共享。"承包权与经营权分置场合,安置补偿费是对以农业生产为业的土地权利人失业后的生活及再就业等费用的补偿。土地征收致使土地承包经营权人不能再获得地租性收益,经营权人亦不再可能利用土地从事农业生产,两者均可能就此失去经营收入,土地承包经营权人与经营权人应当共同享有获得安置补偿的权利。法律必须划定土地承包经营权与经营权在征收补偿费用中各自所占份额。安置补偿费用应先扣除经营权人已支付的剩余年限经营费用,再以经营权人与土地承包经营权人各自需要安置的人口为基数,按人头分配。"[③]另一种观点认为,安

---

① 参见最高人民法院《关于审理涉及农村土地承包纠纷案件适用法律问题的解释》(法释〔2020〕17号)第21条。

② 参见张某峰等诉闽侯县上街镇蔗洲村村民委员会承包地征收补偿费分配案,载曹三明主编:《土地征收补偿分配纠纷案例选编》,中国社会出版社2009年版,第16~24页。

③ 蔡立东、姜楠:《承包权与经营权分置的法构造》,载《法学研究》2015年第3期。

置补助费原则上应归属于土地承包经营权人,辅之以合同约定。“安置补助费是对以农业生产为业的土地权利人失业后的生活及再就业等费用的补偿,一般归属于土地承包经营权人。当土地承包经营权人选择不亲自耕作,而是将土地经营权流转给其他民事主体时,那么土地经营权人正是以农地耕作为业而且其收入受到征收影响的相对方,可以向土地承包经营权人主张因征收导致无法继续作业的补偿。在此情形下,应当尊重当事人意思自治,可以协商决定征收的补偿费用;如果不能达成一致,土地经营权人有权依据《合同法》的公平原则请求土地承包经营权人对其损失进行补偿。”①

本书认为,安置补助费原则上应当仅限于本集体经济组织的农户及其成员享有。安置补助费是国家征收集体土地后,安置被征地单位由于征地造成的多余劳动力的补偿费用,通过支付安置补助费,保障以土地为主要生产资料和生活来源的失地农户的基本生活。因此,安置补助费具有很强的人身性,其只能作为本集体经济组织内部的农户及其成员失地的生活保障。而土地经营权的设立在于使土地经营权人获得对承包地一定期限的经营权,土地经营权人往往是不依赖于承包地生活的农业经营主体。因此,土地经营权人不应获得安置补助费。

(三)地上附着物及青苗补偿费的分配主体

地上附着物补偿费是对被征收农民土地上的建筑物、构筑物,如房屋、水井、道路、管线等的拆迁和恢复费,以及被征收土地上林木的补偿或者砍伐费等。青苗补偿费是对被征收土地上生长的农作物,如水稻、小麦、玉米等造成的损失所给予的一次性经济补偿费用。上述费用用于补偿对土地进行投入的人因其对土地进行投入而遭受的损失。依据《土地管理法实施条例》第 32 条第 2 款的规定,地上附着物及青苗补偿费归地上附着物及青苗的所有者所有。最高人民法院《关于审理涉及农村土地承包纠纷案件适用法律问题的解释》(法释

① 彭诚信、畅冰蕾:《“三权分置”中土地经营权的立法论思考》,载《河南社会科学》2018 年第 8 期。

〔2020〕17 号)第 20 条对承包地被依法征收的地上附着物和青苗的补偿费的所有权主体区分土地经营权是否流转而作了不同规定:在土地经营权没有流转的情况下,承包方有权请求享有地上附着物和青苗的补偿费的所有权;在承包方已经将土地经营权流转的情况下,除当事人另有约定外,青苗补偿费归实际投入人所有,地上附着物补偿费归附着物所有人所有。因此,一般而言,土地承包经营权人投入土地的,就补偿给土地承包经营权人;土地流转给他人进行耕种的,就补偿给土地使用权人。

上述规定均是“两权分离”背景下的立法规范。那么,如何确定农地“三权分置”下地上附着物及青苗补偿费的所有权主体?有学者基于现行立法的规定认为,在农地“三权分置”下,土地被征收时,地上附着物及青苗补偿费应归各自的所有人所有。① 也有学者指出,当承包地被征收时,土地经营权人可以获得合理补偿。地上附着物和青苗补偿费,可以由当事人协商约定,或者分别归附着物所有人和青苗的实际投入人所有。②

本书认为,在农地“三权分置”下,依然应坚持现行立法规定,即附着物及青苗补偿费原则上归其所有权人所有,当事人另有约定的遵其约定。这是因为,征收时受到损害的应是被征收物的所有权人,非所有权人因对地上附着物和农作物不享有所有权,并不会因征收受到损失,不应享有补偿请求权。依该原则,如果地上附着物由原土地承包经营权人修建,在土地流转时土地经营权人仅依约定取得附着物使用权,则附着物补偿费归原土地承包经营权人所有;如果土地流转时地上附着物的所有权发生变动,由土地经营权人取得所有权,则附着物补偿费归土地经营权人所有。地上农作物的所有权主体一般为土地的实际耕种者,因此,青苗补偿费应归属于实际耕种土地的人,也即土

---

① 参见蔡立东、姜楠:《承包权与经营权分置的法构造》,载《法学研究》2015 年第 3 期。

② 参见彭诚信、畅冰蕾:《“三权分置”中土地经营权的立法论思考》,载《河南社会科学》2018 年第 8 期。

地未流转的，归属于土地承包经营权人；土地流转设定土地经营权的，归属于土地经营权人。

第二节　继承关系中的土地承包权益

在农地“三权分置”背景下，土地经营权是一种脱离了身份属性的财产权利，依其性质是可以继承的。但是，土地承包经营权作为一种用益物权能否继承，理论与实践上都存在很多争议，形成了诸多学术观点，实践做法也不尽一致。本书认为，土地承包经营权继承问题是一个关系到农民的财产权利能否得到充分赋予和切实保障的重要问题，需要深入探讨。

一、土地承包经营权继承的运行现状及学术争辩

（一）土地承包经营权继承的运行现状

对于土地承包经营权继承的实际运行状况，可以从现行立法和司法裁判中获知。

土地承包经营权继承的相关立法主要体现于《农村土地承包法》、《民法典》以及相关司法解释中。《农村土地承包法》对土地承包经营权能否继承没有作出明确规定，仅是规定“承包收益”可以继承（第 32 条）。最高人民法院《关于审理涉及农村土地承包纠纷案件适用法律问题的解释》（法释〔2020〕17 号）第 1 条中规定，对于承包经营权继承纠纷和土地经营权继承纠纷，人民法院应当依法受理；第 23 条规定，林地家庭承包中，承包方的继承人请求在承包期内继续承包的，应予支持；其他方式承包中，承包方的继承人或者权利义务承受者请求在承包期内继续承包的，应予支持。该条虽然使用的是“继续承包”的表述，但其位于“土地征收补偿费用分配及土地承包经营权继承纠纷的处理”标题之下，这表明所谓“继续承包”也就是继承。但对于家庭承包中的耕地、草

地的土地承包经营权能否继承,则未置可否。最高人民法院《关于适用〈中华人民共和国民法典〉继承编的解释(一)》第 2 条规定:“承包方死亡时尚未取得承包收益的,可以将死者生前对承包所投入的资金和所付出的劳动及其增值和孳息,由发包单位或者接续承包合同的人合理折价、补偿。其价额作为遗产。”

我们在“中国裁判文书网”中以民事案由“用益物权纠纷—土地承包经营权纠纷—土地承包经营权继承纠纷”为检索路径,并附加“判决书”作为检索条件,检索出一百三十余个各级人民法院的判决书。通过对这些判决书的阅读和整理,基本上可以直观地展现土地承包经营权继承纠纷处理的司法现状。综观现行立法及司法判决的观点,有关土地承包经营权继承问题及其态度可以概括为如下几种:其一,“以家庭承包方式取得的土地承包经营权的权利主体及其可继承问题”。司法判决中法院普遍认为,以家庭承包方式取得的土地承包经营权的权利主体是农户,而不是农户的成员或者集体经济组织成员。因此,部分家庭成员死亡但家庭仍在的情况下,不发生继承问题;在所有家庭成员死亡或均不在本集体生活的情况下,家庭消灭,土地承包经营权应当由村集体收回。[①] 由于现行立法没有确认以家庭承包方式取得的土地承包经营权的可继承性,故司法实践中的判决多认为以家庭承包方式取得的土地承包经营权不属于遗产[②],并以此作为否定其可继承性的依据。其二,“林地承包经营权的继承问题”。关于林地承包经营权的继承问题,司法实践中普遍认为,林地承包的承包方死亡,其继承人可以在承包期内继续承包。但是,林地承包的承包方死亡,其继承人继续承包的前提是需要在承包期内,如果不在承包期内则不符合条件。[③] 当然,对于“继续承包”是否等同于继承,司法实践中亦存有异议。其三,“以家庭承包方式

① 典型的判决有:河南省宜阳县人民法院民事判决书,(2016)豫 0327 民初 2520 号;广西壮族自治区贺州市中级人民法院民事判决书,(2015)贺民一终字第 203 号。

② 典型的判决有:辽宁省沈阳市中级人民法院民事判决书,(2016)辽 01 民终 12580 号;江苏省南通市中级人民法院民事判决书,(2015)通中民终字第 03020 号;河北省邢台市中级人民法院民事判决书,(2013)邢民四终字第 613 号。

③ 参见湖南省怀化市中级人民法院民事判决书,(2014)怀中民一终字第 222 号。

取得的土地承包经营权的承包收益”和“以其他方式取得的土地承包经营权”的继承问题。因《农村土地承包法》及其相关司法解释对上述两问题的态度比较清晰，司法实践中对承包收益和其他方式取得的土地承包经营权的可继承性基本无争议。

此外，值得提及的是，在原《物权法》制定过程中，就土地承包经营权继承问题曾发生过重大争论，但因无法达成共识，而没有作出实质性规定。① 针对原《物权法》对土地承包经营权继承问题的制度缺失，有学者作了如下解释：“《物权法》摈弃了《农村土地承包法》对土地承包经营权的继承做出特别规定的做法，此举在解释论上意味着《物权法》事实上承认，土地承包经营权像其他物权一样是一种可以继承的私权，无必要再为其设立特别规则。”②这种观点从解释论的视角另辟蹊径，试图在维持现行法律制度不变、节约立法成本的前提下实现土地承包经营权继承的解释论塑造，似乎是一条非常好的路径。但是，该观点并没有得到司法机关的积极响应，司法实践中仍然对家庭承包方式取得的土地承包经营权采取了禁止继承的态度。此外，《最高人民法院公报》2009 年第 12 期刊登的李某祥诉李某梅继承权纠纷案，作为该领域的典型案例，对土地承包经营权继承中涉及的核心问题进行了详细的阐释③，充分展现了我国最高司法机关对土地承包经营权继承问题的基本司法态度，对后续的司法实践产生了重大影响。有学者甚至认为，该案作为解构土地承包经营权继承的典型案例，促使法官

---

① 参见尹田：《物权法》，北京大学出版社 2013 年版，第 402 页。

② 参见朱广新：《论土地承包经营权的主体、期限和继承》，载《吉林大学社会科学学报》2014 年第 4 期。

③ 该案判决书裁判要旨如下：(1)家庭承包方式的土地承包经营权属于农户家庭，而不属于家庭成员。(2)农村土地承包经营权不属于个人财产，不发生继承问题。(3)除林地外的家庭承包，当承包农地的农户家庭中的一人或几人死亡，承包经营仍然是以户为单位，承包地仍由该农户的其他家庭成员继续承包经营；当承包经营农户家庭的成员全部死亡，由于承包经营权的取得是以集体成员权为基础，该土地承包经营权归于消灭，不能由该农户家庭成员的继承人继续承包经营，更不能作为该农户家庭成员的遗产处理。

见解在全国趋于统一。[①]

总之,我国现行立法在土地承包经营权继承问题上,贯彻了强烈的管制性立法政策;在制度设计上,区分不同方式取得的土地承包经营权、区分土地承包经营权继承和承包收益继承,并在上述区分基础上采取了截然不同的法律规制模式。而对于林地承包经营权和"四荒"地上存在的土地经营权,则在充分考虑其特殊性的基础上采取了相对宽容的立法和司法态度。然而,不无疑惑的是,《农村土地承包法》以及《民法典》在土地承包经营权继承问题上没有作出任何变化和调整。可以推知,立法机关对土地承包经营权继承问题的态度并没有作出相应改变。本书认为,目前的立法政策和规制模式选择固然有利于土地承包经营权社会保障功能的实现,但这也将导致土地承包经营权难以成为期限上长久且权能上完整的私法财产权利,导致土地承包经营权难以像其他私法财产权利一样自由流转,影响土地承包经营权中所蕴含的财产价值的释放,进而制约农民财产权利的切实实现与有效保障。司法实践中,法院判决基本上完整地、忠实地采纳了立法中有关土地承包经营权继承的观点。但是,土地承包经营权继承立法与司法观点的一致并不代表法律制度设计和司法裁判就具有必然妥当性。表面上观察,现行立法观点和司法观点实现了完美的契合,但司法实践与立法规定貌似和谐的背后却潜伏着不容忽视的逻辑失调和价值背离。例如,立法和司法实践中普遍否定土地承包经营权的可继承性,这是否与中央政策文件中一直强调的"稳定农户的土地承包经营权""保持土地承包关系长久不变"相矛盾?如何解释土地承包经营权的普遍不可继承性与其本质属性是独立的用益物权之间的矛盾?本书认为,土地承包经营权继承问题的解决,尚需在揭示出问题根源的基础上提出具有科学性和逻辑自洽性的解决方案。

---

① 参见陈会广、陈真:《论土地承包经营权的继承——基于李维祥诉李格梅继承权纠纷案的分析》,载《南京农业大学学报(社会科学版)》2015 年第 1 期。

（二）土地承包经营权继承的学术争辩

目前，针对土地承包经营权继承问题主要存在否定说、肯定说和辩证分析说三种代表性观点。

其一，否定说。该观点多强调土地承包经营权取得上的集体成员身份性及其承担的社会保障性功能，认为土地承包经营权的权利主体是农户。农户在，土地承包经营权则在；农户不在，土地承包经营权则原则上收回，进而认为以家庭承包方式取得的土地承包经营权不能继承。否定说的核心依据是土地承包经营权具有福利性和社会保障功能，并与现行立法和司法裁判保持了高度一致，属于典型的现实主义立场。但是，该观点并不否认随着城乡二元体制差异的消亡，未来的土地承包经营权成为纯粹财产性权利时可以作为遗产继承。[①]

其二，肯定说。该观点认为，土地承包经营权能否继承，关键在于对土地承包经营权是否具有流通性的认识。因流通性是财产权的典型本质特征之一，现行立法已经承认土地承包经营权是一种独立的用益物权，作为财产权类型的土地承包经营权当然可以继承。[②] 肯定说还认为，承认土地承包经营权可以继承，能够保持相关法律体系统一、减少条文矛盾与冲突，也是维护农民利益、顺应继承法和土地制度发展趋势的选择。[③] 肯定说的另一个重要论证依据是：因身份而取得土地承包经营权，只是决定了什么人可以取得该权利，并不意味着该权利不能流转。[④]

其三，辩证分析说。该观点认为，土地承包经营权继承的否定说和肯定说均有其论证根据，并能够实现逻辑自洽，但二者观点迥异的根本原因是其所基于的制度体系和知识体系存在差异：否定说以当前

---

① 参见刘保玉、李运扬：《农村土地承包经营权的继承问题探析》，载《北方法学》2014年第2期。

② 参见郭明瑞：《关于农村土地权利的几个问题》，载《法学论坛》2010年第1期。

③ 参见刘凯湘：《论农村土地承包经营权的可继承性》，载《北方法学》2014年第2期。

④ 参见温世扬：《农地流转：困境与出路》，载《法商研究》2014年第2期。

的农村集体经济组织形式及其运作机制为中心,而肯定说以现行法及其实施机制为中心。辩证分析说将农村集体经济组织上的继承机制称为“概括继承”,进而指出,土地承包经营权继承机制的有效建构,必须以适用于农村集体经济组织法与财产法的协调统一为前提。实现土地承包经营权继承机制完备化的具体措施,就是将土地承包经营权继承置于民法体系下的继承法机制中。[①] 在组织法与财产法结合的基础上,可以为土地承包经营权继承建立一个有效的利益平衡机制。这种观点捕捉到了农村集体经济组织法中的“概括继承”和民事财产法中的私人财产继承制度在制度理念、制度构造和规范设计方面的差异,拓展了对土地承包经营权继承认识的广度和深度,对于建构科学的土地承包经营权继承制度具有积极参考价值。

可见,土地承包经营权继承问题,尤其是以家庭承包方式取得的土地承包经营权继承问题,目前在学界尚未形成共识,否定说、肯定说和辩证分析说都有其立论根据。否定说较多地强调了以家庭承包方式取得的土地承包经营权所具有的福利性和承担的社会保障功能。同时,还强调了农村集体经济组织成员的封闭性,认为以家庭承包方式取得的土地承包经营权原则上应在本集体经济组织成员内部流转。否定说以我国现行立法为解释基础,获得了实务界几近一致的支持。肯定说强调土地承包经营权是法律明定的用益物权,其在本质属性上属于财产权,而财产权具有可流通性,土地承包经营权当然就应当具有继承性。此外,肯定说还认为,土地承包经营权取得上的身份性并不影响其流通性,承认土地承包经营权的可继承性符合国家对土地承包经营权“长久不变”政策等。目前,肯定说获得了较多法学领域学者的支持。辩证分析说提供了一个新的论证视角,而且对土地承包经营权继承制度设计提供了颇具操作性的方案,虽然学界对此观点做出反应者较少,但其关注问题的视角值得重视。本书认为,实现土地承包

---

① 参见陈甦:《土地承包经营权继承机制及其阐释辨证》,载《清华法学》2016 年第 3 期。

经营权继承问题的破冰，需要关注如下几个问题：制约土地承包经营权继承的根源是什么？土地承包经营权取得上的身份性是否影响其流通性？土地承包经营权继承应采纳何种立法模式？土地承包经营权继承的建构需要秉持何种立法理念？如何在理念更新基础上构建起各方利益冲突的协调机制？农地"三权分置"改革的背景下如何对土地承包经营权继承展开理性分析和制度建构？如何在确认土地承包经营权可继承性的基础上从立法上建构起科学且系统的土地承包经营权继承制度？

二、土地承包经营权继承制度的理念更新和视角转变

（一）土地承包经营权继承制度的理念更新

本书认为，在土地承包经营权继承问题上，应当突破制约原有理念的束缚，树立如下两种新的理念。

其一，坚持城乡一体化的发展理念。中华人民共和国成立以来，受国内外多种复杂因素的影响，我国通过一系列分割城乡的政策和法律制度安排，形成了颇具中国特色的城乡二元社会结构。在城乡二元社会结构下，农民与市民具有不平等的社会地位。"城乡分割的二元的社会结构中，城市和市民享有各种特定权利和利益，而农村和农民则丧失了一系列基本的平等权利和利益。"①城乡二元结构在法律上的一个突出表现就是农民享有的私法财产权利的不完整性。在当前农村土地改革中，中央及国务院的政策文件中多次阐明土地承包经营权、宅基地使用权、集体收益分配权是我国农民享有的三大财产权利，并且反复强调要保障农民享有的这三大财产权利。但是，从法律视角观察，农民所享有的三大财产权利均在权能方面存在残缺性，严重制约了农民财产权利的实现。从现行法的规定来看，土地承包经营权、宅基地使用权的财产权属性并没有得到充分释放，在流转方面均受到多种限制。如以家庭承包方式取得的土地承包经营权不能够继承，宅

---

① 参见张英洪：《农民权利研究：农民权利论》，中央编译出版社2014年版，第32页。

基地使用权不能对本集体成员以外的人转让、不能脱离房屋单独继承等。可见,受城乡二元社会结构的影响,相较于城市市民,农民享有的财产权利事实上难以实现。近年来,中央和国务院颁布的政策文件中已经对革除城乡二元结构,实现城乡融合发展作出了顶层设计与宏观部署。例如,2013 年中共中央《关于全面深化改革若干重大问题的决定》指出:"城乡二元结构是制约城乡发展一体化的主要障碍。"2014 年中共中央、国务院《关于全面深化农村改革加快推进农业现代化的若干意见》(2014 年中央一号文件)指出:"赋予农民对落实到户的集体资产股份占有、收益、有偿退出及抵押、担保、继承权。"2016 年中共中央、国务院《关于完善产权保护制度依法保护产权的意见》指出:"落实承包地、宅基地、集体经营性建设用地的用益物权,赋予农民更多财产权利,增加农民财产收益。"2016 年中共中央、国务院《关于稳步推进农村集体产权制度改革的意见》指出:"组织实施好赋予农民对集体资产股份占有、收益、有偿退出及抵押、担保、继承权改革试点","指导农村集体经济组织制定农民持有集体资产股份继承的办法"。党的十九大报告进一步指出:"建立健全城乡融合发展体制机制和政策体系","保持土地承包关系稳定并长久不变","保障农民财产权益"。2017 年 12 月召开的中央农村工作会议指出:"重塑城乡关系,走城乡融合发展之路","破除一切束缚农民手脚的不合理限制和歧视"。中共中央、国务院《关于实施乡村振兴战略的意见》(2018 年中央一号文件)再一次指出:要"坚持城乡融合发展","维护进城落户农民土地承包权、宅基地使用权、集体收益分配权,引导进城落户农民依法自愿有偿转让上述权益"。因此,推进土地承包经营权继承制度改革,亟须充分理解和落实中央政策文件中的要求,应当在城乡一体化发展理念的指引下,走城乡融合发展之路,彻底革除城乡二元结构对农民财产权利造成的消极影响。

其二,在立法中科学贯彻家长主义理念。家长主义是立法中积极干预模式的类型,是为了保护某些人的利益而对特定人的行为或者权利实施的干预。在立法中,家长主义理念具体体现为家长主义干预模式。西方国家的学者将其称为法律家长主义,其核心特征是为了保护行为人的利益而干预行为人的行为。[①] 表面上观察,家长主义干预模式与大力发展市场经济以及强调市场在资源配置中起决定性作用的发展理念是相冲突的。但实际上,家长主义干预模式不是一种简单粗暴的法律干预模式,是有其正当性的。但是,如果不遵循严格的实体规则和程序规则,家长主义的干预模式也容易导致以家长主义之名侵害弱势群体的权益和自由。本书认为,在我国的涉农立法中存在较为浓厚的家长主义理念,存在对农民的权益和行为进行不合理、不公平限制的情形。当然,我国涉农立法中的家长主义的理论基础并不一定是西方国家的法律家长主义,而是我国长期实施的计划经济体制浸染的结果,本质上属于计划经济体制遗留的反映。其主要体现有:(1)过于强调土地承包经营权取得上的福利性和肩负的社会保障性功能,而对能够充分反映土地承包经营权财产权属性的流转、继承等权能进行过度限制;(2)对宅基地使用权的流转、继承给予过多的不当限制;(3)对集体成员的集体收益分配权过于强调其身份性而抑制其财产权属性,导致集体收益分配权的流转性受到较多障碍。过多的制度性限制是农民财产权利贫困的重要因素之一,结果加剧了农民在政治、经济、社会等其他方面权利贫困。"由于一些正式制度和非正式制度的限制和歧视,致使政治、经济、文化、社会等各种类型的权利普遍存在虚化或缺失的现象,并由此进一步加剧了其他方面的贫困。"[②]本书认为,农民财产权利的贫困与立法中的过度家长主义理念的贯彻不无关系。因此,未来在立法中应当做到:保护农民的财产权利应当建立在尊重农民意志和给农民充分赋权的基础之上,放心配置给农民充分的财产权利。应当看到,当今之中国,农民总体上处于弱势群体,这是现实国情。但是,农民之所以弱势,并不是农民自身造成的,更不是其自愿选择的,而是由复杂的政治、经济、社会、文化等因素综合造成的。

---

① 参见黄文艺:《作为一种法律干预模式的家长主义》,载《法学研究》2010年第5期。

② 参见赵万一:《中国农民权利的制度重构及其实现途径》,载《中国法学》2012年第3期。

我们不应当忘记近现代历史上农民曾为中国的革命建设、改革开放以及城市的发展与繁荣做出过巨大的牺牲和贡献，而应当尽快通过科学立法和理性司法补齐农民财产权利残缺的短板。《乡村振兴促进法》的颁布已经吹响了乡村振兴战略的号角，借助于乡村振兴战略的推进，应当赋予农民实质平等地位，赋予农民更充分、更真实的财产权利，并通过一系列配套制度保障其实现。在现实生活中，尤其要防范打着保护农民财产权益的幌子，实施侵害农民财产权益的不当干预行为。总之，保障农民财产权益应当充分赋权和切实保障其实现，而不是通过限制农民权益的方式来实现，这是最基本的常识。立法中科学贯彻家长主义理念，关键是要处理好"市场之手"和"政府之手"的关系，协调好市场和公权力在资源配置中的角色，确保农民的独立市场主体地位。"应当承认农民之经济理性与判断选择能力，承认市场对农地资源配置的作用，更多地通过市场来实现对农地流转的调整，要敢于让农民走入市场，从市场竞争中成长和获利。"①如前所述，法律的家长主义干预模式有其正当性，其正当性理由主要有当事人同意、风险规避、经济效率、分配正义、基本人权保障等。当前乃至未来，在农民财产权利的赋予、行使和保障方面进行适当干预都是有必要的。但是，要确保干预要有正当性，干预要有规则、有尺度。同样，土地承包经营权继承的制度设计与立法也要遵循上述适当干预规则，防止过度干预损害农民的权益。当前，应当深刻理解并把握中央深化农村改革的精神，全面梳理现行立法中有关土地承包经营权继承的过度干预的条款，建构起科学、公平的制度体系。

（二）土地承包经营权继承制度的视角转变

目前，对土地承包经营权继承问题的立论基础，或基于集体经济组织法的视角，或基于财产法的视角，结果导致学界各说各论，难以达成一致意见。② 事实上，任何单一视角的观察和评判都是片面的，无论

---

① 参见温世扬：《农地流转：困境与出路》，载《法商研究》2014 年第 2 期。

② 参见陈甦：《土地承包经营权继承机制及其阐释辨证》，载《清华法学》2016 年第 3 期。

是对土地承包经营权继承规范的解释还是立法制度建构,都应当进行全面的视角转变。

1. 区分农村集体经济组织法上的“概括继承”与财产法上的土地承包经营权继承

农村集体经济组织是由人民公社时期的人民公社、生产大队、生产队建制经过一系列改革和改造形成的具有中国特色的社会主义性质的经济组织,实践中多以股份经济合作社的形式存在。农民集体是农村各类集体资产的所有权主体,而农村集体经济组织是农村集体资产的代表行使主体。无论是农民集体取得集体资产的所有权,还是农民取得集体经济组织成员权,其根据均不主要是基于私法上的法律行为。从现实来看,农民集体拥有的资产主要包括三类:资源性资产、经营性资产和非经营性资产。从历史视角观察,集体资产的取得主要是基于公权力的作用以及自然的、历史的延续机制,实质上是特定农民集体的资产在不同代际之间完成的“概括继承”机制。该种“概括继承”呈现如下特点:(1)“概括继承”基于集体成员身份而产生,而非存在继承法中的特定关系;(2)“概括继承”不作份额的区分,不需要履行特定仪式或程序;(3)“概括继承”的财产具有广泛性,以总有的权利形态实现代际传递;(4)“概括继承”所依据的是习惯法。[①] 本书认为,为了清晰展现集体资产的传递过程,用“概括继承”指代集体资产在不同时期的成员集体之间的代际传递未尝不可,但从本质属性上来讲,“概括继承”并非属于私法意义上的继承范畴。“概括继承”实际上展现了集体资产借助于集体成员的世代更替在不同时期的同一集体经济组织内部实现的“抽象代际传递”。之所以称为“抽象代际传递”,是因为“概括继承”关注的焦点不是集体成员个体的财产传递,而是作为集体成员构成的成员集体的财产传递。所以“概括继承”本身不是私法意义上的继承,而是一定时期内集体资产在不同代际的成员集体之间实现“抽象代际传递”的一种抽象表达。而集体成员财产

---

① 参见陈甦:《土地承包经营权继承机制及其阐释辨证》,载《清华法学》2016 年第 3 期。

的继承,在本质上属于财产法意义上的继承。集体成员基于其成员身份享有成员权,并通过行使成员权进而取得土地承包经营权、宅基地使用权、集体收益分配权等财产权利。因为上述财产权利是基于成员权的行使而取得的,所以不可避免地在取得方面具有身份性,典型表现就是取得上述财产权利需要具备集体成员资格。而判断一个自然人是否属于特定集体的成员主要不是基于法律行为,而是基于自然出生等自然因素。尽管如此,集体成员一旦取得上述财产权利,这些财产权利便具有了独立的财产权地位,不再具有身份性。相应地,集体成员享有的上述财产权利就应当根据财产权的基本规则进行流转、继承等。总之,集体经济组织法意义上的"概括继承"与财产法意义上的继承具有本质差别,在立法上应当配置不同的规范设计,在解释上应当对二者作出明确区分。从目前有关土地承包经营权继承讨论的观点分析,论者并没有清晰区分集体经济组织法中的"概括继承"和财产法上的私人财产的继承,封闭的论域和模糊的概念体系导致论战中的任何一方似乎均有其充分的论据,却又无法说服对方。因此,对农村集体经济组织法上的"概括继承"和财产法上的土地承包经营权继承作出区分,应当是问题讨论的基本逻辑前提。

2. 建构符合私法属性的土地承包经营权继承制度

首先,应当充分认识目前的土地承包经营权制度存在制度缺陷。中华人民共和国成立以来,经过社会主义改造等一系列改革和人民公社制度、家庭联产承包责任制等一系列制度变迁,我国形成了具有中国特色的土地承包经营权制度。但是,目前的土地承包经营权制度是在特定社会历史背景下多种因素交互作用与各方利益博弈基础上形成的制度体系。土地承包经营权制度存在的突出问题是制度功能超载和法律权能缺失并存,其不仅未能拥有所有权那样完整的权能体系,甚至作为独立的用益物权也存在明显的权能缺失。[①] 这在土地承

① 参见赵万一、汪青松:《土地承包经营权的功能转型及权能实现——基于农村社会管理创新的视角》,载《法学研究》2014 年第 1 期。

包经营权继承制度中体现得尤为突出。在现行制度体系中,土地承包经营权不能作为一种独立的财产权继承,这导致其财产权属性大打折扣,造成农民财产性收入锐减,加剧了农民的权利贫困。同时,土地承包经营权不能继承意味着农民在死亡前无法通过遗嘱、遗赠等方式对其财产权进行处分,从而限制了农民对其财产的自由处分空间。

其次,中央以及国务院政策文件中已经表明了土地承包经营权制度的改革趋向。目前,农地"三权分置"和"保持土地承包关系长久不变"是我国农地制度改革的核心内容。"长久不变"是"三权分置"有效实现的前提和基础,而"三权分置"的有效实现有助于巩固"长久不变"的制度基础。[①] "长久不变"意味着土地承包关系更加稳固,农户将取得更加安全的用益物权,有助于实现"有恒产者有恒心"的价值追求。农地"三权分置"的关键在于放活土地经营权,促使土地承包经营权中的权能得到充分释放,这意味着土地经营权的流转将更加频繁和便捷。本书认为,"长久不变"意味着农民取得的土地承包经营权是一种稳固的财产权,甚至具有接近于所有权的性质,意味着土地承包经营权将具有更加丰富的权能,甚至土地承包经营权作为一种独立的用益物权可以在继承人与被继承人之间实现代际转移。如果土地承包经营权在集体经济组织成员的不同代际之间实现继承,则既释放了权利的权能又延长了权利的期限,实现了土地承包经营权的全方位立体化扩张,从而土地承包经营权继承制度就会成为落实稳定土地承包关系,实现土地承包关系的"长久不变"的重要制度设计。正如有学者言,农村土地承包关系要真正"长久不变"就必然涉及继承问题;如果不能继承,农村土地承包关系"长久不变"就成为一纸空文。[②]

最后,现行政策允许农民对持有的集体资产股份继承已经释放了其他涉农产权改革的信号。《关于全面深化改革若干重大问题的

---

① 参见朱道林等:《"三权分置"与"长久不变"的关联》,载《改革》2017年第10期。

② 参见李圣军:《农村土地承包关系长久不变的实现形式》,载《江汉学术》2017年第1期。

决定》《关于稳步推进农村集体产权制度改革的意见》等文件已经允许农民对集体资产股份享有继承权。目前,浙江省德清县、浙江省宁波市、四川省成都市等地已经开始探索集体资产股份继承制度;宁波市江东区赋予农民对集体资产股份继承权,具体按照继承法的规定办理,并要求办理公证手续。[①] 本书认为,这一改革措施对其他涉农产权改革具有重要的引导作用。此外,目前我国有关主管部门的规范性文件[②]以及司法实践[③]已经承认城镇户籍人员可以以继承房屋的方式继承取得房屋占用范围内宅基地的权利,并可以依法登记。随着农村集体产权改革的进一步推进,农民享有的其他财产权益未来也必将会允许在集体成员代际之间继承,未来对土地承包经营权继承的限制一定会随着全面深化改革的深入而逐步消除。总之,我国目前的土地承包经营权制度存在固有缺陷,应当在充分研究现有制度缺陷的基础上,准确把握现行政策所透露的改革信号,建构全面反映土地承包经营权的用益物权属性以及符合私法属性的土地承包经营权继承制度。

三、财产法上的土地承包经营权的可继承性分析

(一)财产法上的土地承包经营权的可继承性根据

以家庭承包方式取得的土地承包经营权是否具有可继承性,这是土地承包经营权继承制度建构的前置问题。本书认为,未来立法中应

---

① 参见方志权:《农村集体产权制度改革理论和模式选择研究》,载《科学发展》2017年第4期。

② 原国土资源部、中央农村工作领导小组办公室、财政部、原农业部《关于农村集体土地确权登记发证的若干意见》(国土资发〔2011〕178号)规定:“非本农民集体成员的农村或城镇居民,因继承房屋占用农村宅基地的,可按规定登记发证,在《集体土地使用证》记事栏应注记‘该权利人为本农民集体原成员住宅的合法继承人’。”自然资源部2020年9月9日对十三届全国人大三次会议第3226号建议作出如下答复:“农民的宅基地使用权可以依法由城镇户籍的子女继承并办理不动产登记。”

③ 参见薛某田诉忻州市忻府区人民政府土地行政登记案,山西省忻州市中级人民法院(2012)忻中行终字第31号行政诉讼判决书。

当平等地赋予土地承包经营权以继承权能,使土地承包经营权成为权能完整且期限长久的真正意义上的财产权。确认和保障土地承包经营权的可继承性,是增加农民财产性收入、切实保障农民财产权利的需要,是充分释放土地中蕴含的财产价值的需要,也是缩小城乡发展差距、实现城乡融合发展的需要。具体而言,土地承包经营权的可继承性根据在于:

第一,符合土地承包经营权的本质属性。物权法早已确认土地承包经营权是独立的用益物权类型,而用益物权作为财产权的一种,具有流通性乃其本质属性使然。基于产权保护和私有财产的状况,对遗产的规定应坚持"凡私有财产均可为遗产"的观念。①在土地承包经营权已经是用益物权的基础上,将其纳入遗产范围理所当然。

第二,有利于克服现有法律制度和规范体系之间的抵牾。根据现行政策的规定,宅基地使用权(以继承房屋的形式)、股份化的集体收益股权都可以作为遗产进行继承,唯独作为农民安身立命之本的土地承包经营权却不具有可继承性,这自然会导致法律制度体系内部的冲突,更严重的是将会导致不公平现象的发生。故对农民享有的三大财产权利,在可继承性方面不应当区别对待,应当平等地确认土地承包经营权也具有可继承性。

第三,有利于建构丰满的土地承包经营权的权能体系。土地承包经营权权能的残缺性一直饱受学界诟病,实践中也造成了一系列严重后果,导致土地承包经营权担负的社会功能难以实现。有学者指出:"要对土地承包经营权加以扩权,农户获得的承包权应当是一个完整的承包权,除已有的使用权、收益权和流转权以外,还应赋予抵押、继承、转让权等。"②因此,从土地承包经营权自身权能的丰富和完善的角度分析,也应当赋予土地承包经营权以继承权能。

---

① 参见郭明瑞:《论继承法修订应考虑的因素》,载《四川大学学报(哲学社会科学版)》2018年第1期。

② 刘守英、王佳宁:《长久不变、制度创新与农地"三权分置"》,载《改革》2017年第12期。

第四,可以给农民更加稳定的财产权预期,实现"有恒产者有恒心"的价值追求。科学的财产权制度设计应当给农民稳定的财产预期。"可继承性是现代财产权的一项重要属性,继承人主要是与被继承人具有血亲、姻亲关系的近亲属,承认财产的可继承性,可以极大地提高承包方保有、利用土地的信心与预期。"[①]当农户的所有集体成员死亡时,目前实行的是由所在村集体收回土地承包经营权的做法,该做法不仅不利于贯彻落实我国关于"土地承包关系长久不变"政策的实施,影响了农民的财产预期和农民创造财富、积累财富的积极性,进而影响了社会总体财富的创造与积累。而且集体内部土地承包经营权收回后的再次分配和调整需要付出较大的协调成本,可能诱发村社内部的矛盾,危及农村社会稳定。

第五,土地承包经营权取得上的身份性并不代表其流转、继承时也具有身份性。民事权利取得与民事权利移转是两个不同的法律事实,适用不同的规范调整。正如继承权是基于特定亲属身份取得的财产权,但法律并没有因继承权的行使而取得近亲属的财产所呈现的身份性,进而对自然人通过继承取得的财产权进行权能限制。因此,财产权取得上的身份性不应当成为其流转性、继承性方面的限制的正当性理由。否则,势必会使所取得的财产权的权能和价值受到限制和贬损。

第六,有利于实现农地的经济绩效。财产权制度的设计应当充分考虑其经济绩效及其可能产生的激励机制。限制土地承包经营权继承阻碍了土地的要素市场化和资本化,损害了部分农民获取最高土地租金的权利,降低了土地资源的配置效率。[②] 有学者对土地承包经营权的可继承性以及否定可继承性的正负面经济效应进行了研究,认为否定土地承包经营权的可继承性会对土地经济绩效的实现产生负面

---

① 朱广新:《土地承包关系长久稳定的制度建构》,载《河南财经政法大学学报》2013年第4期。

② 参见郭忠兴等:《完善土地承包经营权权能的路径研究》,载《南京农业大学学报(社会科学版)》2010年第2期。

效应,而肯定则会给农民产生稳定预期,产生农地稳定效应,对土地的长期投资具有激励效应。[①] 该种观点从制度经济学的视角对土地承包经营权的可继承性进行了论证,颇具合理性。

此外,对土地承包经营权可继承性的可能负面效果也不必过于担心。首先,继承取得的土地承包经营权是用益物权,是在一定期限内存在的物权。当土地承包经营权到期时,发包方可以依法或者依承包合同收回土地。其次,继承人通过继承取得土地承包经营权后同样受到土地用途管制的约束,不得任意改变土地用途。故立法上承认土地承包经营权的继承不是洪水猛兽,不必过于担心其负面效果,并不会当然导致农地非农化。最后,随着乡村振兴战略的推进,城乡融合发展步伐的加快,农村社会保障体系的健全,土地承包经营权所担负的社会保障功能正在逐步分解和淡化,土地承包经营权的财产权功能必将得到更加充分的释放。总之,确认和保障土地承包经营权的可继承性具有明显的制度优势,其负面效果远非想象中那么巨大。

(二)农地“三权分置”下土地承包经营权的可继承性

目前,农地“三权分置”改革已经进入全面推进阶段。首先应当廓清的一个基本问题是:推行“三权分置”改革并不意味着“两权分离”的彻底消失。农民自己从事农业生产经营时,其享有的仍是完整意义上的土地承包经营权,农地上的权利结构仍然是“两权分离”的状态。在农民自愿流转土地经营权的情况下,农地上的权利结构则呈现“三权分置”的状态。农地“三权分置”和“两权分离”应当是并行关系,即便是在国家全面推进“三权分置”政策的背景下,“两权分离”的情形仍旧会在较长时期内、较大范围内存在。因此,即便是推进“三权分置”改革,土地承包经营权继承问题仍旧存在,探讨土地承包经营权继承问题仍有必要性。相较于“两权分离”状态,“三权分置”下的农地权利体系与结构都发生了变化。在“三权分置”政策背景下,土地承包

---

① 参见汪洋:《土地承包经营权继承问题研究——对现行规范的法构造阐释与法政策考量》,载《清华法学》2014 年第 4 期。

经营权分置为承包权和经营权，土地承包经营权的继承问题就转变为：承包权能否继承？经营权能否继承？在“三权分置”的情况下，土地经营权已经变成一个没有身份属性的财产权利，对其可继承性问题学界几无异议。“在承包权与经营权分置场合，由于经营权的取得主体不限于农户，同时该权利脱离了身份属性的限制，完全可以作为继承权的客体。”①但是，对于承包权是否可以继承问题则存在不少争议，主要有如下观点：其一，肯定说，认为应当赋予承包权继承权能，理由是权利取得的身份性和权利的流转性是两回事，在城乡二元户籍制度取消的背景下，肯定承包权的可继承性是对承包权权能的丰富，是对农民财产的更大保护；②允许土地承包经营权继承会增加承包权的权能，彰显承包权人保留承包权的重要性。③ 其二，否定说，认为农户承包权承担的是社会保障和非财产性功能，对其继承性应当予以否认。④ 其三，分阶段对待说，认为承包权能否继承应当分阶段讨论。在当前历史条件下，经营权可以流转，但承包权不能流转。当土地确权和城镇化进程基本完成，中国社会保障制度健全完善之后，土地承包权可以流转。⑤

本书认为，理论上对承包权的可继承性存在争议的关键问题在于对承包权性质的误解，即不少学者认为农地“三权分置”中的承包权属于成员权，具有人身专属性。但事实上，“三权分置”中的承包权与集体成员权中的承包请求权具有本质区别。⑥ 依据《关于完善农村土地所有权承包权经营权分置办法的意见》的精神，在“三权分置”下，土

---

① 蔡立东、姜楠：《承包权与经营权分置的法构造》，载《法学研究》2015 年第 3 期。

② 参见潘俊：《新型农地产权权能构造——基于农村土地所有权、承包权和经营权的权利体系》，载《求实》2015 年第 3 期。

③ 参见高海：《农用地“三权分置”研究》，法律出版社 2017 年版，第 172 页。

④ 参见徐迪锋：《“三权分置”背景下农户承包权继承问题微探》，载刘云生主编：《中国不动产法研究》（总第 15 卷第 1 辑），法律出版社 2017 年版，第 208 页。

⑤ 参见张守夫、张少停：《“三权分置”下农村土地承包权制度改革的战略思考》，载《农业经济问题》2017 年第 2 期。

⑥ 参见管洪彦、孔祥智：《“三权分置”中的承包权边界与立法表达》，载《改革》2017 年第 12 期。

地经营权和土地承包经营权属于派生关系，土地经营权是从土地承包经营权中分离出去的权利形态。经营权分离后所剩余的承包权实际上为受到经营权限制的土地承包经营权，故政策文件中的承包权本质上仍属于土地承包经营权，仍属于用益物权。既然“三权分置”下的农户承包权本质仍属于用益物权，只不过是受到经营权限制的土地承包经营权，那么其当然应当具有可继承性，具体理由已如上述。而且在“三权分置”背景下，承认土地承包经营权（农户承包权）的可继承性，对于保障土地经营权的权益也有积极意义。土地承包经营权人死亡后，继承人通过继承取得受到土地经营权限制的土地承包权，土地经营权不因原承包方的死亡而发生任何变化。此外，确认农户承包权的可继承性还有利于保持土地经营权的稳定性，进而实现激活土地经营权的改革目标。

四、土地承包经营权继承的制度重构

（一）明确集体成员是土地承包经营权的权利主体

以家庭承包方式取得的土地承包经营权的权利主体是农户还是集体经济组织成员？对此，学者多认为土地承包经营权的权利主体是农户，司法实践中也采纳该观点。其主要理由在于：(1)我国的土地承包是以户为单位进行的，承包合同由户的代表与发包方签订，权属证书亦按照户制作并颁发；(2)承包方是农户可以解决无民事行为能力人、限制民事行为能力人的签订承包合同问题；(3)农村的传统信用基础是建立在家庭信用的基础上，一般认为农户才是交易活动的主体。[①]此外，以农户为单位可以减少土地承包经营合同的缔约、履行和监督成本，亦可以防止土地过分细化和零碎化，在一定程度上可以促进农地的规模经营。[②] 同时，农户作为土地承包经营权的权利主体能够对

---

① 参见丁关良：《土地承包经营权基本问题研究》，浙江大学出版社 2007 年版，第 154 页。

② 参见王立争：《农户主体地位的法政策学辨思》，载《中南大学学报（社会科学版）》2015 年第 2 期。

家庭成员起到一定社会保障作用。如此看来,农户作为土地承包经营权的承包方主要是基于提升效率和安全的考虑。

但是,认为农户是以家庭承包方式取得的土地承包经营权的权利主体,却是导致土地承包经营权继承产生障碍的主要原因。其蕴含的内在逻辑是:既然农户是土地承包经营权的权利主体,农户往往由若干集体成员组成,当农户部分成员死亡时,作为集体成员组织的农户仍旧存在,故仍由其他成员继续承包,不发生继承问题。对这一观点,已有学者提出了质疑。有学者指出,现行法针对承包经营权主体的界定多元而散乱。有时规定为集体经济组织内的成员,有时规定为集体经济组织内的农户,有时又统称为土地承包经营权人,立法者的思维犹疑或自相矛盾可见一斑。因此,应当采纳成员而摒弃农户来界定家庭承包地承包经营权的主体地位,理由在于:(1)农户的民事主体地位难以确定会对户内成员的权益产生遮蔽效应,不利于人地矛盾的缓解;(2)承包户对家庭内弱势成员的保障作用的法律依据是亲属法上的义务,而非户的社会保障作用。[①] 还有学者从解释论视角出发,认为土地承包经营权的主体应解释为农村集体经济组织的成员,农户并非土地承包经营权的真正主体。[②]

本书认为,应当明确集体成员是以家庭承包方式取得的土地承包经营权的权利主体。

首先,以家庭承包方式取得的土地承包经营权的主体仅限于集体成员。土地承包经营权虽然是以农户为单位进行承包的,但这并不影响集体成员是土地承包经营权的权利主体。根据现行法律的规定,土地承包经营权的发包方是作为集体土地的所有权主体的农民集体,农民集体是由一定范围内集体成员组成的成员集体。集体成员基于其集体成员身份,通过针对农民集体行使请求承包集体土地的成员权而

---

① 参见陈小君:《论民法典编纂背景下农地私法体系的逻辑自洽性》,载耿卓主编:《土地法制科学》第1卷,法律出版社2017年版,第41页。

② 参见刘敏:《土地承包经营权继承的解释论——兼评〈最高人民法院公报〉所载“李维祥诉李格梅继承权案”》,载《政治与法律》2014年第11期。

取得土地承包经营权。可见,土地承包经营权是集体成员行使集体成员权的结果。同时,以农户为单位进行土地承包经营,并不代表农户就是权利主体。虽然《农村土地承包法》第 16 条第 1 款规定,“家庭承包的承包方是本集体经济组织的农户”,但这并不意味着农户就是权利主体。以家庭承包方式取得的土地承包经营权以农户为单位承包,但承包取得的权利最终还是要落到集体成员身上。事实上,家庭承包只是一种农业经营方式,与权利主体无关,集体成员才是土地承包经营权的终极权利主体。值得关注的是,《农村土地承包法》在总结各地土地承包经营权确权颁证经验的基础上,明确规定土地承包经营权权属证书上应当将全部的家庭成员列入(第 24 条第 2 款),这实际上是确认了集体成员是土地承包经营权的权利主体。明确集体成员的土地承包经营权权利主体地位,有利于土地承包经营权的权利主体清晰,有利于土地承包经营权的流转、继承,更有利于集体成员权益的实现和保障。

其次,继承是自然人死亡时将其遗产移转他人所有的财产转移制度,即继承法中的被继承人应当是自然人。如果认为以家庭承包方式取得土地承包经营权的权利主体是农户,这就会与继承法中的被继承人是自然人产生冲突。而且据此观点就会得出土地承包经营权根本无法继承。故为了维持规范之间的协调性,应当明确集体成员是以家庭承包方式取得的土地承包经营权的权利主体。

最后,从《民法典》的体系定位来看,农村土地承包户仍然置于自然人一章中,这说明农户的组织性非常弱,根本不足以作为一个独立的民事主体,其本质上仍然属于自然人的特殊形式。而如果在立法中直接确认作为自然人的集体成员是以家庭承包方式取得的土地承包经营权的权利主体,就会在很大程度上降低土地承包经营权继承的阻力。

(二)取消继承人必须属于本集体成员的身份限制

鉴于目前土地承包经营权的取得具有集体成员的身份性限制,立法者认为，具有本集体经济组织成员身份是继承土地承包经营权的前提条件，司法实践中也基本持该观点。对此问题，学界观点不一。有学者认为，土地承包经营权继承中的继承人的范围应依照法律有关继承人范围的确定，不受其他任何限制。① 也有学者认为，应当分阶段进行，在初始分配时按保障需求平等配置土地承包经营权，在流转阶段依照市场规则和私权理念促进土地承包经营权的自由移转，不再限定继承人范围。②

本书认为，上述问题的本质是土地承包经营权继承中的继承人是否必须具有本集体经济组织成员资格？目前，我国立法中缺乏统一的集体经济组织成员资格认定标准，实践中一般以“户籍”作为认定成员资格的形式标准，以“是否获得其他替代性基本生活保障”为认定集体成员资格的实质标准。③ 据此，已经取得稳定的城市社会保障体系的继承人（如公务员、事业单位工作人员、国企职工等）已经不再属于集体成员，失去了集体成员的身份当然也就不能作为土地承包经营权的继承人。但这种认识和做法欠缺充分的合理性依据。国务院《关于进一步推进户籍制度改革的意见》等政策文件早已经明确，现阶段不得以退出土地承包经营权、宅基地使用权、集体收益分配权作为农民进城落户的条件。因此，限制乃至剥夺已经在城市取得社会保障而不再具有集体成员身份人的权利不符合党和政府的政策文件精神。

（三）完善土地承包经营权继承的配套制度

土地承包经营权继承关系多方主体的利益，影响深化农村改革的

---

① 参见程宗璋：《关于农村土地承包经营权继承的若干问题》，载《中国农村经济》2002 年第 7 期。

② 参见汪洋：《土地承包经营权继承问题研究——对现行规范的法构造阐释与法政策考量》，载《清华法学》2014 年第 4 期。

③ 值得关注的是，中共中央、国务院《关于稳步推进农村集体产权制度改革的意见》对集体成员身份认定作出了新的政策指引，指出：“依据有关法律法规，按照尊重历史、兼顾现实、程序规范、群众认可的原则，统筹考虑户籍关系、农村土地承包关系、对集体积累的贡献等因素，协调平衡各方利益，做好农村集体经济组织成员身份确认工作，解决成员边界不清的问题。”

效果以及农村社会稳定。为此,应当建构土地承包经营权继承的配套制度设计。

1. 建构继承取得的土地承包经营权到期后的处理制度

继承取得土地承包经营权到期后能否自动续期,即继承人通过继承取得的土地承包经营权到期后是否能够自动延续取得土地承包经营权,对此,现有法律规范缺乏规定,也未发现有相关司法裁判,学界也鲜有探讨。

本书认为,继承人通过继承取得土地承包经营权到期后并不能自动续期。

首先,从用益物权的性质而言,土地承包经营权虽然从性质上属于物权,但其属于定限物权、有期物权,因此,通过继承取得的土地承包经营权当然也是有期限限制的。原则上讲,肯定了土地承包经营权的可继承性,继承人也应当在其存续期限内享有权利。在土地承包经营权期限届满的情况下,土地承包经营权即消灭,这也就意味着继承人取得的土地承包经营权随之消灭。土地承包经营权消灭后,一方面,在继承人是本集体经济组织成员的情况下,继承人本身可以基于集体成员身份再次通过家庭承包方式取得土地承包经营权,也可以通过其他方式取得土地承包经营权。另一方面,在继承人不是本集体成员的情况下,依据《农村土地承包法》的有关规定,继承人此时事实上已经失去通过家庭承包方式承包集体土地的权利,而只能通过其他方式取得土地经营权。这是因为,以家庭承包方式取得土地承包经营权的必须是本集体成员,肯定家庭承包方式取得的土地承包经营权具有可继承性,并不必然代表继承人在土地承包经营权到期后可以与其他集体成员一样以家庭承包方式取得土地承包经营权。虽然我国现行政策多次申明要保持土地承包关系长久不变,并承诺第二轮土地承包到期后再延长 30 年。但是继承人通过继承取得的土地承包经营权无论是在期限上还是在到期后的再次取得上,均不应当优于本集体的其他成员。

其次,从坚持农村土地集体所有权的根本地位考虑,继承取得的土地承包经营权到期后也不应当自动续期。农民集体是集体土地的所有权主体,其对集体土地享有发包权能,发包权能是集体土地所有权的核心权能之一。故继承人取得的土地承包经营权到期后,继承人的权利原则上即宣告终止,至于是否能够续期关键要看农民集体如何行使其发包权。

最后,从利益平衡方面考虑,继承取得的土地承包经营权到期后也不应当自动续期。肯定家庭承包方式取得的土地承包经营权的可继承性已经充分考虑了继承人的利益,而且继承人在土地承包经营权的期限内还可以对土地经营权进行依法流转。土地承包经营权继承制度的设计同样必须充分考虑到农民集体的意志和利益以及其他集体成员利益。农民集体是集体土地的所有权人,集体土地上存在的他物权到期后,究竟是否应当续期,应当在充分尊重农民集体意志和利益的基础上作出取舍,而不能单纯地从继承人的私权保护角度考虑问题。而且如果允许继承人取得土地承包经营权到期后自动续期,会导致继承人特别是本集体成员以外的继承人享有优先于本集体成员权利的结果,这势必会无期限地挤压本集体其他成员的利益。

2. 明确土地承包经营权继承的遗产分割方法

科学的遗产分割方法有助于实现效率价值。"一般而言,财产单独所有比共同所有的利用效率要高。制度安排应当尽可能让遗产归个人所有。"[①]通常来讲,遗产分割方法有实物分割、变价分割和折价分割三种常见方法。那么土地承包经营权继承中宜采用何种遗产分割方式呢?

本书认为,在土地承包经营权继承过程中,对土地承包经营权的分割方法应当考虑如下因素:其一,应当遵守继承人的意思自治。意思自治原则在遗产继承领域仍有其充分的适用空间,以继承方式取得土地承包经营权仍属于私法上财产权的取得方式,对于继承人意志应当给予充分尊重,故首先应当由各个继承人协商确定遗产分割方法。

① 参见房绍坤:《关于修订继承法的三点建议》,载《法学论坛》2013 年第 2 期。

其二,应当有利于发挥土地的使用价值,尽可能防止或减少土地碎片化。我国农村集体土地主要实行家庭承包的经营方式,这实际上是一种小农经营模式,容易导致土地碎片化而影响农业现代化的推进。因此,对土地承包经营权的分割应当在尊重农民意愿的基础上,尽可能按照有利于开展适度规模经营的政策导向确定分割方法。其三,应当严格遵守国家的土地用途管制。承认土地承包经营权的可继承性,并不意味着国家有关农地管制的规定不再有适用空间。在土地承包经营权继承过程中,遗产分割方法的设计同样应当遵守土地的用途管制等法律规范。其四,遗产分割方法还应当有利于开展农业生产经营。

综合衡量上述因素,对于土地承包经营权继承的遗产分割方法,应当结合具体情况采用如下方法:首先,在裁判分割的情况下,原则上不应当采用实物分割的方法,即对被继承人的土地承包经营权再分割成若干部分,这将会进一步加剧土地碎片化,增加规模经营的难度,难以提升农业科技化水平。但在协议分割的情况下,若继承人明确表示愿意实物分割,原则上应当尊重继承人的意思。其次,如果继承人都不愿意取得土地承包经营权,可以将土地承包经营权流转,对流转所得价款进行变价分割。最后,如果部分继承人愿意取得土地承包经营权,可以采取对其他继承人进行折价补偿的方法进行分割。

3. 建立和完善继承人取得的土地承包经营权有偿退出制度

土地承包经营权有偿退出是指农户家庭在依法、自愿、有偿原则下,放弃基于集体成员身份而享有的承包和经营集体农地的权利,并获得合理补偿的制度。[①] 当继承人继承土地承包经营权后,对土地承包经营权的使用收益,通常存在以下情形:其一,当继承人愿意继续从事农业生产经营时当然可以自己开展生产经营,这通常发生在继承人仍从事农业生产经营的情况下。其二,继承人不愿意自己开展经营

---

① 参见董欢:《农地承包经营权有偿退出的现实合理性及可行性分析——基于农业转型、新型城镇化和乡村治理视角的考察》,载《复旦学报(社会科学版)》2017年第4期。

时,可以将土地经营权进行流转。其三,继承人没有能力从事农业生产经营或不愿意从事农业生产经营时,又不愿意对经营权进行流转的,可通过建立土地承包经营权有偿退出制度为继承人提供一个选择。这可以达到既不损害继承人权益又可以使土地经营权再次回到农民集体手中的效果。而且在该种情形下由于继承人多是非农业人口,并不以农业生产经营作为社会保障基础,通常不会产生社会保障危机。因此,为了更好地建构完善的土地承包经营权继承制度,建立和完善继承人取得的土地承包经营权有偿退出制度是非常有必要的。

第三编

土地经营权益实现机制的路径选择

第八章　土地经营权投资入社和入股

第一节　土地经营权投资入社

2017年12月27日由第十二届全国人大常委会第三十一次会议修订的《农民专业合作社法》第13条明确规定农民专业合作社成员可以用土地经营权等财产作价出资，从而使土地经营权投资入社从政策层面进入法律层面，有了明确的现行法依据和执行规则。然而，该法针对土地经营权入社问题的规定仍显粗糙，规则上似乎未能充分体现土地经营权这种投资客体自身的属性及农民专业合作社这种经济组织不同于合伙企业和商事公司的潜在特质。为此，本章将剖析《农民专业合作社法》的相关规定，在结合实践调研资料的基础上为农地"三权分置"下的土地经营权入社的法律规则提出完善意见。

一、农民专业合作社的法律定位与土地经营权流转中股权化的主要方式

（一）农民专业合作社的法律定位

合作社是一类不同于商事公司与合伙企业的生

产经营组织，其不仅具有对外从事经营行为的能力，在内部与外部关系上也表现出较强的合作性和互助性特征。纵观《农民专业合作社法》的规定，可以发现立法者大量地借鉴乃至照搬了《公司法》的相关规定[①]，但又作出了与其不完全相同的制度设计，使合作社在许多方面表现出双重性的特征。这主要体现在以下方面：

其一，农民专业合作社性质上的双重性。从合作社的外部关系来看，合作社本身是投资者进行商事投资、组织生产经营的一种手段，合作社通过资本的循环运营实现盈利并将其分配给投资者，其经营活动具有计划性、反复性和不间断性。这一点与其他商事主体并无二致，体现出鲜明的营利性特征。[②] 从合作社的内部关系来看，合作社又体现出较强的合作性和人合性。如合作社普通表决权实行"头数主义"而非"资本多数决"原则，合作社的盈余分配主要实行按交易额分配而非按劳分配或按出资份额分配，合作社成员的入社、退社需取得会员大会表决通过等，这均是合作社"人合性"的体现。

其二，合作社财产上的双重性。《民法典》已明确将合作社归类为不同于营利法人和非营利法人的特殊法人，除适用特殊法人一节的特

① 如《农民专业合作社法》第13条规定："农民专业合作社成员可以用货币出资，也可以用实物、知识产权、土地经营权、林权等可以用货币估价并可以依法转让的非货币财产，以及章程规定的其他方式作价出资；但是，法律、行政法规规定不得作为出资的财产除外。"这里规定的非货币财产出资条件与《公司法》的规定基本一致。当然，该条也规定了"章程规定的其他方式"，但"其他方式"具体包括哪些，如劳务、信用、特许经营权等为公司法所禁止的出资方式是否涵盖于其中，还是值得进一步研究的问题。值得注意的是，《农民专业合作社示范章程》第43条对出资标的作了限制，即"不得以劳务、信用、自然人姓名、商誉、特许经营权或者设定担保的财产等作价出资"。这种规定能否切实反映合作社的特点和实践的需求，还有待检验。例如，就不得以设定担保的财产作价出资来讲，在物权法上，设定担保的财产并非完全丧失流通性，只不过受制于担保物权人利益的保护需取得其同意或者另行提供担保。况且不得以设定担保的财产出资但出资后合作社经营过程中依旧可以设定担保，无论对合作社的资本信用维持还是债权人的利益保护都很难说有多大的实际意义。退一步来讲，示范章程仅具有示范性，合作社成员大会仍可针对本合作社的不同情况在章程中对此作出不同的规定。

② 《农民专业合作社法》第55条规定了合作社破产的法律适用，即"农民专业合作社破产适用企业破产法的有关规定"。依此，可以窥见立法者对合作社营利性的一种潜在认识。问题在于，既然《民法典》并未将合作社归入营利法人，为何在其破产时要适用《企业破产法》呢？

别规定外，也应适用关于法人的一般规则，如应具有独立的意思能力和法人的独立财产。《农民专业合作社法》第 5 条规定："农民专业合作社依照本法登记，取得法人资格。农民专业合作社对由成员出资、公积金、国家财政直接补助、他人捐赠以及合法取得的其他资产所形成的财产，享有占有、使用和处分的权利，并以上述财产对债务承担责任。"但合作社法人财产的独立性并不彻底，法人财产在内部仍具有一定的成员按份共有的性质。如《农民专业合作社法》第 42 条规定："农民专业合作社可以按照章程规定或者成员大会决议从当年盈余中提取公积金。公积金用于弥补亏损、扩大生产经营或者转为成员出资。每年提取的公积金按照章程规定量化为每个成员的份额。"从这一规定来看，盈余公积金不仅可以用于弥补合作社亏损、转增注册资本或者扩大生产经营规模，而且在财务处理上又将其量化区分为每个成员的份额，这就与合作社财产的独立性有所冲突，因为既为公积金，何以分别记账？

其三，合作社责任上的双重性。《农民专业合作社法》既规定了合作社法人的独立责任，也规定了合作社成员的个别责任。如《农民专业合作社法》第 5 条规定，农民专业合作社对由成员出资、公积金、国家财政直接补助、他人捐赠以及合法取得的其他资产所形成的财产，享有占有、使用和处分的权利，并以上述财产对债务承担责任；而第 6 条则规定，农民专业合作社成员以其账户内记载的出资额和公积金份额为限对农民专业合作社承担责任。[①] 可见，尽管合作社成员仍然承担的是有限责任，但其责任范围并非与公司股东对公司的责任相同，公司法规定的股东责任财产范围不包含公积金，公司财产独立性要高

---

① 这里的法律表述存在认识上的误区，《农民专业合作社示范章程》第 10 条第 2 款也继受了此种表述方式，规定："本社成员以其成员账户内记载的出资额和公积金份额为限对本社承担责任。"该表述存在的问题主要在于，将合作社对外承担责任的财产范围与合作社成员对合作社承担投资责任的财产范围混淆了。实际上，立法者表述的责任财产是合作社净资产即所有者权益的份额，属于对外承担责任的范畴，而对内基于投资关系，成员仅对其在合作社章程中确定的出资份额承担责任。另外，对于非货币出资的，如属成员之间协商定价，可能存在高估出资价值的风险，对合作社债权人的利益会产生潜在的影响。

于合作社。①

(二)土地经营权流转中股权化的主要方式

从法律与政策的引导方向和土地经营权流转的实践角度分析②，土地经营权的股权化流转在实践中可能出现以下四种主要的操作模式：

第一种模式为土地经营权直接入股公司等企业，即农民投资者或其他土地经营权的拥有者将其土地经营权投资于有限责任公司或者股份有限公司等企业，以其作为取得公司股权、合伙份额等的对价。在此投资交易过程中，公司等企业取得土地经营权，投资者则取得与其他投资者同质性的股权等投资权利。其权利内容包含自益权和共益权，投资者股东享有资产收益、选择管理者、依照公司法等法律规定进行诉讼和参与公司等企业经营管理等方面的诸多权利（权力）。

第二种模式为土地经营权投资入社，即权利人将土地经营权投资于农民专业合作社，作为换取合作社成员权的对价。投资交易完成之后，投资者失去其所拥有的土地经营权而取得合作社成员权。此种成员权在性质上与公司股权相类似，也是一种社员权，在权能上也包含资产收益、选择管理者和参与合作社治理等诸多方面的权利。唯需注意的是，

---

① 此处的分析仅从解释论而非立法论的角度展开。事实上，从严格的法理意义上来讲，《农民专业合作社法》第5条和第6条的规定是存有冲突的。从公积金的发生来说，其不可能既归属于合作社又归属于合作社成员。按照第5条规定，合作社以成员出资、公积金等对外承担责任，那么为何合作社成员又能以出资额和公积金份额为限对合作社承担责任？实则此处存在对出资法律关系的认识错误。从法理上来说，成员的有限责任与合作社的独立责任本身并不冲突。成员以出资额为限对合作社承担出资责任，合作社以其法人资产为限对其债务承担独立责任。合作社的法人资产既包含成员的出资也包含借入资金，也涵盖合作社公积金、未分配利润等积累资金和政府补贴、社会捐助等外部非营业收入，除非合作社法人进入清算并且在清偿债务后仍有剩余资产，否则并不存在对其成员分配公积金的情况。也无法想象成员向合作社交付公积金以承担合作社对外责任的情形。依此推断，《农民专业合作社法》第42条规定每年提取的公积金需按照章程规定量化为每个成员的份额仅是为了合作社清算时便于分配财产而设，而非为确定合作社成员的出资责任。

② 如农业农村部等六部委联合印发的《关于开展土地经营权入股发展农业产业化经营试点的指导意见》明确提出："推行土地经营权入股，是深化农村土地制度改革的重要措施。土地经营权入股龙头企业和作价出资农民专业合作社（以下统称土地经营权入股），使农民拥有更多的流转方式选择，让农民分享农业全产业链利润，拓展农民财产性收入来源。同时，也让龙头企业、农民专业合作社获得土地经营权，在更大范围、更高层次上推进农业产业化经营。"

农民专业合作社由于具有不同于公司的合作性质,同时担负着执行国家惠农政策的使命,对其成员的构成有特别的规定。[①] 同时,法律对其成员的构成比例也有要求,如《农民专业合作社法》第20条规定,农民专业合作社的成员中,农民至少应当占成员总数的80%。成员总数20人以下的,可以有一个企业、事业单位或者社会组织成员;成员总数超过20人的,企业、事业单位和社会组织成员不得超过成员总数的5%。

第三种模式为土地经营权经投资入社后再由农民专业合作社投资入股公司。[②] 此种方式的土地经营权事实上经过了再流转和两次股权化:第一次由权利人投入合作社,实现第一次流转,投资者取得合作社成员权,合作社取得土地经营权;第二次由合作社以其所取得的土地经营权向公司企业投资,公司取得土地经营权,合作社取得公司股权。土地经营权的多次流转不仅涉及财产和投资权益的多次转化,也伴随法律、政策和章程的诸多规定与限制,需要在实践中准确把握。例如,土地经营权两次流转后,公司经营有收益并分配盈余给合作社,合作社再次分配盈余给投资者,方能实现投资者初始的投资目的。合作社在财产性质和盈余分配规则上与企业并不相同,合作社的法人财产独立性并不像公司制企业法人那么强,其公积金(无论盈余公积金还是资本公积金)带有鲜明的按份共有的特征[③],而其盈余分配原则

---

① 《农民专业合作社法》第19条规定:"具有民事行为能力的公民,以及从事与农民专业合作社业务直接有关的生产经营活动的企业、事业单位或者社会组织,能够利用农民专业合作社提供的服务,承认并遵守农民专业合作社章程,履行章程规定的入社手续的,可以成为农民专业合作社的成员。但是,具有管理公共事务职能的单位不得加入农民专业合作社。"

② 参见《农民专业合作社法》第18条。

③ 这里还需注意对不同来源的财产在合作社正常运营中用于清偿债权或分配给成员以及合作社清算中是否可分配的规则。例如,依据《农民专业合作社法》第44条第2款的规定,可分配盈余按成员与本社的交易量(额)比例返还的返还总额不得低于可分配盈余的60%;返还后的剩余部分,以成员账户中记载的出资额和公积金份额,以及本社接受国家财政直接补助和他人捐赠形成的财产平均量化到成员的份额,按比例分配给本社成员。同时,依据《农民专业合作社法》第53条的规定,农民专业合作社接受国家财政直接补助形成的财产,在解散、破产清算时,不得作为可分配剩余资产分配给成员,具体按照国务院财政部门有关规定执行。

又主要采取“惠顾返还”为主的原则。① 因此，当公司分配投资收益给合作社、公司实行分红转配股或者公积金转增资本后对于新取得的公司股权在农民专业合作社内部的归属及如何分配仍是需要进一步研究的问题。②

第四种模式为土地经营权入股公司后由公司投资入社，即权利人以土地经营权投资于公司，投资者取得公司股权，公司取得土地经营权后以其投资进入农民专业合作社并取得合作社成员权。这里需要特别注意的是，公司虽然使用土地经营权投资，但仅能成为合作社非农会员，前述合作社会员身份比例的限制条件仍需具备。另外，实践中公司一般倾向于成为合作社经营的控制主体，其在合作社的基本表决权和附属表决权均会远远超过一般的投资者，对其盈余分配也无法按照“惠顾返还”的基础规则来执行，故应探索一定的规则来限制其在合作社治理方面实行专断的可能性并平衡其与合作社普通农民成员之间的利益关系。③

二、土地经营权入股农民专业合作社的出资规则

总体上讲，土地经营权入社的出资法律制度涉及设立人的法律地位、权利义务责任、出资标的和出资的价值评估等实体性问题。土地经营权出资价值确定的依据应在结合多方面因素的基础上确定。土地经营权出资入股合作社实际上可以看成是出资者土地经营权和合

---

① 参见高海：《〈农民专业合作社法〉的改进与完善建议》，载《农业经济问题》2018 年第 5 期。

② 《农民专业合作社法》第 44 条第 3 款确定的盈余转增资本的规则有一定的借鉴性，即“经成员大会或者成员代表大会表决同意，可以将全部或者部分可分配盈余转为对农民专业合作社的出资，并记载在成员账户中”。同时，该条第 4 款还规定了程序性规则，即“具体分配办法按照章程规定或者经成员大会决议确定”。土地经营权出资后，公司分配利润可遵照类似程序执行，使成员取得附加出资额度，并增强合作社的经济实力。而对合作社资本因过分充实后过剩资本的分配或者返还规则，可以按照合作社章程规定处理。

③ 为保证合作社的人合性，《农民专业合作社示范章程》有限制单个成员出资占比不得超过本社成员出资总额一定比例的规定，以避免控股成员的产生，防范控制成员对合作社其他成员产生排挤或压迫性影响，与合作社的合作性质相冲突。

作社社员权的一种价值交换,故应遵循价值规律的要求,实行等价交换。那么在投资价值的确定上是否存在绝对客观和公正的投资定价和交易价格确定依据呢?实际上,财务上对于土地经营权的价值评估可以按照历史成本、资产净值、现金流折现和公允价值等多种方式来处理,常见定价方法也可从协商定价法、评估定价法、竞争定价法等多种方式中加以选择。土地经营权投资入社涉及的另外一个重要的程序性问题就是权利的转移与登记交付手续的办理。

(一)土地经营权投资入社中设立人的权利和义务

在土地经营权出资入股农民专业合作社的问题上,首先面临的是出资法律问题。按照合作社的成立与否,出资可分为合作社设立时的原始出资和合作社成立后入社认购合作社增资两种情形。在合作社设立时,自愿对合作社进行原始出资从而成为该合作社成员并在合作社初始章程上签字的人为合作社的设立人,其具有不同于一般成员的特殊法律地位,可以享有不同于一般入社成员的特别权利或利益。首先,合作社设立时的章程须经过全体设立人一致通过。这一点是由合作社自身的合作性所决定的,不同于股份有限公司创立大会上的资本多数决规则。其次,设立人一般可以以非货币财产的形式进行出资,如以土地经营权、农用机械设备等作价出资。但需注意的是,合作社的合作制基因决定了其与公司的股权结构配置原理并不相同,公司的股权结构中允许控股股东存在,甚至法律许可单一股东投资的一人有限公司设立。但合作社单一成员的出资比例不宜过高,否则无论是合作社组织运营中的附属表决权设计还是对非成员交易所产生的盈余分配中的按股分红机制都可能对合作社成员之间的“人合性”产生影响。再次,设立人在事实上享有选举和被选举为合作社首届组织机构成员的权利,如理事、监事和经理人等,从而在合作社组织运营中享有更多的话语权和决策权。最后,设立人可以在合作社章程中为自己设置合作社增资扩股时的认购优先权,从而避免因合作社增资扩股而使自己在合作社的经济利益或管理权利受到影响或稀释。

按照权利义务对等的原则,设立人也需承担法律和章程规定的特别义务和责任。首先,设立人应履行出资义务。出资义务的履行应按照民法规则的要求进行,设立人应及时、全面履行其出资义务,这是其取得合作社成员权所必须支付的对价。如果设立人不履行或不完全履行出资义务或者履行迟延,根据法律及章程规定,合作社组织机构如理事会、监事会、成员大会等可对其提起诉讼或者在合作社内部限制其成员权,如盈余分配请求权、表决权等。其次,设立人对成员非货币出资作价负有审查义务。当成员以实物、知识产权、土地经营权等非货币财产作价出资时,对该出资财产的价值确定不仅影响出资成员自身的利益和成员彼此之间的股权结构比例,还会影响合作社本身的资本真实和资本充足,进而对债权人的利益和交易安全产生影响。在合作社的设立阶段,合作社的组织机构尚未成立,登记机关也仅是对合作社章程记载的出资情况进行形式审查而非实质审查,这可能导致部分设立人在非货币财产出资定价中的任意性。因而法律应当为设立人设置对非货币财产出资作价的审查义务。从法律上来讲,这种审查义务是基于设立人作为设立中合作社的代表机关与执行机关的信托法律关系受托人地位所产生的,性质上属于善良管理人的注意义务和忠实义务。一方面,设立人需勤勉履行其作为受托人对合作社设立过程中非货币资产出资作价的审查义务;另一方面,法律也要求设立人不能将自身利益或者其他设立人乃至关联方或第三人利益置于合作社的利益之上。如设立人违反此种审查义务,不仅须缴付该出资的设立人应承担继续出资、重新出资或者差额填补的责任,其他设立人也应就出资作价不实的部分承担连带的缴付出资的责任。[①] 当然,在合作社成立运营之后,对于增资时非货币财产作价的决定权在于合作社的理事会或成员大会等组织机构,设立人无须再为此承担出资作价

① 一个比较遗憾的事实是,无论是《农民专业合作社法》还是《农民专业合作社示范章程》均未对此作出明确规定,这属于立法中一个较为明显的纰漏,不仅会对合作社法人的资本充足率和资本信用真实性产生一定的影响,也将在相当大的程度上影响债权人利益和交易安全。

审查和连带缴纳的义务。

（二）土地经营权投资入社的定价程序

土地经营权在合作社设立阶段的投资入社可以视为设立人之间的共同行为的实施过程。基于这个以创设合作社法律人格为目的的共同行为，各设立人以货币或土地经营权等非货币财产作价出资。该共同行为的实施结果，一方面是创设了合作社这个特殊法人，另一方面表现为各设立人通过出资行为取得了合作社的成员权。对于合作社成立之后的增资来说，如果入社成员以土地经营权投资入社，则该过程从法理角度观察实际上可以看成是一个互易合同的履行过程，即入社成员以土地经营权换取合作社增发的股权（成员权）。从上述原理的分析可知，土地经营权投资入社是一个基于共同行为的私法行为，应以意思自治为原则对该行为赋予法律效力。由此，土地经营权的投资入社定价也就应以协议商定价格为基本的定价程序。在定价程序实施中，应遵循成员意思自治原则和等价交换等市场价值规律的要求，由全体会员（在合作社设立阶段）或者根据章程规定由会员大会、理事会（在合作社成立后增资情形下）等机构确定土地经营权的定价方案。市场价值规律的要求可以通过第三方评估机制等程序来完成，也可参考《资产评估法》的相关规定。另外，为了充分实现土地经营权的交换价值，可以考虑引入招标、拍卖等竞争定价机制，如存在公开交易市场，可以以该市场中相似地况的土地经营权的交易价格、土地经营权的市价或公允价值作为出资价值的判断基准。土地经营权投资入社还涉及土地经营权的过户登记问题。无论是设定土地经营权还是再流转土地经营权，出资一般均会超过 5 年的期限，因此，出资者和合作社需要办理土地经营权的过户登记手续。当然，登记并非法定的权利变动要件而是对抗要件，但登记的办理与否和能否办理将为合作社运营的可预期性带来风险，并因而影响土地经营权的实际作价。另外，在实务中也不排除土地经营权为 5 年以下的情形，对此，双方无须办理登记手续，只要到集体经济组织进行备案即可。作为出资标的的土地经营权涉及第三人权利的,法律设置了对抗主义的模式,即未经登记不得对抗第三人。①

(三)土地经营权投资入社的定价标准

土地经营权投资入社的定价既应符合政治经济学和马克思主义土地产权理论中土地价格与级差地租的标准,也要符合合作社组织生产经营合法性和稳定性的要求。对于设定、转让、租赁等不同方式产生的土地经营权还应符合会计准则对其进行确认、初始计量和持续计量等方面的要求。

其一,定价标准确定首要考虑的影响因素是土地经营权本身的数量、质量、剩余期限等因素,同时对于不同地理位置、不同产出能力、不同应用前景的地块,其土地经营权的流转价格应有所差别。例如,连片地块的土地经营权,一般更适合规模经营和集约化经营,其定价应高于非连片地块;产出能力高、土壤肥沃、地力较强、适宜耕种的地块在定价上显然应高于其他地块;如某地块有开发观光农业、涉农旅游项目或开展农业深加工项目的潜在价值,因对其土地的利用已经向第二、第三产业延伸,其土地经营权上的附加值会更高,则其定价应远高于仅有第一产业产出的地块。②

其二,在投资入社时,合作社作为一种常态的经营实体,其经营稳定性和可预期性的要求也在一定程度上影响土地经营权的定价。从

---

① 《农村土地承包法》第41条规定:"土地经营权流转期限为五年以上的,当事人可以向登记机构申请土地经营权登记。未经登记,不得对抗善意第三人。"第46条规定:"经承包方书面同意,并向本集体经济组织备案,受让方可以再流转土地经营权。"《民法典》第341条规定:"流转期限为五年以上的土地经营权,自流转合同生效时设立。当事人可以向登记机构申请土地经营权登记;未经登记,不得对抗善意第三人。"

② 《农民专业合作社示范章程》第4条第3项、第4项扩张了传统意义上的合作社经营范围。第3项涉及"农村民间工艺及制品、休闲农业和乡村旅游资源的开发经营",第4项涉及"与农业生产经营有关的技术、信息、设施建设运营等服务"。可见,合作社已突破传统的第一产业,开始向高端产业延伸,第二产业和第三产业均有可能成为其从事的经营事项。例如,以民间编织工艺和本地区原材料生产藤制办公家具等工业产品生产、发展吃住游一体化的观光农业旅游项目等,其与一般产供销一体化的企业或者旅游实业公司的经营项目已经极为类似。

这个角度出发,定价影响因素主要在于作为投资标的的土地经营权的法律性质及其期限长短。如土地经营权为用益物权性质,则合作社取得支配性和对世性的权利,存在于权利之上的法律效力使其能够对抗农地所有人和承包经营权主体,能更好地保证其经营预期;如该项用于投资的权利仅为债权性质,尤其是以对第三方的土地租赁债权投资入社,合作社接受投资后事实上取得租赁方的法律地位,虽然民法上有"买卖不破租赁"等对租赁方的特别保护规则,但基于合同同一性规则,其取得的权利仍然要受制于存在于投资方与出租方之间的抗辩关系,出租方对原承租方的抗辩均有向合作社主张的空间。既然此种出资方式可能带来一定的不确定性,则从投资学角度来看,需对其投资定价进行风险系数加权,作为投资标的的土地经营权的定价为其基础价值乘以一定的风险加权系数后的结果。

其三,不同的市场供给和需求情况的土地,由于价值规律的作用,会在技术层面对土地经营权的定价产生相当大的影响。对于基本面情况大致相同的土地经营权,供需双方的竞争态势会影响其定价结果。供不应求时,形成卖方市场,市场定价会相应提高;供过于求时,形成买方市场,市场定价必然会降低。

其四,入社土地经营权的价格确定还受到土地经营权与机器、设备、技术等生产要素在合作社中的地位和不同要素之间的比价关系的影响。例如,合作社的生产经营主要依赖农业产出的,则土地经营权的相对价格应当更高;相反,如合作社主要经营的是农产品深加工项目、涉农观光旅游项目等,土地经营权在合作社经营中重要程度没有那么高,其作价的基准相对就会较低。

其五,存在有关农业主管部门发布的政府指导价或者市场中介机构发布的市场交易行情价格时,该政府指导价和市场价事实上是反映政策导向或供求关系决定的一种相对公允的价格,应作为土地经营权投资入社作价的重要参考标准。

(四)土地经营权入社时作价不实对合作社与相关主体利益的影响

对土地经营权投资入社的价格确定程序和标准之所以重要,还在于可以避免相关主体利用不实作价侵吞农地投资者利益或者利用价值评估、退社、解散清算等制度损害其利益。无论是低估作价还是高估作价,都会对相关主体利益产生一定的不良影响。

1. 土地经营权的低估作价

投资资产低估作价的情形在公司制度中并不鲜见。事实上,当股份有限公司以超出股票面值价格溢价发行股份或者有限责任公司投资者以超出公司章程记载的出资额的价格认购增资时,投资者用于出资的财产在一定意义上相对于公司股权被低估作价。低估作价之所以能够被投资者所接受,是因为相对于企业净资产所确定的股权基本账面价值来说,企业的组织资源、人力资源、关系资源、商业信誉等对企业经营非常有意义的要素资源无法在资产负债表中得到体现。对于农民专业合作社来说,存在同样的问题。因此,在一定限度内有充分依据的土地经营权低估作价并不违背公平原则,但应注意不能超过合理的限度。如果低估作价超出合作社资产负债表或者预期估值所确定的限度,则属于侵害农民投资者利益的行为,应为法律所禁止。

2. 土地经营权的高估作价

企业不只是资产的简单累加,还是有机的整体,否则很难理解濒临破产的企业拍卖后却产生资产增值,甚至于变现的资产价值远远超过其不能支付的到期负债额度的现象。企业的组织资源、人力资源、关系资源、各职能部门的协作配合关系等都会产生无形的价值或在企业运营中发挥不可或缺的重要作用。合作社作为一种经营组织也应如此,但与公司不同的是,合作社每个成员的出资均在财务上以单独账户记载,合作社积累的盈余公积金和滚存的未分配利润也都量化为每个成员的份额后记载于各自账户。同时合作社主要的分配制度并不是按劳分配或者按资分配,而是"惠顾返还",因此,低估作价本身一般并不会摊薄其他投资者在合作社的出资或者对公积金的份额,也不会对投资者的盈余分配产生实质性影响。但是随着合作社业务的逐渐延伸,可能在相当大的程度上突破内部的合作形式,使对外发生的业务也就是非与其成员发生的业务占有相当大的比重。这些业务产生的盈余不应按照“惠顾返还”的标准进行分配，而对于政府实施惠农政策而给予的拨入款项、第三人对合作社的捐赠等所产生的公积金在事实上也不宜根据上述原则进行量化处理。如果合作社将其所有的经营资产对公司等其他企业进行转投资，转投资所带来的分配利润也一样无法按照“惠顾返还”原则量化给每个成员。这些盈余、公积金和利润还是应遵循商事组织的一般规则归属于全体成员并实行按资分配。在这种情况下，对某个成员土地经营权的高估作价必然会摊薄其他成员对上述盈余和公积金的份额，并因而对其利益产生实质性影响。

另外，合作社经营中如出现增资、减资等调整资本场合，也不应以土地经营权出资的价值进行评估。增资时入社成员不应平价取得合作社投资份额，不能简单按照净资产标准确定价格，应当在净资产基础上考虑合作社潜在价值来确定，参照每一出资份额的利润水平，按照可比原则进行定价，还要考虑政策资源、公共关系、内部组织运作等带来的附加值。减资时应遵循同样的原则，退还其成员份额所对应的合作社净资产价值。

三、土地经营权投资入社实践中需特别注意的几个问题

土地经营权投资入社的意义不仅在于实现农地权利的股权化，还在于其担负着农业产业的升级与实现农业规模化运营的目的，国家很多惠民政策也改变之前直接补贴农户的方式，变为向农民专业合作社倾斜。但实践中往往会出现合作社人格虚化或人格混同从而沦为实际控制人规避法律、实行政策套利等行为工具的现象，在土地经营权投资入社规则的制定和实施中不可不防。另外，土地经营权入社后的转投资、权责利的差异化配置以及土地经营权入社后的退资问题，实践中都值得特别重视。

（一）合作社形骸化的问题

我们在山东某地区进行调研时发现，一些农民专业合作社实际上徒有合作社之名而无合作生产经营之实，事实上蜕变为合作社部分成

员、村委会或农村集体经济组织领导者实际控制和操纵的工具，名义上的社员与合作社并无实质上的交易关系，社员之间的互助合作也无从谈起，更不必妄言“惠顾返还”了。合作社的设立是建立在名义上的成员出让土地经营权基础之上的，但出让之后，仅有控制成员在实际运作和操纵着合作社的生产经营行为，其他成员在事实上和认识上对合作社并无“归属感”，反之却认为是与控制成员之间发生了一种“买卖关系”，将其土地经营权出让给了合作社。合作社本身因而完全“形骸化”，并继而受控于部分成员甚至于充当实际控制人规避法律责任的工具。对于此类合作社，在设立的过程中仍然存在土地经营权的流转问题，出让方与受让方仍然会完成形式上的土地经营权过户登记，但因合作社本身设立目的与设立行为的瑕疵，法律不应认可此类合作社的合法存在。在此种合作社因违反法律强制性规定而被撤销时，入社的土地经营权应发生返还财产的法律效果，使当事人之间的财产状况回复到土地经营权流转之前的状态。

(二)土地经营权投资入社后的转投资问题

土地经营权投资入社后的转投资问题涉及合作社取得投资入社的土地经营权后是否有权对其进行再流转。投资者以土地经营权对合作社出资之后，该土地经营权在合作社存续运营过程中成为合作社法人所有的财产，合作社得否以该财产对外出资，如作为股东投入公司或者作为成员投入其他合作社或合作联社呢？《农民专业合作社法》第七章仅对合作社投资设立农民专业合作社联合社规定了具体的法律规则[①]，并未对合作社转投资于其他合作社或者公司规定具体规则。但同时也应看到，法律对转投资于合作社或者公司也并无特别限制，理论上和实践中确实存在合作社对其土地经营权进行再流转的必

① 例如，《农民专业合作社法》第56条规定：“三个以上的农民专业合作社在自愿的基础上，可以出资设立农民专业合作社联合社。”第58条规定：“农民专业合作社联合社以其全部财产对该社的债务承担责任；农民专业合作社联合社的成员以其出资额为限对农民专业合作社联合社承担责任。”这些规定一方面确定了合作社联合社的法人地位，另一方面可作为法律层面认可合作社转投资于合作社联合社的依据。

要性。例如,合作社因为对外业务萎缩而暂时对标的农地无法进行充分的耕种或利用;合作社业务尚未充分展开而不能完全利用所有的农地;合作社通过对公司或者其他合作社、合作联社转投资,或者作为发起人设立公司可以获得比自行运营土地经营权更高的价值回报等。在此情形下,应允许合作社对其成员投入的土地经营权进行包括出资形式的再流转。[①] 唯应注意两点限制:其一,再流转期限超过 5 年的,仍应履行过户登记手续,否则不能对抗善意第三人;其二,再流转的出资期限不得超过原流转期限,也不应超过土地经营权的剩余期限。

(三)土地经营权入股农民专业合作社中权责利的差异化配置

农业农村部等六部委联合印发的《关于开展土地经营权入股发展农业产业化经营试点的指导意见》针对土地经营权入股公司及合作社的风险防范问题提出了“优先股”和“先租后股”两项措施,以实现权责利的差异化配置。

“优先股”的实质就是出自投资者以放弃在合作社经营管理上的权利(权力)来换取其在盈余分配和合作社清算、破产中剩余财产分配方面的优先权,同时根据章程规定其从投资主体中获取收益的方式也将由按盈余一定比例分配的方式变为固定比例方式或者两种方式的结合。“优先股”的设置通过合作社组织治理权力和收益分配规则的重新配置使农民投资者能够享有一定的保底收益,极大地降低了其投资风险。

“先租后股”的实践探索并非新生事物,其原理与传统公司法和证券法理论中的债转股及可转换公司债券的发行较为接近。在合作社创立的初期,其生产经营渠道尚未完全打开,未来的经营收益带有相当强烈的不确定性,如果投资者在此时入股,其土地经营权将是随公

---

① 农业农村部等六部委联合印发的《关于开展土地经营权入股发展农业产业化经营试点的指导意见》规定:“根据公司股东、农民专业合作社成员等各方的意愿和要求,合理确定土地经营权入股的形式,培育一批土地经营权出资发展农业产业化经营的公司、农民专业合作社。农户的土地经营权可以依法直接对公司和农民专业合作社出资,还可以先出资设立农民专业合作社,再由农民专业合作社以土地经营权出资设立公司。”此规定可作为合作社转投资于公司的政策性依据,可以预期下一步的法律修订和法规细则制定将会为合作社转投资设定更为具有操作性的规则。

司盈余和净资产等公司基本情况和财务指标发生价值变动的股权,其必然需要承担这种不确定性所带来的投资风险。如果合作社运营前期投资者仅以土地经营权租赁的方式对合作社进行债权投资,则其收益方式为合同确定的固定数额的租金,其投资对于合作社来说属于资产负债表中的负债科目,其投资价值并不会随合作社经营状况的变化而发生变动。一旦合作社运营稳定下来,有了固定可预期的现金流入,则可根据前期租赁合同中的转换办法将土地租赁经营的债权转换为合作社股权。当然,政策的规定意旨在于对投资者的特别保护,主要适用于农民以自己承包的土地为合作社设定土地经营权以实现投资的情形,但对于能否以对第三人的土地租赁经营产生的债权转化为合作社的股权问题并无明确的答案,这仍是一个需要进一步研究或者有待政策制定者明确的问题。与之相关的另外一个问题是,如前期租赁合同中并未规定到期或者一定条件下土地经营权债权投资转化为股权投资的转换办法,实践中是否仍可以实现债权转股权的目的?对这个问题的解答需要区分不同的情形来看待。第一种情形为土地经营权租赁合同已经履行,合作社尚未对农民投资者支付租金,则农民投资者对合作社的出资义务与合作社对农民投资者的租金支付义务互相抵销,此种情形下的债权转股权事实上就是以现金方式对合作社出资。第二种情形为土地经营权租赁合同尚未履行,投资者以将来的租金收入对合作社投资,这实际上转化为一个资本认缴与实缴脱离的问题。我国公司法对大多数公司实行资本认缴制,合作社法中则尚无相关的规定,但也无禁止性的强制性规定,所以其效力依赖于合作社章程的规定或合作社成员大会的决议。第三种情形为土地经营权租赁合同已经履行完毕,投资者也已收取租金,在这种情况下实在没有必要走债权转股权的路径,如权利人欲对合作社投资,直接以现金方式投入资金或者重新签订土地经营权的租赁合同按上述第二种情形处理均无不可。

通过以上“优先股”和“先租后股”等创新方式的实施,基本上可以实现土地经营权入股合作社中权责利的差异化配置,但也应注意其实现路径中可能存在的纠纷并为其设置相应的风险防范与纠纷解决机制。

（四）土地经营权入社后的退资问题

农民专业合作社应当遵循“入社自愿、退社自由”的基本原则①，土地经营权投资者有自由选择加入或者退出的权利。没有一个完备的退出机制，既难以解除成员入社的后顾之忧，限制合作社的良性发展，阻碍农业新旧动能转换的步伐，也无法实现对债权人利益及交易安全的有效保障。探讨农民专业合作社出资退出的原因及方式，完善相应的资本价值评估及监管机制，对于保障社员权利，加强社员之间的合作，提高合作社的发展能力和运行效率具有重要意义。《农民专业合作社法》并未规定无限责任合作社和保证责任合作社等类型，而是沿袭了公司法对于公司类型的纯化做法，仅规定了成员有限责任类型的合作社。② 对于退社的法律后果，《农民专业合作社法》第 28 条规定：“成员资格终止的，农民专业合作社应当按照章程规定的方式和期限，退还记载在该成员账户内的出资额和公积金份额；对成员资格终止前的可分配盈余，依照本法第四十四条的规定向其返还。资格终止的成员应当按照章程规定分摊资格终止前本社的亏损及债务。”

土地经营权入社之后即作为合作社法人所有的财产参与资本运营，在运营中土地经营权归属于农民专业合作社所有，合作社拥有对土地经营权的占有、使用、收益和按权利性质及法律程序要求进行处分的权利。③ 合作社对其土地经营权资产进行营运所产生的利润和资

---

① 参见《农民专业合作社法》第 4 条。

② 我国台湾地区“合作社法”则规定了无限责任合作社和保证责任合作社两种形式的合作社。

③ 《农民专业合作社法》第 5 条第 2 款规定：“农民专业合作社对由成员出资、公积金、国家财政直接补助、他人捐赠以及合法取得的其他资产所形成的财产，享有占有、使用和处分的权利，并以上述财产对债务承担责任。”该款仅规定了占有、使用和处分的权利，并无“收益权”的规定，一方面是为了与第 4 条第 5 项规定的“盈余主要按照成员与农民专业合作社的交易量（额）比例返还”及第 42 条第 2 款规定的“每年提取的公积金按照章程规定量化为每个成员的份额”相呼应。另一方面也体现了合作社与公司在法律制度安排上不同：公司在提取法定盈余公积金和弥补亏损之前不得进行利润分配，否则，股东有义务将获得的分配利润归还给公司。可见，公司法人利益较之股东个体利益有较大的独立性和优先性，而对于合作社，合作社法人与其成员之间的利益优先顺序，颇值得细细体味。

本公积金首先应归于合作社法人所有,但为了体现合作社的合作性质,上述利润和盈余公积金量化到每个成员账户下。当进行利润分配或者转增合作社资本时,可直接将已经量化到成员账户的利润和公积金进行简化处理,直接分配给相应的成员,从而体现合作社利润分配"惠顾返还"原则,即按交易额进行分配的特殊规则。如属非会员的交易给合作社带来的盈余,或者政府补贴、第三人捐赠等产生的特别收入,则无法体现上述分配原则,只能实行按资分配或者按劳分配等其他分配方式,体现了合作社法人在合作性之外的营利性等特征。

当土地经营权入社后满足一定条件需要退资时,合作社清算法律制度及合作社的章程规定均可为此提供解决路径。例如,《农民专业合作社法》第 25 条和第 26 条分别规定了退社和除名制度,合作社章程中也可规定农民投资者回购土地经营权及合作社对其实施定向减资等的规则。依据《农民专业合作社法》第 27 条的规定,成员在其资格终止前与农民专业合作社已订立的合同,应当继续履行;章程另有规定或者与本社另有约定的除外。这里的例外,既可以是依据合同法规则也可能是团体法规则,约定的主体为退资成员与合作社。《农民专业合作社法》未能区分主动退出与被动除名退出的情形并分别规定退资的法律后果,仅于第 28 条第 1 款规定,成员资格终止的,合作社应当按照章程规定的方式和期限,退还记载在该成员账户内的出资额、公积金份额及成员资格终止前依照该法第 44 条规定需向其返还的可分配盈余。对于债务的处理,《农民专业合作社法》第 28 条第 2 款规定,资格终止的成员应当按照章程规定分摊资格终止前本社的亏损及债务。这里仍需明确,法律列举的亏损和债务在性质和范围上是有区别的。亏损可能是滚存多年的未弥补亏损,源自经营上的入不敷出;而债务则为常规业务所致,也可能因侵权行为等其他原因产生。合作社运营会计年度内尚未置备损益表(利润表)时无所谓亏损,而债务则为常态经营活动中随时产生的,分摊机制体现了合作社的合作制性质,积极财产按份共有的另一面必然就是消极财产的共同承担。

与土地经营权退社相关的另外一个重要问题就是退社土地经营权的价值评估和退社时投资者利益、债权人利益的保护问题。实践中常见的现象就是在农民投资者退社时通过低估土地经营权的价值侵吞其利益或者利用操纵价值评估程序损害其利益。退社价值评估与入社价值评估是一个问题的两个方面,但又各有侧重点。退社时土地经营权的价值确定首先应考虑土地经营权自身的基本情况,如剩余期限、退社时的市场价值等,而不能简单地用历史成本扣减一定的摊销额度来确定其剩余价值。其次应当考虑的是退社土地经营权在合作社经营中所发挥的生产要素价值。因为退社的实质是投资者成员资格的退出而非简单的入社财产退出。在社运营的土地经营权与孤立的土地经营权的市场价值显然有所不同。土地经营权退社时,合作社除退还农民投资者剩余年限的土地经营权之外,还应同时支付此价值与按生产要素比例计算的该项土地经营权在社折现现金流价值之间的差额。最后值得一提的是,无论是成员主动退社,还是通过投资者回购土地经营权、合作社定向减资等实现退社,土地经营权的退出对合作社相关的不同主体都会产生不同的影响,合作社的信用基础因而可能发生一定的变动,有必要在法律上强化合作社成员的出资义务和责任承担,避免随意抽回土地经营权以至影响债权人利益和交易安全。

第二节　土地经营权投资入股

《农村土地承包法》第45条允许工商企业等社会资本通过流转取得土地经营权,这为土地经营权入股公司及农地资源的资本化开辟了新的可能路径。本节将针对农地“三权分置”政策背景下农地权利入股公司的标的与土地经营权的股权对价适格性、农地权利入股公司的路径选择以及相关法律规则的限制与调适等问题进行探讨,以期构建和完善我国农地资本化的基础性法律规则。

一、农地权利入股公司的标的选择与土地经营权的股权对价适格性

在通常意义上,农地表现为客观可见亦可丈量的或者通过标识可以划定范围的一种有形财产,也是农业经济发展和农业经济组织运营中的一项重要的生产要素资源。从法律角度观察,在农地之上,由于法律与政策等方面的不同规定,形成了一系列不同性质的权利。如农地的集体所有权、农户的承包经营权、农地承租方的租赁经营权、受托方对农地信托财产的支配权与受益方的收益权、"三权分置"政策实施后在农地流转中新设的土地经营权以及再流转中产生的土地经营权等。本书认为,考察农地权利入股公司问题首先要面临的就是如何在如此复杂的"权利群"中去选择确定适格的标的作为可出资公司的客体,并在此基础上选择农地权利股权化的路径,之后再进行因应性的法律规则调整与配套制度设计。概括地说,农地权利入股公司的标的选择问题可以从以下几个方面进行把握。

(一)入股公司与入股合作社对投资标的的不同要求

通常人们总是将农地权利入社也称为入股[①],但细究起来,农地权利入股农民专业合作社与入股公司是有本质区别的。作为投资入股的两种最重要的基本形式,农地权利投资于公司与投资于农民专业合作社有许多类似之处,如都要求办理投资财产或财产权利的转移手续,都会产生创设新的法律人格的效果,投资者均可享受法律上有限责任特权的庇护进而不会因投资主体经营失败而累及其他固有资产等,但两者也存在诸多的不同之处。一方面,这两种经济组织形式在法律定性上是存有差异的。虽然两者同为法人组织,但《民法典》将公司规定在"营利法人"一节,而将城镇农村的合作经济组织法人置于"特别法人"一节(主要指各类合作性质的团体法人,如农民专业合作

---

① 参见丁关良、蒋莉:《土地承包经营权入股农民专业合作社有关法律问题研究——以浙江省为例》,载《山东农业大学学报(社会科学版)》2010年第3期。

社、普通合作社、金融合作社等)。可见,立法者对两者的定性是存在差别的。公司属于现代企业制度下最重要和最典型的企业形式,营利性是其最显著的特征,而合作社并非一种典型的企业形式,除营利性特征之外还体现较强的合作性和互助性等属性。另一方面,法律上对两者定性上的差异决定了在规则层面须对两者分别作出差别性的制度设计。对比《公司法》与《农民专业合作社法》的相关条文规定,就会发现两者在资本形成制度、出资形式选择、资本维持制度、提取公积金的权属、盈余分配的方式、法人财产独立性的要求、关联交易的规制、人格的滥用与否认制度、债权人利益的保护以及出资退出机制等方面均设定有不同的规则,体现不同的制度设计理念,差异可谓无处不在。

由此可见,能够成为入社标的的财产或财产权利未必能够成为入股公司的适格财产或财产权利。就农地而言,因为合作社法本身对法人财产的独立性要求较之公司法更低,因而农地上的诸多权利如土地承包经营权、租赁权等都存在入社的探讨余地。[①] 而公司法对法人财产独立性的要求更为彻底,入股公司的财产不应带有身份性,应为无差别的可用于企业运营及对外偿债的财产权利,股东必须将其相关财产权利转移给公司并办理相关的财产权利转移手续。从这个意义上来讲,农地信托财产权及土地租赁权的公司股权化,都存在相当大的法律障碍,而土地承包经营权取得上的身份属性也使其在投资入股的道路上举步维艰。值得注意的是,《农村土地承包法》不仅在其第二章第五节中规定了以出租(转包)、入股或者其他方式向他人流转而形成的"土地经营权",而且将不宜采取家庭承包方式的荒山、荒沟、荒丘、荒滩等土地的承包方取得的农地权利径行改称为"土地经营权"。对于上述农村土地不仅可以通过招标、拍卖、公开协商等方式实行承包经营,也可以在将土地经营权折股分给本集体经济组织成员后,再实

① 《农民专业合作社法》第 13 条规定了章程可以确定入社财产的形式,使入社的财产形式带有相当大的自治性。

行承包经营或者股份合作经营。这些规定无疑在相当大的程度上消除了土地经营权的身份附随性，拓宽了农地权利流转的通道，为土地经营权投资入股创造了条件。

（二）农地权利投资入股公司的要件分析

从财产权的类型来看，民法上的财产权种类繁多，如物权、债权、知识产权、继承权等，但并非所有的财产权利都具有股权对价的适格性或者说能投资于公司并作为换取公司股权或股份的合适的对价。一般认为，作为股权适格对价的财产或财产权利至少需要同时具备三个方面的特征：其一，客观上为公司生产经营所需，是公司生产经营必备的要素资源①；其二，能够将其权利通过处分转让给公司并能对其投资的货币价值进行准确计量；其三，在生产经营过程中或公司清算、破产时能够以其对外清偿债务。劳务、信用及商誉等不能同时满足这三个要件，因而虽然可以作为合伙企业乃至合作社的出资形式，却不能成为公司股权的适格对价。作为出资入股财产的农地权利，一般须同时满足上述这三个方面的条件。

农地上常见的几种主要权利都具有对农村土地的占有、使用、收益乃至处分等的权能，可以通过利用土地为公司提供生产要素资源，因而均可满足上述投资入股公司的第一个条件的要求，但其并非都能同时满足上述后两个条件的要求。就农地的所有权来说，由于其担负社会主义公有制（集体所有制）实现的职能，其权利主体只能是农民集体。我国的政治经济体制设计天然地排除了公司对农村土地享有所有权的可能性，因而农民集体即使想出让土地所有权，也无法将其合法让渡给公司，更不必说在公司运营或清算时对债权人进行清偿了。就土地承包经营权来讲，其设立的初衷在于通过实行家庭联产承包责任制激发农民生产经营的积极性，也的确在改革开放之

① 我国现行《公司法》仅注重出资财产的可货币计量性和可转让性两个特征，并未关注公司生产经营需求和交易安全保障的客观需求，造成实践中大量出现以滞销产品或过时设备、技术出资公司取得股权的情况，对公司利益以及公司债权人利益均可能造成相对大的不利影响。

初大大提高了我国农业生产力，但随着社会经济的逐步发展，农民与土地之间的身份束缚关系已经成为农业产业实现规模化运营的掣肘，对土地承包经营权主体的本集体经济组织成员身份的要求同样使公司无法成为该权利的合法受让主体而只能通过流转继受取得农地承包经营权。

（三）土地经营权的公司股权对价适格性

在农地“三权分置”政策的法律实现路径上，土地经营权担负农地权利投资性流转的历史使命。农地上的诸多权利中，只有土地经营权才最有可能实现与公司法的对接并因而成为公司股权的适格对价。《公司法》对股权适格对价的规定体现在第27条第1款，即“股东可以用货币出资，也可以用实物、知识产权、土地使用权等可以用货币估价并可以依法转让的非货币财产作价出资；但是，法律、行政法规规定不得作为出资的财产除外”。这个规定与《农民专业合作社法》第13条的规定类似，均为列举加概括的规定，但有几点显著的区别。

其一，《公司法》使用的是“土地使用权”的概念，而《农民专业合作社法》使用的是“土地经营权”的概念。一般认为，前者指的是国有建设用地使用权，在原规则下农地只有经征收变更为国有土地后方可入股公司。

其二，《农民专业合作社法》规定的出资包含章程规定的其他形式，而《公司法》并无此种授权性规范。可见，在《公司法》修订之前，其列举的出资形式中并不包含土地经营权，故只能参照适用《农民专业合作社法》第13条的规定，认为其列举的财产形式均符合概括性表述中的两个条件，即土地经营权属于“可以用货币估价并可以依法转让的非货币财产”，这样也就为土地经营权出资入股公司找到了可以参照适用的法律条文依据。

其三，《农村土地承包法》第45条第1款、第2款规定：“县级以上地方人民政府应当建立工商企业等社会资本通过流转取得土地经营权的资格审查、项目审核和风险防范制度。工商企业等社会资本通过流转取得土地经营权的,本集体经济组织可以收取适量管理费用。”可见,该法对包括公司在内的工商企业等社会资本通过流转取得土地经营权持肯定态度,而这里的流转除转让、互易、租赁等传统方式之外,自然也应当包含出资入股方式。据此,土地经营权在《农村土地承包法》层面也已经具有了作为公司股权对价的适格性,土地经营权入股公司应当说具有了合法性依据。

二、农地权利入股公司的路径选择

无论是“两权分离”还是“三权分置”,农地之上都存在复杂的权利体系。当农地进入流转之后,转包、互换、信托、租赁等不同的交易又使已经复杂的农地权利体系变得更为难以捉摸。如何去伪存真,使复杂问题简单化,根据研究需要对农地权利进行合理分类和整理,建立一个基本的规制模型,从复杂的农地权利体系中选择农地权利入股公司的路径因而变得尤为重要。正确的路径选择不仅要考虑农地权利资本化的实现、农业生产经营与资本市场的对接,也要注重避免对现有民商事法律体系及既有规则形成冲击。在此约束条件之下,农地权利入股公司的路径选择问题,可以着重从如下几个方面进行把握。

(一)应注意区分可流转农地权利与不可流转农地权利

可流转的农地权利存在作为投资入股公司标的的余地,不可流转的农地权利却要受到法律和当事人意思的诸多限制。不可流转农地权利的受限主要产生于两个方面,即法律与政策的规定及当事人之间的约定。对于前者,比较典型的是农地的集体所有权。因农地集体所有权一般不可能发生流转,相应地,农地集体所有权也就不适宜作为入股公司的财产形式,不宜以农地所有权路径实现农地股权化。对于后者,限制条件往往出现在农地权利流转合同中,作为合同当事人之间的交易条件之一,如有违反,违约方应承担相应的法律责任。此种限制对农地权利的股权化会产生一定的影响。

从法理上和我国现行法的规定来看,农地权利流转的登记并非农地权利变动的要件,而仅为对第三人的对抗要件。《农村土地承包法》为便利农地权利流转,于多处体现了对抗主义的立法模式。如该法第35条就土地承包经营权互换、转让规定:“……当事人可以向登记机构申请登记。未经登记,不得对抗善意第三人。”此处“登记”并非法律就农地权利流转的强制性要求,仅具有对善意第三人的对抗效力。该法在“土地经营权”一节也于第41条和第47条体现了农地权利流转的对抗主义立法模式,规定:“土地经营权流转期限为五年以上的,当事人可以向登记机构申请土地经营权登记。未经登记,不得对抗善意第三人。”“……受让方通过流转取得的土地经营权,经承包方书面同意并向发包方备案,可以向金融机构融资担保。担保物权自融资担保合同生效时设立。当事人可以向登记机构申请登记;未经登记,不得对抗善意第三人……”在对抗主义立法模式之下,登记并非农地权利流转的必要条件,出资方向公司交付了农地或作为出资标的的农地权利即为完成了形式上的出资程序,公司可取得相关的农地权利。善意第三人如于出资标的上存有权利或利益主张,可以根据情况向公司或出资方提起侵权或合同之诉;对公司而言,出资方对公司的出资义务并未适当履行或完全履行,应对公司承担出资瑕疵担保责任。另需注意的是,即使土地经营权的变更无须登记,但股东以其出资于公司却需记载于公司章程并随章程一起登记。然而,当出现权利冲突时,此种商事登记与对抗主义的土地经营权变更登记之间的效力孰先孰后,还涉及在立法价值考量上是土地经营权投资关系的第三人利益优先还是公司的债权人利益优先的问题,对此仍需要进一步研究。

(二)应注意区分原生型农地权利与衍生型农地权利

“原生”与“衍生”在汉语中是一对相对的概念,在实践中具体哪个权利属于原生,哪个权利属于衍生,也要根据研究需要和具体情况来确定。例如,就证券来说,股票与股票期货比较,前者为原生,后者为衍生;股票期货和股票期货期权比较,则前者为原生,后者为衍生。就农地权利而言,大致也存在如此情形。根据我们的研究需要,这里将政策与法律规定的农地上基础性权利视为原生权利,如“两权分离”之下的农地集体所有权及农户的承包经营权。而在“三权分置”之下,农地的集体所有权、农户的承包经营权以及新设的土地经营权均可视为原生型农地权利,再流转过程中基于当事人之间的交易而形成的土地经营权、土地租赁权、信托人对农地的支配权等则为衍生型农地权利。这种区分的实益在于:对于原生型的权利,可以方便地根据法律及政策的规定进行民法法理上的定性和梳理,如农户承包经营权的物权定性即可在《民法典》“物权编”及《农村土地承包法》中找到依据。而对于衍生型的权利,其权利源于当事人之间的特定交易,对于其权利属性的认定较为复杂,不能一概而论,交易形式和具体条件不同,通过交易取得的权利属性也有所不同。在农地权利入股公司问题上,可以方便地辨识出原生型农地权利得否投资入股,而对于衍生型的权利,却要根据交易内容具体问题具体分析。但可以粗略地认为,衍生型的农地权利大多基于当事人之间的租赁、转包、信托等行为而产生,因而大多属于债权性民事权利。如农地租赁权、农地信托财产受益权、再流转形成的土地经营权等,其与权利主体的身份依附性已经发生分离,身份属性已经不再成为其投资入股的限制,更应关注的是法律与政策上的其他流转限制。衍生型的农地权利在法律上的流转限制比较明确,只要符合《农村土地承包法》第 38 条的规定即可,其中两个重要的限制尤其应当特别注意:一为“不得改变土地所有权的性质和土地的农业用途,不得破坏农业综合生产能力和农业生态环境”;二为“受让方须有农业经营能力或者资质”。比较之下,原生型的农地权利流转受到的法律限制则较多,法律对其流转合同、流转方式、流转主体及流转管理方面的规定必须遵守。不同的法律属性及流转限制将极大地影响相关农地权利投资入股的可能性并产生不同的程序性规则,因而以原生型的农地权利投资入股公司更有进一步研究的必要。

（三）应注意区分物权性农地权利与债权性农地权利

"两权分离"之下的两种原生权利均为物权，学界已形成共识，仅对承包经营权到底是自物权还是他物权有不同的认识。[①] 而对于"三权分置"之下的土地经营权性质，学者争议很大，尚未形成共识。在农地流转乃至多次流转之后，对于建立在原生权利之上的权利，其性质又如何更是莫衷一是。"三权分置"的政策导向在于引导农地流转而非强制性规定农地必须流转。[②] 可见，在相当长的时期之内，"两权分离"将和"三权分置"并行不悖。这样，农地权利在流转中将形成农地所有权、流转出土地经营权之后的"农地承包权"、土地承包经营权以及诸多流转形式形成的土地经营权等极为复杂的具体权利样态。在这些农地权利中，有的具有物权性和对世性，可对抗农地发包方及社会一般主体；有的仅具有债权性质，只能在交易相对方之间形成对抗或抗辩关系。对于物权性的农地权利，除因其自身的政治特点或集体经济组织成员的身份属性等不宜转让给他人因而无法投资入股公司以外[③]，理论上均有转移给公司所有并取得公司股权的探讨余地。而对于债权性质的农地权利，其出资入股公司实际上可能产生出资人以对第三人债权对公司出资或以对公司债权出资实现债转股的问题。有学者认为，作为租赁权的农地经营权能够出资，其理由有二：首先，租赁权本身可用货币估价；其次，农地经营权作为租赁权可以依法处分，包括租赁权让与和转租，但均需取得出租人的同意。[④] 也有学者对此持反对意见，认为："由于从租赁关系中拟制出的对实物财产的经营

---

① 大部分学者认为，该项权利为他物权，但也有部分学者认为其本质上为自物权（参见孙宪忠：《推进农地三权分置经营模式的立法研究》，载《中国社会科学》2016 年第 7 期）。

② 如《农村土地承包法》第 38 条规定："土地经营权流转应当遵循以下原则：（一）依法、自愿、有偿，任何组织和个人不得强迫或者阻碍土地经营权流转……"

③ 如《农村土地承包法》第 4 条规定："农村土地承包后，土地的所有权性质不变。承包地不得买卖。"可见，农地所有权作为政治体制上公有制的实现方式，其本身无法进入二级市场流通。

④ 参见陈彦晶：《"三权分置"改革视阈下的农地经营权入股》，载《甘肃政法学院学报》2018 年第 3 期。

权高度依附于出租人,不具有可转让性,以此种权利出资,不符合公司法出资的要求,否则,将使得公司财产丧失独立性。因此,以具有实物形态的非货币财产出资入股公司的,出资入股的标的必须是所有权、用益物权等绝对权,并且必须实际转移相应的物权,以实物财产租赁的形式入股公司不符合公司法的要求,否则构成虚假出资。"[①]事实上,对于债权出资,在公司法学理上是有相当大的认可余地的。一方面,债权在民法上也是一种财产权,其权利的实现同样可以为公司带来重要的生产要素资源和经营收益,较之货币、实物等出资形式对公司的意义毫不逊色;另一方面,公司经营中实现的主营业务收入与其他经营所得大部分都是靠各种合同之债的履行来实现的,只有例外的情况才可能通过溢价发行股份、接受社会组织捐赠或政府拨款等形式产生资本公积金并实现公司资产的扩张。主要问题在于,我国公司法立法与实践一直对此持较为审慎的态度,尤其是以对第三人的债权出资。一则债权虽然也有让与规则,可以通过出资人将债权让与公司实现出资缴纳的目的,但债的同一性原理使公司在取得债权后会继受其存在于其权利上的瑕疵和抗辩,受到前手交易及权利瑕疵的制约,债务人对出资人的抗辩权均得对公司主张;二则债务人的实际履行能力使公司能否实现取得的债权存在相当大的变数,可能存在公司未能实现债权或未能充分实现债权的情况,导致公司资本显著不足,与公司资本确定和资本维持原则产生冲突,继而摊薄股东的所有者权益或者影响公司债权人利益的实现,甚至可能会引致公司法人人格被否认的不利后果。但在资本认缴制改革实施之后,上述疑虑可以在相当大的程度上得以消解。在认缴制下股东可以通过认缴而非实缴的方式取得公司股权,同时对公司承担一定期限或条件下的出资义务,此种义务与民法上的债务具有相当大的一致性。如股东以对第三人的债权对公司出资,则股东取得股权,同时将债权让与公司使第三人成为公司的债务人。两种情况的差别仅在于,到底是股东的履约能力强还是

---

① 宋志红:《土地承包经营权入股的法律性质辨析》,载《法学杂志》2010年第5期。

第三人的履约能力强。对于债转股的情况,我国改革实践在化解银行不良资产、降低企业财务杠杆、改善企业的资本结构中通过设立资产管理公司收购银行不良资产的形式广为采用。另外,现今上市公司试点发行可转换公司债券或附认股权证的公司债券,如债权人在到期后或行权日行使转换权利,其实际效果也与债转股毫无二致。与债权出资和债转股不同的是,可转债的到期转换和所附认股权证的行权是债权人可以选择行使的权利,对于公司一般不会发生对价不足的问题,反而会改善公司的财务结构或者实现二次融资的目的。而债权出资和债转股一方面可能需要避免出资者对于公司出资的对价不足,以低成本取得公司股权,损害公司及债权人利益;另一方面也要注意防范不良债权转化为不良股权,债权人与投资人的利益均无法得到有效的保障。

综上所述,对农地权利入股公司的标的和路径的理论探讨应主要针对可流转的原生型物权性质的农地权利展开,在农地"三权分置"政策背景下,这样的权利主要就是新设的土地经营权。当然,对土地经营权的定性在学界还远未达成共识。退一步讲,在农地权利入股公司问题上,新设的土地经营权无论被定性为债权还是物权并不影响其作为对价出资入股,继而作为重要的农业生产要素资源为工商企业等社会资本所使用。正如学者指出:"农地经营权到底定位为用益物权还是债权尽管在民法学理上区别甚大,但在农地经营权入股问题上,无论是入股的可能性、入股的会计处理还是作为责任财产的偿付,用益物权和租赁权并无太大差异,认识到这种商法上差异的微弱性有利于民法学者更好地评估农地经营权的立法定位。"①

三、土地经营权入股公司的规则限制与调适

在土地经营权入股公司的问题上,由于公司实践的发展以及现行

① 陈彦晶:《"三权分置"改革视阈下的农地经营权入股》,载《甘肃政法学院学报》2018 年第 3 期。

法律规则的缺失或者针对性不足等原因,还有以下几个规则限制与调适问题值得我们特别注意。

(一)公司宗旨和目的的限制

因受限于农地的用途,一般认为,土地经营权只能对与农业生产经营相关的公司入股,可以是专营、兼营农业生产经营的企业或者仅为整合农业产品原料来源的农产品深加工企业。由此可见,考察土地经营权是否适合入股公司,应首先注意公司的宗旨和目的,即考虑公司经营范围的限制。有学者认为:“应将公司的经营范围限制在与农业生产有关的活动。包括农、林、牧、渔业及其相关服务业,可以兼营与农业产业化相关的农产品加工、销售,农机具销售和维修,农业技术开发和技术转让,广告经营等业务,也可因地制宜地从事农业观光旅游、果蔬采摘等适宜发展当地农村经济的其他经营活动。”①但应注意到:首先,《农村土地承包法》第 38 条第 4 项的限制即“受让方须有农业经营能力或者资质”也并非绝对刚性的规定。其次,从公司法角度而言,公司经营范围上的越权规则早已废除,公司经营范围更多地成为一个公司章程自治的问题,任何公司只要其章程许可,均可能具有“农业经营能力”。最后,对于“农业经营资质”的确定更多是一个行政管理的问题,农业农村管理部门的政策调整对公司能否取得“农业经营资质”有决定性的影响。而在国务院简政放权、实施负面清单管理的大的改革方向背景下,可以预料实践中应当不会出现类似“农业生产经营许可证”之类的事物。另外,退一步讲,实践中也不排除某些公司仅以财务投资为目的取得某项土地经营权,而并不实际对土地进行直接的经营。在此情形下,非农业经营企业也不是不可以接受土地经营权形式的投资,只要其不违反《农村土地承包法》第 38 条第 2 项的限制条件,即“不得改变土地所有权的性质和土地的农业用途,不得破坏农业综合生产能力和农业生态环境”。唯企业财务处理上,该项

① 李燕、赵吟:《土地承包经营权入股公司的法律分析》,载《农村经济》2010 年第 9 期。

土地经营权既非典型的固定资产也非纯粹的无形资产，无法将该项投资以计提折旧等方式在企业产品成本中摊销，而是应采取类似现行企业会计准则和财务制度上关于投资性不动产的基本规则进行计量。[①]

(二)公司资本制度的限制

土地经营权入股公司还不可避免地要受到公司资本形成制度、公司资本维持原则等规则的限制。依照公司法的要求，投入公司的土地经营权须能合法地"办理其财产权的转移手续"。鉴于土地经营权物权性和债权性的复杂性，如属物权性质的土地经营权，投入公司之后公司即取得具有对世效力的绝对权，公司享有对抗承包方、发包方和其他第三方的效力，以此为对价取得公司股权与公司资本制度并不会发生抵触；如属债权性质的土地经营权，囿于债权关系的相对性和同一性，公司无法对抗不具有直接法律关系的其他利益主体，如土地所有权人和承包方，无法充分有效地保护自己的利益并使公司满足资本维持原则的要求，这就可能导致公司资本信用受到伤害，继而产生损害债权人利益的可能。从公司法角度而言，虽然债权亦可出资，如债转股、可转换公司债权的到期转换等，但公司资本维持原则使公司法天然地对债权出资持极为谨慎的态度。即使是对出资形式要求较为宽松的《农民专业合作社法》，也规定："农民专业合作社成员不得以对该社或者其他成员的债权，充抵出资；不得以缴纳的出资，抵销对该社或者其他成员的债务。"[②]但不可回避的一个问题是，即使禁止，当事人也会通过巧妙设计绕过法律规定实现出资的目的。如通过改变交易结构，设置双重契约来实现出资目的：一个契约使公司取得土地经营权，同时形成对出资主体的负债；另一个契约为出资者对公司现金出资，形成出资者对公司的负债。这两项债权债务相互抵销后，即可实现出资入股的目的。而这其中的每一个步骤的设计都

---

① 例如，财政部发布的《企业会计准则第3号——投资性房地产》第7条和第10条分别规定："投资性房地产应当按照成本进行初始计量……""有确凿证据表明投资性房地产的公允价值能够持续可靠取得的，可以对投资性房地产采用公允价值模式进行后续计量……"

② 这项规定实际上在一定程度上封堵了合作社成员债转股或以债权出资的可能性。

是在法律框架之下完成的,并不违反法律的强制性规定。法律的策略只能是疏胜于堵,因此,应当将债权性土地经营权的出资纳入规范之中以维持公司的资本信用,尽力实现对交易安全和债权人利益的有效保障。

(三)土地经营权评估作价程序的限制

土地经营权入股公司还要受到评估作价程序的限制,以确保公司的资本充实和对债权人利益的保障。《公司法》要求:"对作为出资的非货币财产应当评估作价,核实财产,不得高估或者低估作价。"《农村土地承包法》第 39 条和第 49 条也规定:"土地经营权流转的价款,应当由当事人双方协商确定。流转的收益归承包方所有,任何组织和个人不得擅自截留、扣缴。""以其他方式承包农村土地的,应当签订承包合同,承包方取得土地经营权。当事人的权利和义务、承包期限等,由双方协商确定。以招标、拍卖方式承包的,承包费通过公开竞标、竞价确定;以公开协商等方式承包的,承包费由双方议定。"作为股权适格对价的土地经营权首先应满足上述程序性要求。在确定其投资额度时,还需依照《资产评估法》的规定经过评估作价程序来确定其内涵价值或者在存在公开交易市场时以公允价值来定价。从公司角度来讲,公司取得的土地经营权可以是承包方为其设定的土地经营权,也可以是再流转中的土地经营权。无论何种形式,都需满足公司资本充实原则的要求,股份可以平价发行或溢价发行,但绝对不可以折价发行。在溢价发行场合,土地经营权评估价值超过股本的部分将被计入资本公积金,成为所有者权益项下的财产,并在公司解散、破产清算中成为终局意义上的股东共同财产或用以对债权人进行清偿的财产。股份溢价发行情况虽然在公司实践中尤其是上市公司等公众公司的股份发行中较为常见,但在农地权利入股情形下却在客观上可能产生摊薄农地投资者财产利益的效果,事实上的效果与对土地经营权的低估作价并无区别。评估作价程序的设置,有利于在实践中防范公司或大股东以溢价发行来蚕食侵吞土地经营权投资者利益的情形。与此相反的情形是对作为投资客体的土地经营权高估作价,其结果是产生所谓的"掺水股",不仅投资股东需承担补足高估部分出资的义务,公司设立时的其他股东也需对此承担补充连带责任。

(四)投资退出机制的限制

土地经营权入股公司后可以在需要时抽回投资以实现投资的退出,但这种投资退出需求要受到公司法资本不变原则、公司减资制度、公司解散清算及破产等相关规定的限制。在投资入社场合,由于合作社组织形式带有非常强的合作制基因,其法人财产的独立性并没有公司那么强[①],因此,《农民专业合作社法》规定了与合伙企业法规则更为类似的土地经营权等投资的退出机制。[②] 但土地经营权入股公司后,除非公司解散并进入清算,否则未经减资程序、公告债权人、清偿债权或者对债权人另行提供担保,土地经营权投资者一般不能抽回出资,否则不仅要承担补缴出资的民事责任,还会招致行政处罚乃至承担刑事责任。由此可知,公司法并未为土地经营权退股开启方便之门,设定一般性程序。从理论上来讲,投资入股之后的土地经营权投资者如想退出公司只能通过定向减资程序进行,即公司回购投资者手中的股权并将作为投资标的的土地经营权交回投资者。然而,一方面来讲,这种减资程序在公司内部须经股东会或股东大会2/3以上表决权的股东通过,必然伴随公司治理上的烦琐程序和费用成本开销。即使内部决议侥幸通过,在公司外部,公司还需对债权人清偿债权或者另行提供担保,客观上给公司的运营带来巨大

---

① 如《农民专业合作社法》第42条规定:"农民专业合作社可以按照章程规定或者成员大会决议从当年盈余中提取公积金。公积金用于弥补亏损、扩大生产经营或者转为成员出资。每年提取的公积金按照章程规定量化为每个成员的份额。"由此来看,在公司这种企业形式中归属于企业资产负债表所有者权益项下的盈余公积金,在合作社中带有强烈的"按份共有"的特征。

② 如《农民专业合作社法》第15条规定:"农民专业合作社章程应当载明下列事项:……(三)成员资格及入社、退社和除名……"《合伙企业法》中有与此类似的入伙、退伙和除名制度,但《公司法》中反而没有此类规则。

的风险和负担。[①] 本书认为，通过在公司章程中设置土地经营权投资者在一定条件之下的股权回购请求权也许可以作为一种解决思路，从而绕过这些烦琐的程序性要求。另一方面须注意的是，退股时的股权价值和土地经营权价值均需重新进行评估。土地经营权作为一种期限性的消耗品，随着年限的届至，其期限价值会逐年降低。而公司股权的价值可以根据公司的净资产（所有者权益）、预期营业现金流折现等多种方式并参考公司股权的市场供求状况来确定，可能等于、高于或者低于投资者当初取得股权时的市场价值。如公司的股权价值高于最初投资时的价值，土地经营权与公司股权价值的此消彼长必然导致在土地经营权退出时公司需对股东支付相应的价值差额，客观上会导致公司的现金流出，影响公司财务报表数据，尤其是在现金流量表和资产负债表上的表现，继而动摇公司的信用基础，影响债权人利益。对于上市公司和其他公众公司，可能还会影响公司股权证券在资本市场上的表现。可见，土地经营权在公司存续期间的退出可能会产生相当大的"负外部性"，对公司自身、公司其他股东及公司债权人利益均产生不利影响。再者，如公司经解散清算或者破产清算等原因而致对外清偿债务及对内分配剩余财产，如土地经营权归属于公司债权人，可适用土地经营权再流转的一般规则；如土地经营权归属于公司股东或其原始投资者，则仍需按照前述的评估作价程序确定其实际价值或剩余价值，避免出现投资者与公司之间或者股东之间的利益失衡。另外仍需注意的是，有学者认为，如公司先于土地经营权到期而破产或解散，因公司无法继续经营投资农地，产生未实现利益，对农地未实现利益可通过拍卖、变卖或折价后变现为实际利益，变现利益低于或等于未实现利益时，以变现利益数额清偿公司债务；变现利益高于未实现利益，以未实现利益数额清偿公司债务，高出部分归农民股

① 如《公司法》第177条规定："公司需要减少注册资本时，必须编制资产负债表及财产清单。公司应当自作出减少注册资本决议之日起十日内通知债权人，并于三十日内在报纸上公告。债权人自接到通知书之日起三十日内，未接到通知书的自公告之日起四十五日内，有权要求公司清偿债务或者提供相应的担保。"

东所有。[①] 此种观点基于保护土地经营权投资者等弱势群体的政策性要求，虽然与公司法和破产法所体现的基本商业伦理价值不完全相容，但在我国目前经济社会状况下，仍不可否认其具有一定的借鉴意义。

与之相关的另外一个可能出现的疑问来自公司自身的永续性和土地经营权的期限性之间的内在矛盾。无论是物权性质还是债权性质的土地经营权都存有一定的期限，到期之后土地权利人收回土地是否违反公司法规定，影响公司信用，继而构成抽逃出资呢？答案应当是否定的。事实上，任何一种财产都有一定的使用寿命，如原材料、固定资产和更典型的低值易耗品等，而知识产权等无形财产本身就是出于公共政策的特殊考量而从公共领域划出的权利地带，天生就带有一定的权利期限限制，超过期限之后应回归公共领域成为公共的财富。土地经营权属于农地“三权分置”政策下为盘活农地资本而设置的基于土地之上的特殊民事财产权利，作为流转标的的是土地经营权这种“财产权利”，而并非土地财产本身，只是基于这种财产权利的内容，其权利主体才对作为权利标的的土地具有一定的支配性。在投资入股成为公司法人财产的一部分之后，依照企业会计准则的规定，土地经营权会被列入无形资产而非固定资产，采取价值摊销而非计提折旧的方式进行核算，自然具有无形资产所共有的期限性特征。当其价值摊销完毕之后，其权利到期，公司对于土地的经营权利已用尽，集体土地所有权、土地承包经营权等基础性权利复归到原来的圆满状态，土地经营权的上位权利人可收回其流转的标的财产。

最后，值得一提的是，从“两权分离”到“三权分置”、从承包经营到入社入股，乃至未来可能渐续推行的集资上市、信托投资、农地资产证券化，农地流转的形式不断升级，将逐步实现农业资本与工商企业等社会产业资本、金融资本的融合互动，广大农民将跨越农业领域，获

---

① 参见杨仕兵：《论农地股公司的农地未实现利益》，载《东北农业大学学报（社会科学版）》2017 年第 4 期。

得更多的资本性收入,通过投资与金融活动分享国民经济发展的成果,我国根深蒂固的城乡二元社会经济格局将由此打破,农业经济将实现产业升级。农地“三权分置”政策下农地权利入股公司的路径与规则设计正是这一系列连锁反应中能够打破改革坚冰的关键一环。

第九章　土地经营权的信托与抵押

第一节　土地经营权信托

作为新型土地承包经营权流转方式,土地经营权信托是委托人在一定期限内将土地经营权委托给受托人,受托人在坚持土地集体所有和保障农民承包权的前提下,按照土地运营的市场化需求,以自己的名义对其进行专业管理和处分,并将农业生产经营活动产生的收益分配给受益人的行为。土地经营权信托是撬动土地改革的杠杆,通过集中整合碎片土地,开展统一规划和开发利用,实现土地规模化、集约化经营,带动土地资源的优化配置;通过紧密结合土地流转与资本市场,拓展农地融资渠道和方式,实现农民土地权益最大化,促进农业产业结构调整和农业现代化的持续发展。

一、土地经营权信托的可行性分析

土地经营权人基于对农地信托公司的信任,将其土地经营权委托给专业信托公司进行管理经营,农地信托公司则利用专业管理模式,组织农业生产经营活动,并将取得的收益分配给受益人,三者之间形成信托法律关系。依据法理，一个合法有效的信托法律关系由主体、客体及内容三部分构成。因此，意欲探究土地经营权信托的可行性，就必须结合《信托法》的规定，证明其主体、客体、内容三个方面皆满足信托有效成立的要件。

（一）土地经营权信托法律关系的主体具备实施信托行为的民事行为能力

信托关系是以信托财产为中心，由委托人、受托人、受益人三方主体构成的法律关系。关于土地经营权信托法律关系的主体，实践中形成了委托人为农户、农民个人、土地合作社、政府、农村集体经济组织，受托人为种植大户、信托公司、村委会、农民专业合作社，受益人为农户、农民个人的复杂化混乱局面。本书认为，在土地经营权信托关系中，当事人的法律构造应为——委托人是土地经营权人，受托人是农地信托公司，受益人是土地经营权人，三者均具备实施信托行为的民事行为能力。

1. 委托人具备设立信托行为的主体资格

委托人是将信托财产委托他人进行管理或处分的人，不仅是信托的设立者，也是信托目的的制定者和信托财产的捐出者。[①] 在土地经营权信托关系中，委托人为合法享有土地经营权的土地经营权人，在不同形态的土地经营权下具体表现为：承包人土地经营权模式中的土地经营权人为承包农户，第三方土地经营权模式中的土地经营权人为经承包农户流转取得土地经营权的农业经营主体，“四荒地”土地经营权模式中的土地经营权人为承包方。

其中，在现有的农地信托项目中，承包人土地经营权信托的委托人往往由政府或集体经济组织担任，在信托关系的成立和运行中占据主导地位。[②] 然而，由于委托人必须对信托财产享有所有权，而此种模

---

① 参见［日］中野正俊：《信托法》，张军建译，中国方正出版社2004年版，第50页。

② 例如，“沙县模式”中以村委会为委托人，“中信信托”在安徽宿州的项目以区政府为委托人，“中建投信托”在江苏镇江新区的信托项目以政府成立的集体资产管理公司为委托人。

式下土地经营权的真正权利享有者是农户,故其严重违背《信托法》之规定。同时,由于政府或集体经济组织并非信托收益的实际享有者,农地效益的多少与其并无切实关联,故其难以尽到监督受托人行为的勤勉义务,暴露出此种模式忽略农户利益的固有缺陷。《民法典》第55条明确规定,从事家庭承包经营的农村集体经济组织成员为农村承包经营户,并将其置于"自然人"之下的一节,承认其独立的法律主体地位。这表明,农户作为土地经营活动的主体,依法享有土地经营权,是权利的享有者和利益的享受者,在实施管理、处分等法律行为时,能够确保自身的义务履行和责任承担,故承包人土地经营权信托的委托人应为农户。

在此基础上,土地经营权信托显现出集合信托的特质,是信托公司按照土地经营权人的意愿,将两个以上委托人交付的土地经营权进行集中管理和运用的财产权信托。土地经营权集合信托是集团化的信托模式,是信托财产的集合化及其集合化管理的信托,要求将不同委托人的土地经营权组成信托财产整体加以概括、集合化管理。[①] 土地经营权集合信托基于其"信托"的特殊结构和财产"集合化"管理的特点,不仅能够有效克服单个土地经营权人个别化信托,从而造成交易成本陡增的弊端,还能实现农民收益最大化和农地规模经营的双重目标。

2. 受托人具备管理信托财产的受托能力

受托人是从委托人处取得财产权,以该财产权名义上的所有人身份,为受益人的利益管理和处分信托财产的人,在信托关系中发挥着核心般的作用。[②] 在我国已有的农地信托实践中,受托人往往由政府设立的土地信托服务机构担任[③],负责提供登记和发布土地供求信息、

① 参见徐卫:《土地承包经营权集合信托模式的构建逻辑与制度设计——契合土地流转目标的一种路径》,载《暨南学报(哲学社会科学版)》2015年第2期。

② 参见[日]中野正俊:《信托法》,张军建译,中国方正出版社2004年版,第52页。

③ 例如,在"绍兴模式"中,县、镇、村分别设立三级土地信托服务机构,由信托服务机构担任受托人;在"浏阳模式"中,浏阳市设立土地信托服务中心,由乡、镇、办事处的土地流转信托服务站担任受托人。

推介土地开发项目、协调供求双方、追踪服务和调处纠纷等服务。事实上,这种政府主导下的土地信托服务机构,在性质上为土地经营权信托流转的媒介平台,仅能发挥些许简单的服务协调功能,难以承担农地信托流转之责任。鉴于其全然背离了信托法律关系下受托人独立管理运营信托财产,促成信托财产产生更大收益的基本属性,未来应当在土地经营权信托中摒弃此种模式。

相比政府过度参与的平台服务机构,商业信托公司能够紧密联系资本市场,利用受托资产发行信托计划,募集资金为农地规模经营提供金融支持,还能与农业公司、农机公司开展合作,为农业经营提供机械设备、专业技术等服务,因而更宜成为土地经营权信托的受托人。另外,鉴于土地经营权信托的特殊性,受托人的受托能力不应仅限于满足《信托法》关于受托人的资质要求,还应当达到《农村土地承包法》对于受让方的资格标准。依据《农村土地承包法》的规定,土地经营权流转的受让方应当具有农业经营能力或者资质。① 这表明,土地经营权信托中的受托人应当是具有一定的从事农业生产经营能力和资质的信托公司。农地信托公司具有专业的农村土地管理经验,能够高效地管理或处分土地经营权,并借助信托公司的金融业务许可进行相关融资活动,从而募集资金投入农业生产经营活动。② 故农地信托公司具备管理土地经营权的受托能力,是土地经营权信托中受托人的最佳人选。

3. 受益人具备享受信托利益的法律地位

受益人是信托产生的经济利益的直接享有主体,是享受信托财产所产生的利益的人,是在信托中享有信托受益权的人。③《信托法》第

---

① 《农村土地承包法》第 38 条规定:"土地经营权流转应当遵循以下原则:(一)依法、自愿、有偿,任何组织和个人不得强迫或者阻碍土地经营权流转;(二)不得改变土地所有权的性质和土地的农业用途,不得破坏农业综合生产能力和农业生态环境;(三)流转期限不得超过承包期的剩余期限;(四)受让方须有农业经营能力或者资质;(五)在同等条件下,本集体经济组织成员享有优先权。"

② 参见高圣平:《农地信托流转的法律构造》,载《法商研究》2014 年第 2 期。

③ 参见[日]中野正俊:《信托法》,张军建译,中国方正出版社 2004 年版,第 50 页。

43 条规定,受益人可以是自然人、法人或者依法成立的其他组织。由于委托人设立信托就是为了实现受益人的利益,因而受益人是纯粹享有信托利益的人,无须负担任何信托义务,在主体资格上也几乎没有限制。原则上任何法律主体都可以成为受益人。

如前所述,土地经营权信托的委托人为众多土地经营权人,属于集合信托法律关系。集合信托在性质上属于典型的自益信托①,故土地经营权信托亦属自益信托,即委托人与受益人相同,因此,土地经营权信托的受益人为众多的土地经营权人。另外,与其他信托财产不同,承包人土地经营权信托中的土地经营权是农民的生存根基,不仅对农民而言承载着社会保障功能,还对全社会的粮食安全与稳定具有重大意义。此种形态下土地经营权信托的设立目的就在于提高农地的经济价值,从而增加农民收益,使农民获得信托利益,提升农民的生活水平,故承包人土地经营权信托的受益人应限于农户。

(二)土地经营权信托法律关系的客体具备承载信托行为的利益价值

作为信托法律关系的核心,信托财产是受托人因承诺信托而取得的财产,是其按照一定的目的予以管理和处分的对象。在土地经营权信托法律关系中,信托财产是土地经营权,其作为一项纯财产权利,不附带任何身份属性,能够成为信托的标的物,承载土地经营权信托的物质利益,创造更多的经济价值。

1. 土地经营权满足信托财产的基本特征

依据《信托法》的规定,信托财产是委托人合法所有的财产或财产权利。② 土地经营权是一项由农户或其他农业经营主体合法享有的财产权利,代表着对农地享有经营运作并获取收益的权利,在本质上属于财产权,不附带任何人身权特质,故其符合信托财产的基本属性。

---

① 自益信托是指委托人以自己为唯一受益人而设立的信托,即委托人和受益人是同一人。

② 《信托法》第 7 条规定:"设立信托,必须有确定的信托财产,并且该信托财产必须是委托人合法所有的财产。本法所称财产包括合法的财产权利。"

同时,它还满足信托财产所应具备的得以金钱计算其价值、积极财产性、移转或处分的可能性及存在或特定的可能性等要件。[①] 土地经营权虽不是资金形态的财产,但其具有可以换算成金钱的经济价值,能够依据土地的位置、肥瘦、面积、附属的农业设施等情况进行评估作价,从而转化为相当数量的资金。[②] 在土地经营权信托法律关系中,土地经营权是土地经营权人自身享有的现存确定的积极财产,不包含债务或负担等消极财产。依据《农村土地承包法》以及《民法典》中土地经营权流转的期限、原则、合同条款等规定,土地经营权具有可转让性,委托人将其转移给农地信托公司后,土地经营权信托即告有效成立。

从农地“三权分置”改革来看,土地经营权凸显出独立的财产权属性,强调经营农地创造经济利益,由此,以其为客体设立的信托在性质上属于财产权信托。原银监会下发的《信托业务监管分类试点工作实施方案》(以下简称《实施方案》)和《信托业务监管分类说明(试行)》(以下简称《分类说明》),明确了信托公司业务的“八项分类”,具体包括:债权信托、股权信托、同业信托、标品信托、资产证券化信托、财产权信托、公益(慈善)信托、事务信托。作为“八项分类”的重要一项,财产权信托是指信托公司依据信托文件的约定,以依法可以流转的非资金形式的财产或财产权设立信托,对信托财产进行管理和处分的信托业务,证券代持、股权代持、以债权设立的信托等都包含于内。

2. 不同法律属性的土地经营权均具备实施信托的现实可操作性

关于土地经营权的法律属性,学界存在很大争议,但不论是物权性质的土地经营权还是债权性质的土地经营权,均具备实施信托的现实可操作性。

一方面,以用益物权为标的设立的信托在我国存在广泛的实践基

---

① 参见王志诚:《信托法》,台北,五南图书出版股份有限公司 2009 年版,第 134 ~ 135 页。

② 参见徐卫:《土地承包经营权集合信托模式的构建逻辑与制度设计——契合土地流转目标的一种路径》,载《暨南学报(哲学社会科学版)》2015 年第 2 期。

础。为加快土地流转，提高农地经济收益，实现保粮增收和农业规模化经营的目标，自2001年始，我国各地便积极着手进行农地信托实践探索。但囿于农地“三权分置”政策尚未全面推进，各地土地信托实践主要表现为对土地承包经营权所实施的信托，目前实践中已经形成了信托公司主导的“中信模式”①和地方政府主导的“草尾模式”②等富有特点的实践模式。这些模式不仅实现了农地大面积专业化的规模经营，还显著提高了土地的整体效益和农民的收入水平，取得了可观的经济收益和一系列积极成果，为未来土地经营权信托的推广和发展提供了实践范本。另外，学者们关于建设用地使用权信托的制度构想也为土地经营权信托的实施提供了实践土壤。为解决旧城改造及保障性住房等市政建设项目中的资金短缺问题，通过建立建设用地使用权信托制度，将委托人合法享有的建设用地使用权及地上建筑物信托给信托公司，由信托公司对其进行施工、建设等开发经营活动，并借助发布信托理财产品，吸引广泛的社会资本，为城市建设筹集所需的资金，实现融资功效与社会稳定的双重目标。据此，土地承包经营权信托和建设用地使用权信托的实施，标志着以用益物权为标的设立信托存在广泛的实践土壤，意味着土地经营权信托在实践层面上具备可行性，为其存续发展提供了丰富的实践经验。

另一方面，以债权为标的设立的信托在我国拥有坚实的法律基

① 2013年，中信信托公司在安徽省宿州市埇桥区发行国内首只土地流转信托——中信·农村土地承包经营权集合信托计划1301期。在该信托产品中，农户先与村委会签订协议，将土地承包经营权转给村委会，再由村委会协议委托给乡镇政府，乡镇政府委托给区政府。最终，埇桥区人民政府作为土地的直接委托人进行信托。中信信托公司作为受托人接受信托后，计划建设现代农业循环经济产业示范园，与安徽帝元现代农业投资有限公司签订土地出租合同和服务合同，由该公司作为服务商提供服务进行实际经营。

② 2010年，湖南省沅江市草尾镇启动农村土地信托试点，由沅江市人民政府出资200万元，成立沅江市草尾镇农村土地承包经营权信托有限公司。不愿或无力耕种土地的农民可以将土地承包经营权直接委托给草尾镇农村土地承包经营权信托有限公司，该公司作为沅江市草尾镇土地信托的受托人，负责组织有意愿的生产经营者以招投标方式获得土地租赁权。其中，地方政府为土地信托流转提供人力、物力、财力保障，在农户与经营主体之间担任中间人的角色，负责处理好土地信托流转中存在的各种矛盾，在土地信托模式中占据了绝对的主导地位。

础。所谓以债权为标的设立的信托,是指委托人将其合法拥有的各类债权委托给信托投资公司,信托公司根据债权的信用等级质量和现金流等设计信托产品,进行专业化管理、运作或者处分,从而提高债权资产的价值和流动性,实现信托资产最大限度地保值增值,主要包括住宅贷款债权信托、人寿保险债权信托及其他类型的债权信托。作为信托公司的主动管理型业务,受托人不仅可以通过选择有偿折价出让、以高流动性和可变现性强的财产抵债、债转股以及抵债财产变现等信托财产管理方式实现受益人利益的最大化,还能将债权信托收益权有偿转让给社会投资者,使债权委托人获得融资并降低管理成本,而社会投资者则可依赖信托公司对折价获取的债权的专业化经营而获取收益。原银监会相继出台的《实施方案》及《分类说明》,标志着国家赋予了以债权为标的设立信托的合法性,在立法层面上得到了广泛的支持,为其实践发展提供了充分的法律依据。

需要强调的是,以债权为标的设立的信托与债权信托存在较大差异,应当将二者加以严格区分:首先,在内涵上,以债权为标的设立的信托是信托公司将委托人的各类债权进行专业化管理的财产权信托业务,而债权信托是信托公司将信托资金直接或间接投资运用于非公开市场交易的债权性资产的信托业务。[①] 其次,在信托标的物上,以债权为标的设立的信托,信托标的物为委托人合法享有的债权,属于财产权的一种,故在信托业务类型上属于财产权信托,本质上属于非资金信托;而债权信托是信托公司业务体量规模最大的一类,信托标的物为信托资金,本质上属于典型的资金信托。最后,在运作模式上,以债权为标的设立的信托中,信托公司通过有偿折价出让、债转股等信托财产管理方式,改善委托人的资产状况,有效盘活存量资产;而债权信托中,信托公司以债权融资的方式使用信托资金,通过向资金使用方发放信托贷款,约定明确的期限和资金占用的收益,并由资金使用

① 《分类说明》规定:“债权信托是指信托公司依据信托文件的约定,将信托资金直接或间接投资运用于非公开市场交易的债权性资产的信托业务。”

方承担到期还本付息的义务,从而获得相应的贷款利息作为信托收益。因此,准确区分二者的关键在于,以债权为标的设立的信托以债权属性的信托标的物为判定依据,而债权信托并非以债权这一信托标的物为衡量标准,而是依据信托资金的运用方式加以界定。

(三)土地经营权信托法律关系的内容能够囊括信托行为的法律后果

通过实施信托设立行为,引起的法律后果是在委托人、受托人、受益人之间形成信托法律关系,并在当事人之间产生权利和义务。因信托行为属于民事法律行为,所以信托可根据当事人双方的行为即合同来予以设立。在土地经营权信托中,委托人与受托人签订信托合同,在合同当事人、受益人之间形成以信托财产为基础的权利义务关系。其中,土地经营权信托合同基于当事人的合意达成,土地经营权信托目的属于合法的信托目的,满足信托行为的条件和要求。

1. 土地经营权信托合同符合《信托法》之规定

依据《信托法》的规定,信托合同是基于当事人之间的信任,遵循私法意思自治原则,并于信托合同签订时信托成立的合同。[①] 显而易见,信托的成立不以委托人与受托人之间的有关设立信托的合意和由委托人向受托人转移财产权为条件,只要当事人之间达成了设立信托的合意,与有无财产权的转移无关,信托即告成立。土地经营权信托合同基于土地经营权人与农地信托公司的合意达成,符合当事人真实的意思表示,信托合同一经签订,土地经营权信托即告成立,委托人向农地信托公司转移土地经营权后,信托开始生效。

尽管土地经营权信托关系基于信托合同而形成,但其并不等同于一般意义上的合同关系,而是具有信托法特质的法律关系。因而,在土地经营权信托关系产生、运行、变更、终止乃至纠纷处理中,都要把

---

① 《信托法》第 2 条规定:"本法所称信托,是指委托人基于对受托人的信任,将其财产权委托给受托人,由受托人按委托人的意愿以自己的名义,为受益人的利益或者特定目的,进行管理或者处分的行为。"第 8 条第 3 款规定:"采取信托合同形式设立信托的,信托合同签订时,信托成立。采取其他书面形式设立信托的,受托人承诺信托时,信托成立。"

握信托法的特质,树立和运用信托法思维①:一方面,在法律适用上,土地经营权信托关系的各方当事人应当优先适用《信托法》,行使其权利,承担其义务,而非直接适用合同关系的法律规定。信托合同只是信托关系成立的载体,信托关系与合同关系存在天壤之别,不可将二者加以混同。在信托关系中,委托人将土地经营权转移给农地信托公司,双方签订信托合同,约定由农地信托公司进行管理运作,并将所得收益分配给委托人。若委托人欲收回土地经营权,那么其应当依照《信托法》及信托合同的规定,行使委托人解除信托的权利,从而取回土地经营权。委托人不可依据《民法典》有关合同解释之规定,主张解除合同,从而要求信托公司恢复原状、返还财产。另一方面,在司法裁判中,应当将因对信托财产进行管理而产生的法律关系之全部加以处理。委托人若诉请返还土地经营权,由于农地信托公司可能早已将土地经营权交予实际经营者管理运营,因而该纠纷不仅限于委托人与农地信托公司之间,还包括农地信托公司与实际经营者之间的法律关系。事实上,委托人、农地信托公司及实际经营者之间系因信托财产的管理而形成的信托法律关系,在性质上仅属一个法律关系。因此,司法机关应当依信托法之理念,对其予以一并处理,而非遵照合同相对性原则,分别处理委托人与农地信托公司、农地信托公司与实际经营者之间的法律关系,从而造成一个法律关系两次纠纷处理的混乱局面。

2. 土地经营权信托目的属于合法的信托目的

信托目的即构成信托行为的内容,是委托人在设立信托时意欲达成的目的,在信托设立中占据着最首要的地位,影响信托关系的产生、存续和消灭。② 信托目的存在公益、私益之别。土地经营权信托的目的在于,信托公司通过整理农地集中连片,从事粮食作物和经济作物种植,实现农地规模经营和农民收益最大化,因此其属于私益信托无

---

① 参见陈敦:《土地信托与农地"三权分置"改革》,载《东方法学》2017年第1期。

② 参见[日]中野正俊:《信托法》,张军建译,中国方正出版社2004年版,第59~60页。

疑。土地经营权信托目的的内容基于委托人的自由意愿决定,满足《信托法》规定的合法性、确定性、可实现性要求,不存在任何违反法律的强制性禁止规定或行政法规、违背国家利益和社会公共利益的情形。①

通过在土地经营权信托合同中载明信托目的,不仅可以判断土地经营权信托的设定是否符合相关法律、行政法规的要求,是否违反了农地使用性质,是否违反耕地保护条款,对农地的可持续利用是否会造成危害②,还能为委托人或受益人规制受托人的行为提供界定标准,即当其认为受托人的信托行为超越应有权限或者可能损害其合法权益时,可以借助土地经营权信托目的进行衡量。如此一来,能够有效监督受托人的信托管理行为,保障受益人信托利益的实现,推动土地经营权信托长期发展。

综上,在土地经营权信托法律关系中,作为法律关系主体的委托人、受托人及受益人皆具备实施信托行为的民事行为能力;作为法律关系客体的土地经营权具备承载信托行为的利益价值;作为法律关系内容的当事人之间的权利义务能够囊括信托行为的法律后果。这充分表明,土地经营权信托符合信托法律关系有效成立的各项要求,具有较强的可操作性和深远的现实意义。

二、土地经营权信托的具体运作流程

尽管分属于用益物权和债权这两种不同法律属性的土地经营权均具备实施信托的可行性,但由于权利客体的差异性,承包人土地经营权信托及“四荒地”土地经营权信托与第三方土地经营权信托,在具

---

① 《信托法》第6条规定:“设立信托,必须有合法的信托目的。”第11条规定:“有下列情形之一的,信托无效:(一)信托目的违反法律、行政法规或者损害社会公共利益;(二)信托财产不能确定;(三)委托人以非法财产或者本法规定不得设立信托的财产设立信托;(四)专以诉讼或者讨债为目的设立信托;(五)受益人或者受益人范围不能确定;(六)法律、行政法规规定的其他情形。”

② 参见袁泉:《中国土地经营权信托:制度统合与立法建议》,载《重庆大学学报(社会科学版)》2018年第6期。

体运作流程及当事人的权利义务上存在显著区别。

(一)承包人土地经营权信托及"四荒地"土地经营权信托的运作流程

家庭承包中的承包农户或"四荒地"的承包方将其享有的土地经营权委托给土地信托机构,由农地信托公司负责将土地经营权进行自主经营或转让给其他主体经营,并将由此而获得的收益分配给承包农户或承包方,形成以承包农户或承包方为委托人、农地信托公司为受托人、承包农户或承包方为受益人的信托法律关系,如图1所示。

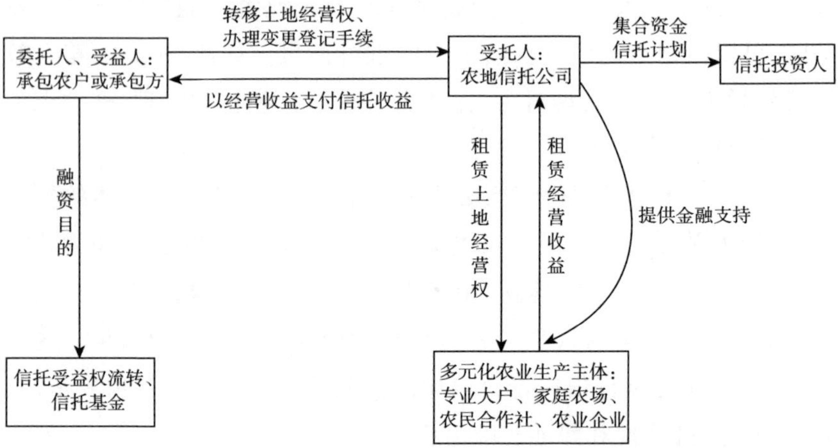

图1 承包人土地经营权信托及"四荒地"土地经营权信托的运作流程

鉴于此种情形下土地经营权具有物权属性,承包农户或承包方将自身享有的土地经营权委托给农地信托公司时,不仅需要将土地经营权转移至受托人名下,还应当协助受托人办理变更登记手续,落实物权的公示要求。农地信托公司在接受承包农户或承包方委托的土地后,为了达到规模效应,首先需要制定合理的产业规划方案,将土地进行统一规划,把细碎分散的土地整理成具有一定规模的方田,从而增加有效耕地面积,优化土地利用结构,为土地集中连片、专业化规模经营创造条件。通过筛选符合条件的经营主体,农地信托公司将土地经营权转让给具有丰富土地管理经验的专业农业生产主体,如专业大户、家庭农场、农民合作社、农业企业等，由他们根据其种植优势及种植意愿开展具体的农业生产活动。二者的结合集土地、资金、市场、技术和管理经验等优势，能够实现土地的高效产出，促使农村土地资源得到最优化配置。①

在土地经营权信托法律关系中，农地信托公司不仅能够在“财产权信托”中发挥受托人的经营管理职能，还具备在“资金信托”中紧密连接资本市场，为相关主体提供金融支持的功能，从而形成“财产权信托”与“资金信托”平行推进的“双信托结构”。具体来讲，信托资金计划分成两步进行：第一步，推进农村土地经营权的“财产权信托”，形成委托人、受托人、受益人三方当事人的信托法律关系；第二步，根据项目运转、资金需求等实际情况，农地信托公司适时择机发行集合资金信托计划，吸引广泛的社会资本投资，为土地利用提供融资支持，用于流转土地区域内的土地整理、农业设施建设，以及为农业生产主体提供贷款以便农业生产经营活动顺利开展。同时，由于农地信托公司具有专业的资产管理能力，能够帮助委托人创造财产收益，故土地经营权信托业务还可以衍生出现金资产托管业务，将土地经营权人未来得到的信托收益作为信托基金，委托农地信托公司管理运作，从而产生更多的资本收益。

土地经营权信托的参与人主要包括土地经营权人、农地信托公司、信托投资人、农业生产主体四方利益主体，遵循平等、自愿、公平、公正的基本原则，各方参与主体的收益情况分述如下：第一，作为土地经营权信托的受益人，土地经营权人通过让渡土地经营权的机会成本，获得土地经营权信托收益，包括土地租金及土地增值收益（包含土地经营收益、务工收入、后续社会保障等）。同时，土地经营权人为满足自身的融资需求，可以将其享有的信托受益权进行流转，所获取的资金用于从事日常生产生活等活动。第二，作为土地经营权信托的受托人，农地信托公司从资产经营增值中提取一定比

---

① 参见李燕燕主编：《土地信托概论》，中国金融出版社2015年版，第115～116页。

例的信托报酬,一部分源于委托人的土地经营权信托收益,属于土地经营权信托报酬;另一部分来自信托投资人的融资利息,属于资金信托报酬。同时,农地信托公司将筹集到的资金借贷给农业生产主体,满足其从事生产经营活动所需的融资需求,就此还能获得一笔数量可观的贷款利息。第三,信托投资人通过让渡资金的机会成本,获得相应的投资报酬,追求更高的资本收益。第四,农业生产主体负责流转土地的具体运作经营活动,通过投入土地租金、土地增值收益以及种子、农药、化肥、机械设备等生产资料作为成本,以期获得较高的农地产出收益。

(二)第三方土地经营权信托的运作流程

第三方土地经营权人将基于承包农户流转产生的土地经营权委托给土地信托机构,由农地信托公司将高度分散的土地整理成规整的良田,并将其转让给专业的农业生产主体,实现生产要素的最佳配置,提高土地产出水平,形成以第三方土地经营权人为委托人、农地信托公司为受托人、第三方土地经营权人为受益人的信托法律关系,如图 2 所示。

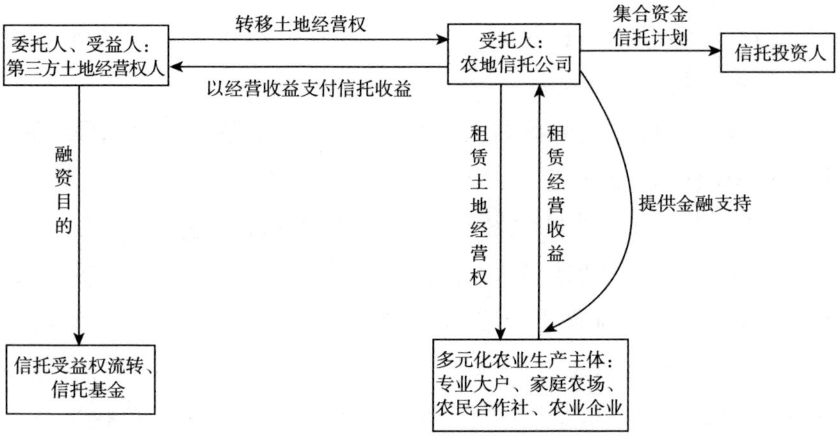

图 2　第三方土地经营权信托的运作流程

在土地经营权信托法律关系中,委托人、受托人及受益人三方当事人之间形成了复杂的权利义务关系,为探明承包人土地经营权信托及“四荒地”土地经营权信托与第三方土地经营权信托的差异之处，对各方当事人的具体权利义务分析如下。

第一，作为委托人，土地经营权人是土地经营权信托的设立者，是信托目的的来源者，法律赋予了其较为广泛的权利：(1)充分知悉受托人对土地经营权管理处分情况的权利；(2)在受托人的管理方法不利于实现信托目的时，要求其调整土地经营权管理方法的权利；(3)在受托人违反信托目的管理运用或处分土地经营权时，享有解任权、撤销权以及损害赔偿请求权等救济性权利；(4)解除土地经营权信托的权利、变更受益人或处分受益权的权利。同时，为保证土地经营权信托的稳步运行，委托人需要为受托人处理信托事务做好辅助工作，承担相应的法律义务：依照信托合同将土地经营权转移给受托人的义务，向受托人支付信托报酬的义务等。

第二，作为受托人，农地信托公司负责管理运营土地经营权，并实现受益人利益的最大化，在土地经营权信托中处于核心地位，应当尽到“善良管理人”的义务：妥善管理土地经营权并履行更高的谨慎注意义务、亲自经营管理土地经营权并将其与自身固有财产分别进行管理的义务、将信托收益给付受益人的义务、信托终止后返还土地经营权的义务。在依法承担义务的同时，受托人还享有一定的法律权利：请求委托人支付信托报酬的权利、因管理土地经营权产生的费用偿还请求权以及辞任请求权等。

第三，作为受益人，土地经营权人是纯粹享有信托利益的人，无须支付任何对价和负担任何义务。获得信托利益是受益人的专属权利，农户或其他农业经营主体有权要求受托人向其交付管理土地经营权所获得的信托收益，享有对受托人不当处分土地经营权的追及权、损害赔偿请求权以及与委托人相同的监督受托人的权利等。

由于承包人土地经营权信托及“四荒地”土地经营权信托与第三方土地经营权信托的信托标的法律属性不完全相同，因而导致在具体的信托设计上存在差别，主要表现为：

一方面，在信托关系成立后，委托人应当依约及时将土地经营权移转给受托人。此处由于土地经营权法律性质的不同,以具有物权属性的土地经营权信托设立后,委托人不仅需要转移土地经营权,还应当办理土地经营权变更登记,满足物权变动的公示要求;而委托人在转移具有债权性质的土地经营权时,无须办理相关的变更登记手续,只要双方当事人达成转让合意即可。相比之下,债权属性的土地经营权在转让时,缺少具备公信力的公示制度,导致外界第三人难以准确判断权利归属,容易造成法律关系的混乱局面,不利于当事人的权利保障和整体交易安全的维护。

另一方面,尽管法律为维护农村土地承包关系的稳定,赋予土地承包经营权长期而有保障的权利期间,但法律并没有为土地经营权设置期限,土地经营权的存续期限取决于双方当事人之间土地经营权流转合同的约定。在实践中,流转合同普遍采取短期灵活签订的模式,即约定较短的权利期间并根据实际情况进行续约,甚至不乏许多一年一签的情形出现。然而,土地经营权的运营管理是一个包含经营规划、土地整理、兴建设施、开垦播种及收获产出等一系列步骤的复杂过程,需要付诸资金、时间和精力等各方面的长期投入。因此,短期土地经营权难以满足土地运营的客观需要,不仅为土地经营权的稳定运营带来不确定性,在一定程度上阻碍土地经营权信托的设立,还会增加农地信托公司的实际运作难度,为各方当事人带来更多的交易风险。

为此,建议承包农户在与第三方农业经营主体订立土地经营权流转合同时,充分考察第三方农业经营主体的经营能力、经营资质以及经济状况等各项条件,并在二者平等协商的基础上,将流转期限约定得尽可能长一些,从而降低土地经营权运营的不确定性,预防意外风险的发生。唯有如此,才能克服债权属性土地经营权的固有弊端,为第三方土地经营权信托的有序运营营造稳定的环境,满足农地信托公司和农业生产主体权利确定的心理预期,促使其全身心投入到农地运营的各个环节,从而提升农地产出水平,实现农地经济效益的最大化。

第二节　土地经营权抵押

农地及其相关权益是农民最重要的财产,因此其具有担保价值。对于土地承包经营权及其相关权益能否设立抵押或质押,实现其担保融资功能,历来受到包括政策制定者、立法者、学者等社会各界的重视。土地承包经营权是农民之于农村土地的主要权益体现,但考虑到土地承包经营权一旦抵押可能涉及一系列的社会问题,立法上一直未开禁土地承包经营权抵押。在农地"三权分置"政策背景及《农村土地承包法》《民法典》业已施行的情况下,理论上和立法上都为农民所享有的土地承包经营权益的担保融资开辟了新的空间,这主要体现为土地经营权抵押。

一、土地经营权担保形式的界定

《农村土地承包法》第 47 条虽然规定了土地经营权融资担保,但其并未明确担保的具体形式,这成为立法上的缺憾。其主要原因在于,《农村土地承包法》关于土地经营权的属性争议较大,从而采取了淡化该问题的方式。[①] 但是,以其他方式承包取得的土地经营权,其担保形式为抵押已为《农村土地承包法》第 53 条所明确,故以下仅探讨其他两种形式的土地经营权担保形式的界定问题。

(一)承包方的承包地的土地经营权担保形式的界定

农地"三权分置"政策的一个重要目标就是通过"放活土地经营权",充分释放土地权利的财产价值和生产要素功能。故此,农地融资担保绝不仅仅包括受让方流转取得的土地经营权的融资担保,还包括承包农户所享有的土地权利的担保权能的实现。就此,《农村土地承包法》第 47 条第 1 款第 1 句明确规定"承包方可以用承包地的土地经营权向

① 参见刘振伟:《巩固和完善农村基本经营制度》,载《农村经营管理》2019 年第 1 期。

金融机构融资担保,并向发包方备案”。而事实上,在解释论视角下,承包方是农地流转的出让方而非受让方,其仅享有土地承包经营权,而无法享有经流转才会取得的土地经营权。那么,第 47 条的表述岂不有误?本书认为,该问题应当放在我国法制与政策的演进史及其讨论中观察。我国早期的土地担保讨论,主要限于土地承包经营权能否抵押。对此,理论上存在否定说与肯定说之争。否定说以维护土地承包经营权的社会保障功能为基本立场,担忧农民有可能因土地承包经营权抵押而丧失安身立命之本,并导致农村产生新的两极分化等社会问题,主张对其流转和抵押予以限制。[①] 肯定说则认为,土地承包经营权的合理流转是农村土地规模化经营的必然趋势,应强化土地承包经营权的生产要素功能[②],回归农地所有权与农地使用权之私权本质,确立其独立财产权属性,承认市场对农地资源配置的作用,塑造土地承包经营权为独立完整的用益物权,放开对土地承包经营权流转和设定抵押的限制。[③] 整体而言,否定说与肯定说之间的争议体现了土地承包经营权社会保障功能与生产要素功能之间的冲突,也蕴含着复杂国情把握与权利适度收放之间的紧密关联。从立法态度看,我国立法采否定说。从该角度讲,土地承包经营权抵押是被立法否定的一种担保形式。

那么,《农村土地承包法》第 47 条中承包方的“承包地的土地经营权”应如何解释?翻阅政策文件,我们注意到,农地“三权分置”政策出台前,多用“土地承包经营权抵押”的表述;“三权分置”政策提出之后,中共中央、国务院《关于全面深化农村改革加快推进农业现代化的若干意见》首次确认允许承包土地的经营权向金融机构抵押融资。此后,这种表述在相关政策文件中得以巩固。对此,存在两种解释。第一种解释认为,就承包方而言,设定担保的标的是土地承包经营权,在担保物权实现时不能以土地承包经营权变价,而仅能为流转受让方派

---

① 参见梁慧星:《中国物权法草案建议稿附理由》(第 2 版),社会科学文献出版社 2007 年版,第 461 ~462 页。

② 参见高圣平、陈文学:《农村信贷抵押制度的完善》,载《武汉金融》2009 年第 11 期。

③ 参见温世扬:《农地流转:困境与出路》,载《法商研究》2014 年第 2 期。

生出土地经营权,担保物权实现方式由变价转向强制管理之下的收益执行。[1] 第二种解释认为,由于承包方并未将承包地的土地经营权对外流转,承包方的土地承包权与土地经营权没有分离,因此,作为担保物的土地经营权实际上还未现实存在,承包方是用将来的土地经营权融资担保,到实现担保物权时,土地经营权才从土地承包经营权中分离出来,作为优先受偿的财产。[2]

第一种解释将土地承包经营权界定为承包方设定的担保物权的客体,这与立法实际表述存在差异。有学者指出,土地承包经营权的内容只有经营权的内容而没有土地承包权的内容,经营权是土地承包经营权的本质属性,承包仅仅是经营权取得的方式。[3] 但很显然,土地承包经营权虽具有经营权能,但因其负载社会保障功能,法律上赋予其身份属性,与土地经营权在性质上确有不同。土地承包经营权不得自由流转的基本立场在《农村土地承包法》和《民法典》中未被撼动,且有被加强的迹象。[4] 这应当是《农村土地承包法》在表述上未直接指明其为担保之客体的理由,也是农地"三权分置"之"稳定农户承包权"的政策目标的具体落实。如果将土地承包经营权界定为担保物权的客体,不仅与立法表述不一致,而且也与禁止土地承包经营权抵押的立法思想相冲突。

第二种解释将承包方的土地经营权界定为将来产生的土地经营权,这存在两个问题:一是将来产生的土地经营权并不实际存在,不可能以不存在的权利设定抵押,且其将来并不确定发生,即使以其设定抵押也可能使担保物权无法实现。这种土地经营权不同于权利质押中高速公

---

① 参见高圣平、王天雁、吴昭军:《〈中华人民共和国农村土地承包法〉条文理解与适用》,人民法院出版社2019年版,第306页。

② 参见黄薇主编:《中华人民共和国农村土地承包法释义》,法律出版社2019年版,第200页。

③ 参见韩松:《论民法典物权编对土地承包经营权的规定——基于"三权分置"的政策背景》,载《清华法学》2018年第5期。

④ 如《农村土地承包法》第34条明确了土地承包经营权的转让对象只能是本集体经济组织的其他农户。

路收费权等不动产收益权,不动产收益权确实意味着将来会产生一系列债权,且这些债权收益往往是稳定而且可观的,但不动产收益权本身并非债权,而是一项行政许可权,因其具有财产价值遂可设定担保。二是将来产生的土地经营权发生在承包方与第三方经营主体间,此时第三方经营主体才是土地经营权人,承包方不是这项土地经营权的主体。

《农村土地承包法》第 47 条的表述,实际上隐含着土地经营权生成及担保物权实现机制之间的复杂关联。这种关联体现在,在实现担保物权时,并非就土地承包经营权进行变价,而是通过强制管理或强制缔约的方式设定新的土地经营权,抵押权人的债权得以偿付。可见,此时与早期讨论的土地承包经营权抵押制度,因抵押权实现方式不同已大异其趣。如立法上明确将土地经营权定位于用益物权,由土地承包经营权人为自己设定土地经营权,则可达成《农村土地承包法》第 47 条法律表达上的名实相符。当然,立法上亦可开禁土地承包经营权的抵押,同时将抵押权的实现方式规定为强制管理和强制缔约。

(二)流转受让方取得的土地经营权担保形式的界定

经营主体经流转取得的土地经营权包括流转期限不满 5 年的土地经营权和流转期限 5 年以上的土地经营权。其中,后者具有用益物权属性。在物权法原理上,不动产物权的担保形式以设定抵押为基本原则,此亦为域外立法之通例。照此,流转期限 5 年以上的土地经营权的融资担保应采抵押形式无疑。而流转期限不满 5 年的土地经营权虽为不动产权利,但具债权属性,其能否设定担保以及采取何种担保形式,则有必要进行探讨。对此,本书认为,不宜以流转期限不满 5 年的土地经营权设定抵押或者质押。

1. 流转期限不满 5 年的土地经营权[①]不宜设定抵押

其一,通常认为,债权无法成为抵押的标的。[②] 土地租赁权基于

---

① 因流转期限不满 5 年的土地经营权实为土地租赁权,因此,为论述方便,在本部分以下论述中有时将其简称为土地租赁权。

② 参见宋志红:《三权分置下农地流转权利体系重构研究》,载《中国法学》2018 年第 4 期。

“买卖不破租赁”的现行法规制，虽在一定场合具有部分物权效力，但其本质上仍为一项典型的债权，该物权效力并不能对抗相对方的违约行为。在承包方违约的情况下，土地经营权人仅能请求相对方继续履行合同或者承担违约责任。此时，双方法律关系处于不稳定的状态，继而导致租赁权不易进行拍卖、变卖或折价，从而使抵押权亦面临实现上的困难。另外，在承包方违约的情况下，依据《民法典》第 390 条规定的担保物权物上代位制度，抵押权人有可能须就租赁权人所获得违约金或赔偿金优先受偿，从而实现抵押权，这将大幅增加抵押权实现的成本，严重削弱抵押制度的价值。因此，《民法典》第 395 条规定的抵押财产范围主要体现为抵押人或第三人所享有的所有权或用益物权，不包括债权性权利，这有其道理并应予以维护。

其二，缺乏对土地租赁权进行登记的现实和法理基础。依据《民法典》第 402 条关于不动产抵押登记的规定，抵押权自登记时设立。对于不动产权利的设立和流转，往往以登记为其权利外观，以此彰显权利人的不动产权利，并能保障第三人之交易安全。循此法理，农地租赁为不动产利用的范畴，以其设定抵押也应当以登记为要件。然而，流转期限不满 5 年的土地经营权，法律并未赋予其登记能力。基于不动产登记的连续原则，土地租赁权抵押登记应以土地租赁权登记于农地登记簿中为前提条件。因此，以流转期限不满 5 年的土地经营权设定抵押不具登记条件。这也意味着，其抵押权无法设立。

其三，如以债权性的土地经营权设定抵押，在实现抵押权对土地经营权进行处分时，实为土地租赁权概括转让，此时应经农地承包方的同意。《农村土地承包法》第 47 条规定“经承包方书面同意并向发包方备案”始可进行融资担保，有一定的法理基础。不过，在承包方不同意的情况下，该土地经营权将难以发挥其担保融资的功能，此与土地经营权“流转顺畅”的市场化目标不符。

其四，在以土地的年产出价值为标准计算土地经营权价值的评估规则下，流转期限不满 5 年的土地经营权价值不高，特别是土地经营权融资担保往往在土地经营权的存续期间实施，其剩余期限的价值将越发减少，金融机构很难接受此类抵押财产。提高其价值的唯一方式，就是将设立于大面积土地之上的土地经营权一体予以抵押，这反而可能会对经营主体的稳定经营造成冲击。因此，流转期限不满5年的土地经营权不具有设定抵押的法理基础，亦不具有可观的担保价值，不宜就其设立抵押。

2. 流转期限不满5年的土地经营权不宜设定质押

除上述债权关系不稳定、担保物权实现困难及财产价值不高等问题在以流转期限不满5年的土地经营权设定质押时同样存在外，尚有以下不宜设质的理由：

其一，土地租赁权不符合可设质权利的要求。土地租赁权作为一项债权，原则上有设定质权的可能性。不过，依权利质权之法理，其设立以质权人能否有效控制标的权利之交换价值为确定能否设定质权的根本因素。因此，并非全部的可转让的债权都适合出质。就我国现行法之规定，可设质权利主要包括票据、债券、存款单、应收账款、仓单、提单、知识产权、基金份额、股权等，并不包括土地租赁权。其中，票据、债券等证券权利因具书面形式，以其设立质权应以交付该书面凭证为要件，质权人可通过留置凭证有效控制设质权利；对于知识产权和应收账款等其他设质权利，因不具书面凭证，法律规定以登记为质权设立条件。可见，作为权利质权的标的权利应能够被质权人有效控制。而依前述，流转期限不满5年的土地经营权不具登记能力，显然质权人无法对其进行有效控制，故不宜以其设定质权。

其二，一般认为，不动产的所有权与使用权不适合设立权利质权，各国不动产担保制度亦以不动产权利采抵押担保形式为通例。在“债权物权化”背景下，债权性土地经营权具有一定的物权效力，即使将其予以质押，土地经营权人实际上仍占有农地并进行耕作，此与抵押权的权利构造更加接近。因此，即使可以其设定担保，亦应采抵押形式。

综上，流转期限不满5年的土地经营权既不适合设立抵押，也不适合设立质押。流转期限5年以上的土地经营权和以其他方式取得的土地经营权因具用益物权属性，可以其设定抵押。这既符合担保法理,亦与历来政策上关于土地使用权抵押的表述相一致。

二、土地经营权抵押的客体范围

可以设定抵押的土地经营权,前已明确。有疑问的是,土地经营权抵押的客体范围是否及于土地上之附属物和种养物?在我国各地开展的土地经营权抵押试点的地方性文件中,有些地方明确规定土地经营权抵押时应当将地上附着物一并抵押或者规定土地经营权价值包含地上附着物的价值①,而有的地方则将地上种养物的价值也归入土地经营权的评估价值。② 原则上讲,地上附着物包括地上种养物,除此之外,还包括机井、水池、农业用房以及其他定着于农地上的农业配套设施等地上定着物。本书认为,对于这两种附着物应区别对待。地上种养物主要包括农作物以及禽类、畜类等养殖物。依我国现行法之规定,地上农作物在与土地分离之前,虽将其界定为不动产,但我国并未采德国法上土地吸收地上定着物之立法体例,依然承认土地上的农作物为独立的所有权客体。其与土地分离之后,毫无疑问属于所有人之动产。因此,在以土地经营权设立抵押时,抵押权的效力不能当然及于地上农作物。这不仅因为它们属于不同的权利客体,还因为:一方面,承包方通过种植地上农作物取得经营收益,若将地上农作物一并抵押,在抵押期间内,承包方就无法获取农作物;另一方面,承包土地的经营权与农作物并不存在如同建设用地使用权与地上建筑物一样不可分离的物理关系,因此,不能简单适用建设用地使用权与地上建筑物一并抵押的规则。③ 不过,农作物虽不当然归入土地经营权抵押客体范围,但基于当事人的合意,可以将其纳入其中。依据《民法

---

① 参见《兴仁县农村土地承包经营权抵押贷款管理办法(试行)》(仁府办发〔2018〕33号)第13条、《涟水县农村土地承包经营权抵押贷款管理办法(试行)》(2015年)第17条、《青岛市农村土地承包经营权抵押贷款管理办法(试行)》(青银发〔2014〕70号)第20条等规定。

② 参见《奉贤区农村土地承包经营权抵押贷款工作的实施办法(试行)》(2018年)、《大足县农村土地承包经营权抵押及处置办法(试行)》(2011年)第13条等规定。

③ 参见房绍坤:《论土地承包经营权抵押的制度构建》,载《法学家》2014年第2期。

典》第395条第2款关于"共同抵押"以及第396条关于"浮动抵押"之规定,地上农作物的客体范围在一定期间内虽非确定,但将其与土地经营权一同列入抵押权之客体范围具有现行法及法理之基础。不过,此时并非单纯的土地经营权抵押,而往往是兼具共同抵押和浮动抵押的特点。同理,禽类、畜类等养殖物属于所有权人之动产,也可基于当事人的合意,与土地经营权一同纳入抵押范围。对于农业配套设施等地上定着物,我们主张在以土地经营权设定抵押时,应将其一并纳入抵押范围。这主要是因为,农业配套设施对于农地的生产经营具有辅助功能,将两者分离,对于土地和配套设施效益的发挥都不利。因此,应参照《民法典》第397条房地一体抵押的规定,明确土地经营权抵押时,农业配套设施等地上定着物亦应一并抵押。

三、土地经营权抵押关系的主体范围

(一)土地经营权抵押人的范围

依据《农村土地承包法》第47条规定,土地经营权抵押人包括享有土地承包经营权的农户和通过流转取得土地经营权的第三方经营主体。值得注意的是,在就承包户的承包地的土地经营权设定抵押时,现实中与金融机构签订抵押合同的往往是家庭某一成员。那么,在这种情况下,抵押人为承包农户还是家庭成员?本书认为,依解释论立场,承包农户应为抵押人,而家庭成员为承包农户之代表人。另外,依据《农村土地承包法》第38条关于土地经营权流转的受让方的能力和资质的要求,现实中经流转取得土地经营权的抵押人应主要体现为具有农业生产经营能力和资质的农户、合作社或者公司、企业等民事主体。

(二)土地经营权抵押权人的范围

抵押权人就是借贷关系中的贷款人。在一般情况下,对于贷款人是自然人还是法人或非法人组织,法律上并不进行特别限制。原因在于,借款人对于贷款对象的选择属于意思自治的范畴,法律不应加以干涉。在以往探讨土地承包经营权抵押的过程中,有学者认为,抵押权人应作民商区分,如果只为消费借贷,则无须特别限制抵押权人的范围;如抵押是一项具有持续性和营业性的金融商事行为,则立法上应将抵押权人限制为金融机构。[①] 就法理而言,此类观点具有一定的道理。不过,中国人民银行等部门共同出台的《农村承包土地的经营权抵押贷款试点暂行办法》第 2 条明确将接受土地经营权抵押的抵押权人限定为银行业金融机构。目前土地经营权抵押仅是一项具有政策性惠农特点的融资扶持政策,其主要为农业生产提供资金支持,借贷资金的用途往往限定于种植业、养殖业、农产品加工和流通等领域。实践中,土地经营权价值评估主要依据其年产出能力大小,其担保价值并不可观。因此,提供贷款的金融机构承受较大的贷款逾期的压力,各地纷纷探索运用设立抵押贷款风险补偿金、政策性担保公司提供担保、鼓励保险公司创新农业保险产品和发展保证保险等方式缓释金融风险。在这种情况下,如果允许金融机构接受土地经营权担保向公众开展消费借贷,势必将引发大量借款,不仅会增加金融机构的风险,而且会加重金融机构处置土地经营权的负担。本书认为,将抵押权人限定为金融机构以及对借贷资金的用途进行管制在当前形势下是有必要的。随着农村土地流转市场的成熟和土地经营权抵押制度的不断完善,抵押权人的范围也可以采取分阶段、分步骤的方式逐步扩大,最终做到完全由当事人自主决定、自愿选择。[②]

四、土地经营权抵押设立的要件

关于土地经营权抵押设立的一般要件,应依据《民法典》第 209 条所确立的不动产物权的登记设立主义进行规则设计,包括抵押合同成立并生效以及进行登记两个条件。关于土地经营权抵押合同的效力,依据合同法一般规则判定即可。就其抵押要件,尤其应注意的是以下

---

① 参见曾大鹏:《土地承包经营权抵押的法律困境与现实出路》,载《中国农村观察》2017 年第 2 期。

② 参见房绍坤:《论土地承包经营权抵押的制度构建》,载《法学家》2014 年第 2 期。

两个问题。

(一)关于登记的效力

在土地经营权抵押设立的要件中,是否需要登记是其核心问题。《农村土地承包法》第47条第2款规定:“担保物权自融资担保合同生效时设立。当事人可以向登记机构申请登记;未经登记,不得对抗善意第三人。”可见,《农村土地承包法》关于土地经营权担保物权的设立采登记对抗主义。按此规定,以未登记的土地经营权进行抵押的,抵押权可以登记亦可不登记。但依登记连续规则,土地经营权抵押登记应当以土地经营权登记为条件,此时未登记的土地经营权不具抵押能力,除非法律允许其进行补登记;如果以登记的土地经营权设定抵押,则其可以进行抵押登记,亦可不进行登记。与第47条不同,对于以其他方式取得的土地经营权,《农村土地承包法》第53条则规定,经依法登记取得权属证书的,可以进行抵押。显然,对于土地经营权抵押是否登记的问题,《农村土地承包法》内部并不统一。而且,我们也注意到,《农村土地承包法》第47条关于土地经营权登记的内容,与《民法典》的有关规定亦不统一。《民法典》关于抵押权的设立,区分不动产和动产,并分别构建了不动产以登记设立主义为原则、动产以登记对抗主义为例外的规则体系。

本书认为,《农村土地承包法》中土地经营权抵押权设立的条件,应当遵循《民法典》所确立的登记设立主义。理由如下:其一,依据《民法典》规定,不动产权利的抵押均以登记为设立要件,土地经营权作为一项不动产权利,没有脱离该规则体系的理由。否则,立法的统一性将被打破。其二,土地经营权抵押登记已具备现实条件。目前,全国范围内的土地承包经营权确权颁证工作已基本完成。这为土地承包经营权及土地经营权登记系统的建立和完善提供了现实基础。其三,土地经营权流转的需要。农地“三权分置”政策的核心在于“放活土地经营权”,而所谓“放活”即为通过土地经营权的设立和流转,充分发挥土地的生产要素功能。随着农地“三权分置”政策的深入实施,农村土地流转必将加速,土地流转市场也将不断扩大。在这种情况下,土地经营权既可能在“熟人”之间流转,也有可能在“陌生人”之间流转[①],我国传统农村的熟人社会结构不仅将被打破,其亦不可能维系交易安全保障的旧有功能。因此,以目前农地流转及社会变迁的趋势看,应重视登记的作用,加强对农地流转交易安全的保障。在试点过程中,金融机构也普遍要求建立登记制度,土地经营权融资担保的地方性文件也普遍把登记作为抵押权设立的必经程序。立法应顺应这种现实需求,逐步建立起土地经营权及其抵押登记设立的制度。

（二）关于“是否应当经承包方书面同意并向发包方备案”

依据《农村土地承包法》第 47 条规定,第三方经营主体取得的土地经营权,经承包方书面同意并向发包方备案,才可以向金融机构担保融资。其立法目的一方面在于保护承包农户的权益,另一方面则在于使发包方全面掌握土地流转情况并对其利用进行监督。虽然理论上该条规定应归入管理性强制性规定的范畴,违反该规定并不影响担保合同的效力,但其仍然有可能成为影响土地流转关系稳定的因素。因为,如果在未经承包方书面同意的情况下,第三方经营主体将经流转取得的土地经营权予以抵押融资,承包方可能以其违反合同约定为由请求其承担违约责任甚至解除流转合同,从而影响土地经营权人的正常经营。

本书认为,《农村土地承包法》的相关规定是不必要的。农地“三权分置”下的土地经营权为一项剥离身份属性的财产权,权利人有权直接支配权利客体并对其进行处分,相关规定限缩了权利人的处分权,将严重影响土地经营权的流转。因此,如果以其设定抵押尚需经承包方书面同意,将使农地“三权分置”政策意欲将土地经营权塑造为市场化财产权利的目标落空。再者,土地经营权在流转中主要体现的是其交换价值,出让人以获得交易对价为目的。无论土地经营权如何

---

① 参见焦富民:《“三权分置”视域下承包土地的经营权抵押制度之构建》,载《政法论坛》2016 年第 5 期。

流转,承包农户都可依流转合同获得出让金,并在土地经营权届期后重新使土地承包经营权回复圆满状态。故而,土地经营权设定抵押须"经承包方书面同意"的规定并不可取。不过,在当前形势下,土地经营权流转备案对于发包方全面监督承包地的流转和利用具有一定的意义,可以保留。随着农地登记制度的完善,在发包方能够通过土地登记簿方便掌握土地流转情况时,可最终在立法上删除有关备案的规定。

五、土地经营权抵押权的实现

(一)土地经营权抵押权的实现方式

依据《民法典》的规定,抵押权的实现方式,有协议折价、拍卖、变卖三种方式。土地经营权抵押权的实现能否适用这三种方式,对于土地经营权抵押具有重要意义。

如前文所述,在《农村土地承包法》制度背景下,承包方的承包地的土地经营权融资担保实质上仍是基于土地承包经营权设定抵押。此时,在实现抵押权时很显然不能对承包方的土地承包经营权适用折价、拍卖、变卖等处分方式,否则承包方将丧失土地承包经营权,有违农地"三权分置"政策"稳定农户承包权"的政策目标。故而,对此必须创新抵押权的实现方式。这种方式可以是对土地承包经营权采取强制管理。所谓强制管理,是指执行机关对于被执行的不动产委托管理人实施管理,以其所得收益清偿债权的制度。[①] 其实质在于为管理人设立土地经营权。通过强制管理,既可以使土地承包经营权人保留土地承包经营权,又能有效偿付债务。

基于土地经营权的制度内涵及其生成原理,本书认为,也可以采取强制缔约的方式。由法律赋予执行机关以强制缔约的权利,使承包方和由司法机关确定的经营主体建立土地流转关系,使第三方经营主体取得土地经营权。如果该土地流转期限不满 5 年,则第三方经营主

---

① 参见房绍坤:《论土地承包经营权抵押的制度构建》,载《法学家》2014 年第 2 期。

体所取得的是一项债权性的土地经营权；如果该土地流转期限为 5 年以上，第三方经营主体取得的则是一项物权性的土地经营权，权利人可决定是否对该土地经营权进行登记。此时，第三方经营主体本应向承包方支付的土地使用费由抵押权人收取，从而使其债权得到偿付。强制管理和强制缔约的管理人或土地经营权人，可参照现行法所规定的抵押权实现方式，由司法机关在农地流转市场对涉案承包地采取招标、拍卖或挂牌转让的方式确定。以上抵押权的实现方式显然迥异于既有规定，其核心内容在于就承包方的土地承包经营权设定一项新的土地经营权，这应该是《农村土地承包法》第 47 条规定“承包方可以用承包地的土地经营权向金融机构融资担保”的原因所在。

对于受让方以流转方式取得的土地经营权和以其他方式取得的土地经营权设定的抵押权的实现，因土地经营权为具有用益物权属性的市场化财产权，因此，完全可以适用拍卖或者变卖的方式进行处分。不过依《农村土地承包法》第 38 条土地经营权人“须有农业经营能力或者资质”的规定，其并不适合折价方式。如采折价方式，在将抵押权人限定为银行业金融机构的情况下，金融机构将成为土地经营权的新的权利人，这显然违反了该规定。因此，折价方式不应当适用于流转受让方土地经营权抵押的实现。

《农村承包土地的经营权抵押贷款试点暂行办法》第 15 条规定了贷款重组、按序清偿、协议转让、交易平台挂牌再流转等多种处置抵押物的方式，地方试点也对这些方式进行了广泛应用。本书认为，贷款重组、按序清偿实际上是抵押权人充分考虑农户偿债能力和金融风险缓释的需要，在维持土地经营权抵押关系不变的前提下，对旧的债权债务关系的一种处置，并不属于法律意义上的抵押权实现方式。至于该办法中所规定的协议转让、交易平台挂牌再流转等方式，其本质上就是拍卖、变卖，属于典型的抵押权实现方式。

（二）实践中土地经营权抵押权实现存在的问题及对策

土地经营权抵押以支配土地经营权的交换价值为手段，在债务人届期未能依约偿还债务时，抵押权人可以通过拍卖、变卖等方式取得土地经营权的交换价值。因此，就土地经营权抵押权的实现而言，土地经营权的价值评估与能否顺畅实现市场流转具有十分重要的作用。实践中，这两方面工作还存在一定的问题，亟须通过破解其中的难题和障碍，使土地流转市场逐渐走向成熟。

1. 土地经营权的价值评估

土地经营权由什么机构实施评估、以何种方式进行评估，深刻影响土地经营权价值的确定，有必要进行明确。

（1）关于评估机构。我们通过社会调研了解到，目前农地流转工作中存在的最大问题是缺少专业评估机构，导致土地价值不容易确定，影响了土地流转的效率。本书认为，随着农地"三权分置"政策的深入实施，土地流转将更加频繁，农地权利价值评估是农地流转市场建设不可或缺的重要内容，国家层面应当重视专业队伍的建设。

（2）关于评估方式。按照我国目前的制度规定，受农地用途管制的约束，农地价值往往表现出单一性、低值性。如有的地方规定："农村承包土地经营权抵押价值确定应根据近 3 年当地主栽作物平均产量和平均价格计算土地年均价值，或者根据当地土地年平均租金作为土地年均价值。"①这种以土地产出价值为基础计算的土地经营权价值，在价值数额上并不可观，甚至比较低。但实践中，贷款人却常常能够以价值不高的土地经营权取得数倍于其市场价值的贷款，这实际上增加了农村金融市场的风险因素。基于此，为加大对农业农村的资金支持力度，很多地方不得已建立了政府性的担保公司，在农户无法偿还债务时由政府承担相应的担保责任。由此，因贷款人无力偿还借款所产生的大量债务最终由政府买单，并继而引发了政府性担保公司应如何处置经营主体抵押的土地经营权的现实难题。本书认为，随着改革的深入，在放活土地经营权、强化其财产权属性的同时，可考虑遵循市场化规则，尊重土地经营权价值的市场表现，逐步突破仅以产出价

① 参见《沂南县农村承包土地经营权抵押贷款管理办法（试行）》第 21 条。

值评估农地担保价值的评估方法,促使农地担保融资功能充分发挥。

2. 农地流转市场建设

目前,在我国开展土地承包经营权确权和抵押工作较早的试点地区,纷纷建立了农地交易市场。如辽宁省彰武市普遍建立了县乡两级土地流转中心,流转面积达到 100 亩以上的由县土地流转中心处理,不足 100 亩的由乡镇土地流转中心处理。土地流转市场的建设无疑对农村土地流转发挥着极其重要的平台作用。不过,土地流转市场建设不仅要重视硬件建设,更要重视成熟配套机制的建立。本书认为,其中有两方面工作需要注意:一是要建立起流转市场与土地评估机构的有效联系,能够保障流转过程中土地经营权评估的顺畅进行及对其市场价值的客观把握;二是要充分利用土地承包经营权的确权成果,建立农地信息登记系统,充分发挥登记对于保障交易安全的公示公信作用,从而促进农地流转市场有序发展。

第十章　土地经营权流转与发包方终止权

第一节　土地经营权的流转与再流转

依据《农村土地承包法》的规定,“流转”是指土地经营权由承包方向受让方的第一次转移,即初次流转。与之相对应,“再流转”是指土地经营权由受让方向“次受让方”(或称“第三人”)的第二次转移,即再次流转。再流转是在初次流转(流转)[①]的基础上进行的,在时间流程上,二者具有前后相继的关系。由于再流转是流转的一种特殊形态,其包含了流转的一般性制度构造,故本节只探讨再流转问题,对流转问题不作直接探讨。

在我国现行有效法律体系中,“再流转”一词正式入法始于2005年原农业部颁布的《农村土地承包经营权流转管理办法》(已废止),其第13条规定:“受让方将承包方以转包、出租方式流转的土地实行再流转,应当取得原承包方的同意。”此后,2018年

---

① 下文中,“流转”与“初次流转”同义,只是根据行文表述的需要,有时称为“流转”,有时称为“初次流转”。换言之,当称“流转”时,是指与“再流转”相对称的“初次流转”,特此叙明。

《农村土地承包法》修正时将“再流转”一词正式上升为更高位阶的法律层面，于第46条规定：“经承包方书面同意，并向本集体经济组织备案，受让方可以再流转土地经营权。”就词义而言，“再流转”是相对于“初次流转”而言的。在我国改革开放后农地改革的早期，囿于农地立法和理论研究的滞后性，有学者曾将“初次流转”界定为土地使用权在土地所有者与土地使用者之间的转移，而将“再流转”界定为土地使用权在土地使用者之间的转移。[①] 而在现行立法和理论上，这一界定已经不能成立。农地权利由土地所有者向土地使用者的转移，是一种承发包关系，是集体成员“承包权”实现的过程，在物权变动上表现为“土地承包经营权”的设立，其本身不是“流转”问题。再流转在具有流转之一般特性的同时，由于掺入了承包方的意志因素（经承包方同意），故也具有了其特殊的制度构造。本节拟在厘清再流转之客体为土地经营权的基础上，就再流转的一些特殊制度构造和法律适用问题进行探讨。

一、再流转的客体：从“土地承包经营权”到“土地经营权”

对再流转问题的探讨，应始于再流转的客体，而对再流转客体的探讨，离不开对流转客体的界定，这是由二者前后相继的传递关系所决定的。在流转客体的界定上，我国法经历了由“土地承包经营权”到“土地经营权”的立法演变，现行法上的流转客体仅指土地经营权，而不再包括土地承包经营权。申言之，自《农村土地承包法》修正后，对农地流转问题的探讨就应仅局限于土地经营权流转，土地承包经营权流转已经退出历史舞台而不复存在。对此，可以作如下分析。

（一）基于法律条文表述前后变化的分析

在古今汉语中，“流转”一词原非法律概念，其通常词义与规范的法律用语相去甚远。依据《辞海》的解释，“流转”一词共有6个义项，

① 参见尹云松：《农村土地使用权再流转与农业劳动力转移的相互关系》，载《农村经济与社会》1990年第4期。

包括“运行变化”“流畅圆转”“流落转徙”“轮流”“轮回”“商品或资金在流通过程中的周转”。[①] 不难看出,现行法上的“流转”概念是由“商品或资金在流通过程中的周转”这一义项演化而来的。由此也不难推测,“流转”一词在法律上的概念化应最早始于“流转税”这一概念。流转税(包括产品税、增值税、营业税等)是针对商品或者服务在流通过程中发生的流转额课征的一项税收,是一国财政收入的主要来源。此后,“流转”一词开始溢出税法领域,又衍生出了形形色色的组合性概念,如产权流转、土地流转、资产流转等。在此等新生概念中,“流转”大致是指“流通转让”之义,而“转让”是一个标准的法律概念,故“流转”一词开始在规范性文件中频繁出现。虽然如此,但在高位阶的法律(狭义)层面上,明确使用了“流转”一词的立法却是极少数。根据检索所见,只有《农村土地承包法》《农业法》《森林法》《物权法》《农村土地承包经营纠纷调解仲裁法》《海南自由贸易港法》《民法典》等几部法律使用了“流转”一词,而在其他法律中还未曾出现过。在上述法律中,除《海南自由贸易港法》是指“货物流转”外,其他法律无一例外的都是指“农地流转”,而非其他商品或者服务的流转。

当然,从流转客体界定的角度看,“农地流转”也并非一个规范的法律概念,因为在我国法上,“农地所有权”是不能流转的,能够流转的只有“农地使用权”,因而所谓的“农地流转”就是指“农地使用权流转”。在2018年《农村土地承包法》修正之前的法律上,“农地使用权”就表现为“土地承包经营权”。也正是因此,2009年《农村土地承包法》等法律中规定的流转客体才无一例外的都是“土地承包经营权”。[②] 但这一立法表述,在2018年《农村土地承包法》修正中却发生

① 参见《辞海》(缩印本),上海辞书出版社2010年版,第1183页。

② 如2009年《农村土地承包法》第二章第五节的名称即为“土地承包经营权的流转”,《农业法》第10条、第72条规定的是“土地承包经营权流转”,原《物权法》第128条、第133条规定的是“土地承包经营权流转”,《农村土地承包经营纠纷调解仲裁法》第2条规定的是“土地承包经营权流转”。

了根本的改变。2018 年《农村土地承包法》共有 20 条计 32 处提到了“流转”一词(包括第 46 条规定的“再流转”),其所规定的流转客体无一例外的都是“土地经营权”,而不再包括“土地承包经营权”。这一立法用语上的变化,用“无意为之”来解释当然是过于草率的。2018 年《农村土地承包法》在提及“土地承包经营权”的处分时,显然是有意放弃(或者回避)了“流转”一词。该法第二章第四节的名称即为“土地承包经营权的保护和互换、转让”,并且整部法律中有 6 个条文都明确提到了有关“土地承包经营权的互换、转让”的内容,而无一处提及“土地承包经营权的流转”。这足以证明,在 2018 年《农村土地承包法》上,土地承包经营权是“互换、转让”的客体,而不再是“流转”的客体了,“流转”的客体是“土地经营权”。申言之,“流转”与“互换、转让”已经不是包含与被包含的逻辑关系了,而是成了平行的并列关系。“互换、转让”专指土地承包经营权的处分,而“流转”则特指“土地经营权”的处分。此种平行并列关系,由 2018 年《农村土地承包法》相关条文的规定亦可明见。如该法第 17 条规定:“承包方享有下列权利:……(二)依法互换、转让土地承包经营权;(三)依法流转土地经营权……”第 57 条规定:“发包方有下列行为之一的……(三)强迫或者阻碍承包方进行土地承包经营权的互换、转让或者土地经营权流转……”第 60 条规定:“任何组织和个人强迫进行土地承包经营权互换、转让或者土地经营权流转的……”第 61 条规定:“任何组织和个人擅自截留、扣缴土地承包经营权互换、转让或者土地经营权流转收益的……”第 65 条规定:“国家机关及其工作人员……强迫、阻碍承包经营当事人进行土地承包经营权互换、转让或者土地经营权流转……”毫无疑问的是,在语义解释上,只能得出不二解释,即在 2018 年《农村土地承包法》上,“流转”的客体专指土地经营权,土地承包经营权是“互换、转让”的客体而不再是“流转”的客体。这种定位在《民法典》上也得到了确认,如第 334 条规定:“土地承包经营权人依照法律规定,有权将土地承包经营权互换、转让……”第 335 条规定:“土地承包经营权互换、转让的,当事人可以向登记机构申请登记;未经登记,不得对抗善意第三人。”第339条规定:“土地承包经营权人可以自主决定依法采取出租、入股或者其他方式向他人流转土地经营权。”第341条规定:“流转期限为五年以上的土地经营权,自流转合同生效时设立。当事人可以向登记机构申请土地经营权登记;未经登记,不得对抗善意第三人。”第342条规定:“通过招标、拍卖、公开协商等方式承包农村土地,经依法登记取得权属证书的,可以依法采取出租、入股、抵押或者其他方式流转土地经营权。”

(二)基于土地承包经营权权利属性的分析

《民法典》将土地承包经营权明定为一类用益物权,用益物权当然是一类财产性权利。但是,立法定性并没有真正地定分止争,有关土地承包经营权是否包含有身份属性的问题,在我国学界历来存在争议。本书认为,土地承包经营权既不是一类纯粹的财产权,也不是一类纯粹的身份权,而是一类兼具身份属性与财产属性的混合性权利,其财产性即体现在用益物权属性上,其身份性则体现在承包权人的身份特定性上。土地承包经营权的身份属性,在《农村土地承包法》的相关条文中有明确体现。如该法第16条第1款规定:“家庭承包的承包方是本集体经济组织的农户。”这即意味着,非本集体经济组织的农户不享有家庭承包的承包权,不能取得土地承包经营权,这即足以体现土地承包经营权在创设取得上的身份属性。该法第33条规定:“承包方之间为方便耕种或者各自需要,可以对属于同一集体经济组织的土地的土地承包经营权进行互换,并向发包方备案。”第34条规定:“经发包方同意,承包方可以将全部或者部分的土地承包经营权转让给本集体经济组织的其他农户,由该农户同发包方确立新的承包关系,原承包方与发包方在该土地上的承包关系即行终止。”该两条规定了在对土地承包经营权为“互换”“转让”处分时的封闭性,即只能在“同一”或者“本”集体经济组织内部进行互换、转让,这亦即足以体现土地承包经营权在继受取得上的身份属性。此外,2009年《农村土地承包法》规定的以“其他方式的承包”取得的土地承包经营权,2018年

《农村土地承包法》已经将其重构为“土地经营权”，这就意味着在2018年《农村土地承包法》上只有一种“土地承包经营权”，而不存在第二种土地承包经营权了。而如上所述，在法律上，“流转”的核心语义在于“转让”，而“转让”是一种“市场交易行为”，在通念上，只有纯粹的财产权才能成为市场交易的客体，而土地承包经营权却是一种兼具身份属性的混合性权利，因而将其排除在纯粹市场行为的“流转”客体之外，在立法选择上也就具有科学合理性了。

（三）基于农地“三权分置”政策法律表达的分析

土地经营权是农地“三权分置”政策提出的一项新型农地权利。《关于完善农村土地所有权承包权经营权分置办法的意见》指出：“农村土地集体所有权是土地承包权的前提，农户享有承包经营权是集体所有的具体实现形式，在土地流转中，农户承包经营权派生出土地经营权。”这一政策表述上的“三权”关系，在法律上的表达就是《农村土地承包法》第9条规定，即“承包方承包土地后，享有土地承包经营权，可以自己经营，也可以保留土地承包权，流转其承包地的土地经营权，由他人经营”。该条规定是确立“流转”之客体为土地经营权的基础性规定。据此规定，“流转”作为一种处分行为，是土地承包经营权人流出其承包权益中的土地经营权的法律行为，在形式上可以表现为“出租（转包）、入股或者其他方式”（《农村土地承包法》第36条）。《民法典》第339条将流转规定为“出租、入股或者其他方式”，删除了“转包”的表述。本书认为，将流转客体仅局限于土地经营权，恰是立法准确传达农地“三权分置”政策精神的体现，体现了政策精神中的“土地经营权”为无身份差别的纯粹财产权，可自由流转并进而实现农地适度规模经营的要义和精髓。

至此，可以得出结论认为，在《农村土地承包法》和《民法典》上，流转客体是土地经营权，再流转的客体也是土地经营权。

二、土地经营权再流转中“未经承包方书面同意”的规范效力

《农村土地承包经营权流转管理办法》（已失效）第13条规定：

“受让方将承包方以转包、出租方式流转的土地实行再流转,应当取得原承包方的同意。”《农村土地承包法》第46条规定:“经承包方书面同意,并向本集体经济组织备案,受让方可以再流转土地经营权。”2021年3月1日开始施行的《农村土地经营权流转管理办法》第12条规定:“受让方将流转取得的土地经营权再流转以及向金融机构融资担保的,应当事先取得承包方书面同意,并向发包方备案。”由以上三条规定可见,在土地经营权再流转的实体要件上[①],立法条文的表述前后经历了从“应当取得原承包方的同意”到“经承包方书面同意”的变化。从“同意”到“书面同意”的变化是否会带来解释上的本质不同呢?本书认为不然。因为在解释上,“同意”的意思表示是否以书面形式作出,不应当影响“同意”之意思表示的效力,是否作成“书面”,更多地具有证据意义,书面的明示同意与非书面的默示同意皆无不可。申言之,《农村土地承包法》第46条、《农村土地经营权流转管理办法》第12条规定表述为“书面同意”,其意只是旨在警示承包方应当慎重作出同意与否的意思表示,而非在于为该意思表示附加效力性条件。在此意义上,“书面同意”的表述貌似更加严格了,但实则并没有作出实质性改变,因而在解释上,“同意”与“书面同意”应理解为具有相同的规范效力。

此外,如前所述,依2009年《农村土地承包法》,“再流转”的客体是“土地承包经营权”,依2018年《农村土地承包法》,“再流转”的客体变为了“土地经营权”,但在农地权利流转的层面上,土地承包经营权流转与土地经营权流转所承载的制度功能是相同的,只是出于“三权分置”政策法律表达的需要,将“土地承包经营权的再流转”修改为

---

① 不论是“向本集体经济组织备案”还是“向发包方备案”,都为程序要件,程序要件原则上非为效力要件。最高人民法院《关于审理涉及农村土地承包纠纷案件适用法律问题的解释》(法释〔2020〕17号)第14条规定:“承包方依法采取出租、入股或者其他方式流转土地经营权,发包方仅以该土地经营权流转合同未报其备案为由,请求确认合同无效的,不予支持。”据此规定,举重以明轻,既然未向发包方备案的初次流转合同是有效合同,那么再流转合同未向发包方备案也同样不应当影响其有效性。

“土地经营权的再流转”罢了。[①] 立基于上述理由，本书认为，在实证研究上，完全可以把 2019 年 1 月 1 日（2018 年《农村土地承包法》的施行时间）前的案例作为支撑材料，来证成在土地经营权再流转中，现行法上“未经承包方书面同意”在司法实践中所可能发生的不同实务态度。司法实践中，就“未经承包方书面同意”之规范效力问题，大致形成了四种态度，即再流转合同成立但未生效、再流转合同无效、再流转合同有效和承包方有权解除流转合同。

（一）观点分歧

1. 未经承包方书面同意，再流转合同成立但未生效

在王某涛与陈某军农村土地承包合同纠纷上诉案[②]中，法院判决认为，本案原告通过转包方式和梁村上河组 40 户村民签订了《土地承包合同》，取得了相应土地的经营权，但双方未就土地承包经营权再次流转问题[③]进行约定，故原告向被告再次流转时应当按照相关法律规定进行。参照《农村土地承包经营权流转管理办法》（已失效）第 13 条规定，受让方将承包方以转包、出租方式流转的土地实行再流转，应当取得原承包方的同意。但原告再流转其取得的土地承包经营权时，其转包行为并未经过原承包方的同意，且至本案法庭辩论终结前原告也未取得原承包方的书面同意，故认定原告、被告双方所签的转租协

---

① 但须指出的是，旧法上“土地承包经营权流转”和“土地承包经营权再流转”与新法上“土地经营权流转”和“土地经营权再流转”并不具有完全相同的制度含义。就流转而言，土地承包经营权流转包括了转让、互换、出租、转包、入股等方式，但土地经营权流转不包括转让、互换方式，转让、互换方式在新法上仅指土地承包经营权的转让、互换。就再流转而言，在旧法上，土地承包经营权以“转包”方式再流转的，对接包方有身份限制，即仅限于“同一集体经济组织的其他农户”［《农村土地承包经营权流转管理办法》（已失效）第 35 条第 2 款］；但在新法上，土地经营权以“转包”方式再流转的，对受让方已无身份限制［《农村土地经营权流转管理办法》（已失效）第 14 条第 2 款］。另须指出的是，不论在旧法上还是新法上，“土地承包经营权再流转”和“土地经营权再流转”都无须经发包方同意，发包方对于再流转无同意权。

② 河南省洛阳市中级人民法院民事判决书，（2017）豫 03 民终 5345 号。

③ 在 2018 年《农村土地承包法》修正前，再流转的客体是“土地承包经营权”，故本节所列案例凡是在旧法施行期间作出的，其判决表述都是“土地承包经营权再流转”，2019 年 1 月 1 日后依据 2018 年《农村土地承包法》作出的，其判决表述是“土地经营权再流转”。

议成立但未生效。该则案例给出的裁判规则就是,“承包方(书面)同意”是再流转合同的生效条件,若未经承包方书面同意,再流转合同成立但未生效。

2. 未经承包方书面同意,再流转合同无效[①]

认为未经承包方书面同意再流转合同无效的观点,是司法实践中的多数说。如在浦某荣与张某岗确认合同效力纠纷案[②]中,法院判决认为,本案被上诉人张某岗分别与陆良县三岔河镇太平社区居委会一组、二组及九组签订《陆良县农村土地承包经营权委托流转合同书》,被上诉人以租赁形式取得流转土地。合同签订后,被上诉人与上诉人浦某荣达成口头协议,将其流转取得的部分土地转租给上诉人,但该转租行为未取得原出租人(承包方)的书面同意,故转租行为无效。在王某诉车某承包经营户土地承包经营权转包合同纠纷案[③]中,法院裁定认为,依据《农村土地承包经营权流转管理办法》(已失效)第13条之规定,受让方将承包方以转包、出租方式流转的土地实行再流转,应当经原承包方同意,故原审判决原审被告王某与第三人武某转包合同无效,符合法律规定,予以支持。在司法实践中,认定再流转合同无效的案件有一共性特征,就是将《农村土地承包经营权流转管理办法》(已失效)第13条之规定定性为效力性强制性规定,从而认为未经承

① 不论是修正前还是修正后,《农村土地承包法》都规定了承包方转让土地承包经营权须经发包方同意的法定条件。最高人民法院《关于审理涉及农村土地承包纠纷案件适用法律问题的解释》(法释〔2005〕6号)第13条和修正后的最高人民法院《关于审理涉及农村土地承包纠纷案件适用法律问题的解释》(法释〔2020〕17号)第13条,都规定了未经发包方同意的土地承包经营权转让合同无效。因为在2009年《农村土地承包法》上,土地承包经营权转让属于土地承包经营权流转的方式之一,故其转让后(初次流转后)的再流转效力会受到转让效力的影响,初次流转无效,相应的再流转也应认定为无效。但在现行法上,“转让”已经不再是土地经营权的初次流转方式,故与之相对应的再流转也就不存在了,即便土地承包经营权转让后其受让方将受让的土地承包经营权以出租、入股等方式流转给他人,该流转亦非现行法上的“再流转”,故其效力认定应适用上述修正后的司法解释第13条规定,而不属于2018年《农村土地承包法》第46条的适用范围。故此,本节所列无效案例,与因土地承包经营权转让未经发包方同意导致无效没有关联。

② 云南省曲靖市中级人民法院民事判决书,(2016)云03民终556号。

③ 黑龙江省通河县人民法院民事裁定书,(2018)黑0128民申3号。

包方书面同意的再流转合同是无效合同。比较吊诡的是，即便在 2018 年《农村土地承包法》施行后，仍有法院依据上述行政规章的该条规定，认定再流转合同无效。[①] 这就意味着，2018 年《农村土地承包法》的施行并没有改变旧有的态度。如在白某顺与崔某颖、班某金土地承包合同纠纷案[②]中，法院判决即认为，《农村土地承包法》第 46 条规定："经承包方书面同意，并向本集体经济组织备案，受让方可以再流转土地经营权。"本案中，崔某颖将土地转包给班某金未经白某顺同意，亦未向鲜红村村委会备案，故该二人间签订的转包合同属无效合同。这则案例表明，在 2018 年《农村土地承包法》施行后，仍有地方法院明确将 2018 年《农村土地承包法》第 46 条规定定性为效力性强制性规范，认为"承包方书面同意"（甚至包括"向本集体经济组织备案"）乃效力要件，违反之再流转合同无效。

3. 未经承包方书面同意，再流转合同有效

与上述的无效观点相反，在司法实践中还有一种有力说，认为未经承包方书面同意的再流转合同是有效合同。如在秋某莲与魏某昌等确认合同无效纠纷上诉案[③]中，秋某莲称，魏某昌与李某瑞签订《承包土地合同》时未征得原承包方秋某莲的同意，违反了《农村土地承包经营权流转管理办法》（已失效）第 13 条的规定。由于违反法律的强制性规定，依据（原）《合同法》第 52 条第 5 项之规定，魏某昌与李某瑞签订的承包土地合同无效。而法院判决则认为，依据最高人民法院《关于适用〈中华人民共和国合同法〉若干问题的解释（一）》（已失效）第 4 条"合同法实施以后，人民法院确认合同无效，应当以全国人大及其常委会制定的法律和国务院制定的行政法规为依据，不得以地方性法规、行政规章为依据"的规定，《农村土地承包经营权流转管理办法》（已失效）并非全国人大及其常委会制定的法律和国务院制定的

---

① 辽宁省锦州市中级人民法院民事判决书，（2019）辽 07 民终 288 号，就依据该理由作出了该种认定。

② 吉林省通化市中级人民法院民事判决书，（2019）吉 05 民终 332 号。

③ 内蒙古自治区巴彦淖尔市中级人民法院民事判决书，（2016）内 08 民终 1773 号。

行政法规,故不应作为认定合同无效的依据。曹某仲与安某素等土地承包经营权纠纷上诉案[①]、郁某山与回某强、马某刚土地承包经营权转包合同纠纷再审审查与审判监督案[②]等案的判决裁定,也以基本相同的裁判理由持再流转合同有效的观点。

4. 未经承包方书面同意,承包方有权单方解除流转合同

在2018年《农村土地承包法》施行后的新案例中,也有观点认为,受让方将土地经营权再流转时,若未经承包方书面同意,则承包方有权单方解除原流转合同(初次流转合同)。在庞某勤与臧某夫农业承包合同纠纷案[③]中,法院判决认为:臧某夫、庞某勤于2015年10月26日签订土地承包合同,约定臧某夫将其承包的16亩土地转包给庞某勤。庞某勤在承包经营涉案土地期间,又与于某华达成协议,将涉案土地的经营权转包给于某华。然而,涉案土地的原承包方臧某夫并不同意庞某勤与于某华之间的土地流转行为。依据《农村土地承包法》第46条规定,庞某勤在经营涉案土地期间,如将涉案土地流转给于某华经营,则依法必须经臧某夫同意(且原则上应为书面同意)。鉴于庞某勤在承包期间内事先未经臧某夫同意,事后臧某夫也明确表示不同意庞某勤与于某华之间的流转行为,并于2018年1月8日向庞某勤邮寄送达解除合同通知书,故一审法院认定臧某夫与庞某勤之间的土地承包合同于2018年1月8日解除,符合法律规定。在于某福、李某富土地承包经营权纠纷案[④]中,法院判决也主要依据《农村土地承包法》第46条规定,判决未经承包方书面同意,承包方有权单方解除流转合同。

(二)观点评析

未经承包方书面同意之再流转合同无效的观点,不仅在实务界为

---

① 天津市第一中级人民法院民事判决书,(2018)津01民终441号。

② 新疆维吾尔自治区高级人民法院伊犁哈萨克自治州分院民事裁定书,(2018)新40民申53号。

③ 江苏省徐州市中级人民法院民事判决书,(2019)苏03民终3006号。

④ 辽宁省大连市中级人民法院民事判决书,(2019)辽02民终1849号。

多数说，在理论界也有学者持相同观点。[①] 有效说与无效说的争议来源，表现为《农村土地承包经营权流转管理办法》（已失效）能否作为合同效力认定的依据及其第13条规定是否为效力性强制性规范以及《农村土地承包法》第46条规定是否为效力性强制性规范。就前者而言，将行政规章性质的《农村土地承包经营权流转管理办法》（已失效）作为法律行为效力的认定依据，显然属于法律适用错误，在法律适用错误的基础上，再将该规章之第13条规定认定为效力性强制性规范，更是错上加错了。因而在《农村土地承包经营权流转管理办法》（已失效）等的适用上，我们赞同有效说观点，并进一步地认为，《农村土地承包法》第46条规定的规范属性也仅是管理性强制性规范（强制但不强行），而非效力性强制性规范（强制且又强行），不能据此迳行认定未经承包方书面同意的再流转合同是无效合同。农地"三权分置"政策的出台是《农村土地承包法》修正的立法背景，而该政策的初衷就在于通过土地经营权的流转实现适度规模经营。"再流转"是在初次流转基础上的再次流转，当然属于政策鼓励的大流转范畴，若以"未经承包方书面同意"为由，动辄宣告再流转合同无效，这就与农地"三权分置"的政策目标南辕北辙了。

"再流转合同成立但未生效"观点，在司法实践中为极少数派观点。"合同未生效"的原因在于合同的生效条件不成就。合同的生效条件有两种：一是当事人约定的生效条件；二是法定的生效条件。在再流转合同中，如果当事人明确约定经承包方书面同意后再流转合同才生效的，"承包方书面同意"即成为再流转合同的生效条件，未经承包方同意的再流转合同就处于未生效的状态。如果再流转合同的当事人未作此约定，人民法院有权拟制当事人对再流转合同进行条件附款的意思吗？本书认为，答案应当是否定的。《民法典》第502条第2款规定："依照法律、行政法规的规定，合同应当办理批准等手续的，依

① 参见高圣平、王天雁、吴昭军：《〈中华人民共和国农村土地承包法〉条文理解与适用》，人民法院出版社2019年版，第302页。

照其规定。未办理批准等手续影响合同生效的,不影响合同中履行报批等义务条款以及相关条款的效力。应当办理申请批准等手续的当事人未履行义务的,对方可以请求其承担违反该义务的责任。”由该条规定可以明见,对于法定的生效条件,只有在法律、行政法规明定“应当办理批准、登记等手续生效的”,才能认定为法定的生效条件。如果法律、行政法规未作如此明确的表述,批准、登记等手续就不是法定的生效条件,其是否完成就不会影响合同的生效。毫无疑问的是,《农村土地承包法》第46条并没有明确规定“经承包方书面同意后再流转合同生效”,这就意味着“经承包方书面同意”并不是再流转合同的法定生效条件。既然如此,“承包方书面同意”也就只能经由当事人约定而成为再流转合同的生效条件,在当事人未作约定的情况下,法院当然无权拟制当事人的意思。因此,上述的“再流转合同成立但未生效”观点是值得商榷的。

“承包方有权单方解除流转合同”观点,涉及对《农村土地承包法》第42条规定的理解问题。该条规定:“承包方不得单方解除土地经营权流转合同,但受让方有下列情形之一的除外:(一)擅自改变土地的农业用途;(二)弃耕抛荒连续两年以上;(三)给土地造成严重损害或者严重破坏土地生态环境;(四)其他严重违约行为。”未经承包方书面同意的土地经营权再流转行为,显然不属于该条规定的前三项情形,问题之关键就在于,其是否属于第4项规定的“其他严重违约行为”呢?本书认为,回答应当是肯定的。理由在于,既然《农村土地承包法》第46条明定了再流转时应当经承包方书面同意,除非当事人于初次流转合同中明确排除该条规定的适用,或者在初次流转合同中明确约定再流转无须经承包方事前同意或者事后追认,否则该条规定就会自动成为流转合同中的一个隐形条款,违反之将构成土地经营权人的“严重违约行为”,承包方当然就有权单方选择是否解除流转合同。流转合同被解除后,再流转合同就因无所附丽而无法继续履行了,所以,再流转合同也就同样难逃被解除的命运。[①] 在此问题上,如下观点是值得商榷的,即认为在受让方未经承包方同意的情况下而擅自再流转的,承包方请求解除与受让方的土地经营权流转合同并请求确认再流转合同无效的,应予支持。[②] 该观点在认识上的偏差在于,承包方不能同时用解除流转合同与请求确认再流转合同无效两种救济手段。如上所述,再流转合同并不会因未经承包方同意而无效,承包方仅选择解除与受让方的流转合同并请求返还承包地就足够了。至于再流转合同的效力问题和能否继续履行的问题,则应当留由受让方与次受让方去解决,承包方对此并无诉的利益。

三、土地经营权再流转合同对《民法典》"合同编"的直接适用与参照适用

《民法典》第 467 条第 1 款规定:"本法或者其他法律没有明文规定的合同,适用本编通则的规定,并可以参照适用本编或者其他法律最相类似合同的规定。"土地经营权流转合同是《农村土地承包法》所规定的一种合同类型,但《农村土地承包法》并没有规定土地经营权再流转合同这种合同类型,《民法典》"合同编"第二分编也未将其规定为一类典型合同,因而其是一种"非典型合同"。对于非典型合同的法律适用,上述《民法典》第 467 条第 1 款已经作出了明确的指引性规定。统观《农村土地承包法》的全部规定,其对土地经营权流转合同作出了较为系统的明文规定(第 40 条、第 42 条、第 64 条等),但对于土地经营权再流转问题,只是于第 46 条规定中有所提及,却也并未明文提出"再流转合同"这一合同名称。因此,土地经营权再流转合同是一种典型的"非典型合同"。既然如此,这就会涉及再流转合同对《民法

① 当承包方选择解除流转合同时,再流转合同将因不能继续履行而被迫解除。对此,再流转合同之前手(受让方)是有过错的,其过错就在于为再流转时未经承包方书面同意,因而受让方应承担次受让方因此而遭受损失的赔偿责任。

② 参见高圣平、王天雁、吴昭军:《〈中华人民共和国农村土地承包法〉条文理解与适用》,人民法院出版社 2019 年版,第 302 页。

典》"合同编"的直接适用和参照适用问题。对此,这里主要提出三个问题,探讨土地经营权再流转合同对《民法典》第490条第2款、第555条、第716条等规定能否适用及如何适用的问题。[①]

(一)未以书面形式订立的再流转合同是否成立

不论是土地承包合同还是土地经营权流转合同,根据《农村土地承包法》的规定(第22条、第40条),都应当采用书面形式。"再流转合同"是广义的"流转合同"的一种形态,虽然《农村土地承包法》并没有明文规定再流转合同应当采用书面形式,但在解释上,显然应当作此理解。书面形式是合同的形式要件,合同的形式要件影响的是合同成立与否的问题。根据合同形式自由原则,不论是书面形式、口头形式、电子数据形式还是其他形式,原则上都不会影响合同的成立。就此问题,《民法典》第490条第2款规定:"法律、行政法规规定或者当事人约定合同应当采用书面形式订立,当事人未采用书面形式但是一方已经履行主要义务,对方接受时,该合同成立。"由此可见,不论是法定的书面形式还是约定的书面形式,都非合同成立的必备要件,当事人的实际履行行为(履行与受领)完全可以吸收合同成立的书面形式要求而使合同有效成立。

因此,就土地经营权再流转合同而言,未以书面形式订立的再流转合同,原则上并不影响再流转合同的成立。在杨某等与程某贵等土地承包经营权转让合同纠纷上诉案[②]中,法院判决即认为,依据(原)《合同法》第36条(《民法典》第490条第2款)规定,本案中杨某将争议鱼池的承包经营权已经转交给程某贵,程某贵为此也支付了转让价

---

① 土地经营权再流转合同对《民法典》"合同编"的直接适用和参照适用当然不仅局限于这几个条文,其适用范围是广泛的。如关于违约责任的承担问题,《农村土地承包法》第59条只是原则性地规定:"当事人一方不履行合同义务或者履行义务不符合约定的,应当依法承担违约责任。"至于再流转合同违约的归责原则、违约形态、违约责任承担等内容,该法并未作出更进一步的明确规定,其所谓的"依法承担",当然主要就是指"依民法典合同编的承担"。因本节不拟对土地经营权再流转合同法律适用的方方面面都进行探讨,故此对于再流转合同违约的一般性问题就不再作为一个问题展开探讨了。

② 湖南省岳阳市中级人民法院号民事判决书,(2016)湘06民终1516号。

款,双方均已履行了承包经营权转让合同的主要义务,故双方间就鱼池承包经营权转让达成的口头合同已经成立并实际履行。该则案例涉及的虽是修正前《农村土地承包法》中土地承包经营权转让的问题,但根据“举重以明轻”的当然解释规则,土地承包经营权的转让都可不以书面形式为必备要件,土地经营权的流转和再流转当然也就无须以书面形式作成。

(二)再流转合同是否为合同权利义务的概括移转

在前文提及的庞某勤与臧某夫农业承包合同纠纷案[①]中,法院判决认为,(原)《合同法》第 88 条(《民法典》第 555 条)规定:“当事人一方经对方同意,可以将自己在合同中的权利和义务一并转让给第三人。”《农村土地承包法》第 46 条规定:“经承包方书面同意,并向本集体经济组织备案,受让方可以再流转土地经营权。”据此,庞某勤在经营涉案土地期间,如将涉案土地流转给于某华经营,则依法必须经臧某夫同意(且原则上应为书面同意)。该判决理由同时引用了(原)《合同法》第 88 条关于合同权利义务概括移转的规定和《农村土地承包法》第 46 条两条规定,作为土地经营权再流转须“经承包方同意”的法律依据。这就意味着,该判决认为,《农村土地承包法》第 46 条规定的“经承包方书面同意”,其规范基础在于土地经营权的再流转在性质上属于初次流转合同之合同权利义务的概括移转,而概括涉及合同义务的承担,故才须经合同相对方的同意。在理论界,也有学者持同样的观点,认为土地经营权是一种债权,债权的处分权能属债权的当然内容之一。土地经营权的转让既涉及合同债权的转让,又涉及合同义务的移转,由此决定,依据(原)《合同法》第 88 条(《民法典》第 555 条)规定,土地经营权的转让应经承包方同意。[②]

本书认为,将土地经营权再流转定性为合同权利义务的概括移转

① 江苏省徐州市中级人民法院民事判决书,(2019)苏 03 民终 3006 号。

② 参见高圣平、王天雁、吴昭军:《〈中华人民共和国农村土地承包法〉条文理解与适用》,人民法院出版社 2019 年版,第 299~300 页。

是值得商榷的，不论是法院以此作为裁判规范还是当事人以此作为请求权规范基础，都存在定性错误的问题。合同权利义务的概括移转不是债权让与和债务承担的简单叠加，而是合同一方当事人的变更。当发生概括移转时，合同的一方当事人变更为受让人，由受让人承受原当事人的合同地位成为合同的一方当事人。概括移转的"同意"机制之所以有存在的必要，原因确实在于因为其中包含着债务承担的内容，而债务承担须经债权人同意，故概括移转亦须经合同的相对方同意。但在发生土地经营权再流转时，承包方与受让方的初次流转合同并没有发生一方当事人的主体变更。初次流转合同与再流转合同是两个独立的合同关系，初次流转合同的当事人是承包方和受让方，再流转合同的当事人是受让方和次受让方，在再流转合同中并没有承包方的合同地位，承包方是再流转合同的第三人，这与合同权利义务发生概括移转时的情形完全不同。因此，将再流转合同归入合同权利义务的概括移转范畴，实属"重大误解"。质言之，再流转合同是受让方从承包方流转取得土地经营权后，行使其享有的土地经营权的行权行为，再流转是土地经营权人依法享有的土地经营权的应有权利内容。再流转发生后，土地经营权人的法律地位并没有发生改变，其对承包地的占有只是如承包方一样，由直接占有变为了间接占有，再流转中的次受让方成为了承包地的直接占有人。

综上所论，不论是法院裁判说理，还是当事人选择请求权基础，在解释"经承包方书面同意"的规范基础时，都不能以《民法典》第555条[(原)《合同法》第88条]规定的合同权利义务概括移转为依据，而是应当直接回归到《农村土地承包法》第46条规定上，否则就叠床架屋，反为不美了。

(三)再流转合同对租赁合同规定的适用

1. 再流转合同与转租合同

在曹某仲与安某素等土地承包经营权纠纷上诉案[①]中，法院判决

---

① 天津市第一中级人民法院民事判决书，(2018)津01民终441号。

认为,曹某仲、安某素之间系土地承包经营权“转包”关系,安某素与第三人前堡村委会之间系土地承包经营权“租赁”关系,不应适用(原)《合同法》第224条(《民法典》第716条)关于“转租”的规定。该则案例给出的裁判规则就是,如果初次流转和再流转的方式同时都是转包或者同时都是出租,那么就可以适用转租规定;反之,如果一为转包、一为出租,则不能适用转租规定。

2009年《农村土地承包法》第32条规定:“通过家庭承包取得的土地承包经营权可以依法采取转包、出租、互换、转让或者其他方式流转。”在该规定中,“转包”与“出租”是两种并列的流转形式。此后,(原)《物权法》第128条规定:“土地承包经营权人依照农村土地承包法的规定,有权将土地承包经营权采取转包、互换、转让等方式流转……”该规定中有“转包”而无“出租”。《农村土地承包法》第36条规定:“承包方可以自主决定依法采取出租(转包)、入股或者其他方式向他人流转土地经营权,并向发包方备案。”在该规定中,“转包”被纳入括号,使用了“出租(转包)”的表达方式,其意即谓“出租”与“转包”可以同义互换使用。《民法典》第339条规定:“土地承包经营权人可以自主决定依法采取出租、入股或者其他方式向他人流转土地经营权。”该规定改变了《农村土地承包法》第36条,把“(转包)”删掉了。《农村土地经营权流转管理办法》第14条第1款、第2款规定:“承包方可以采取出租(转包)、入股或者其他符合有关法律和国家政策规定的方式流转土地经营权。出租(转包),是指承包方将部分或者全部土地经营权,租赁给他人从事农业生产经营。”该规定从《农村土地承包法》的表述方式,又恢复了“出租(转包)”的用法。本书认为,根据《农村土地承包经营权流转管理办法》(已失效)的规定,“转包”与“出租”还是有一定区别的,转包中的接包方只能是同一集体经济组织的成员,而出租中的承租方则无此身份限制。但根据《农村土地经营权流转管理办法》的规定,接包方的身份限制已经取消,转包与出租的对象已经完全统一,因而在现行法上,对于“转包”与“出租”应作同义解。换言之,立法文本中仍然保留“转包”的意义也仅在于照顾到实践中既有的用语习惯,而不是仍将其作为不同于"出租"的另一种独立流转方式。在此意义上,根据现行法,上述案例的裁判基础就不能成立了。虽然如此,本书认为该案例还是有进一步探讨的价值。

依据《农村土地承包法》的规定,土地经营权流转的方式包括出租(转包)、入股、抵押等,再流转的方式无非也主要是这三种。如果流转方式和再流转方式同为出租(转包)的,那再流转合同就是转租合同了,适用《民法典》关于转租合同的规定当无疑问。如果流转方式为出租(转包),而再流转方式为入股或者抵押的,那么再流转合同是否还能适用转租的规定呢?本书认为,回答应当是肯定的。在上述两种情形中,第一种情形对转租合同规定的适用是一种直接适用,而第二种情形的适用即是一种类推适用,即属于《民法典》第467条第1款规定的参照最相类似合同的情形。这是因为,入股方式与抵押方式都不是出租方式,而顾名思义,"转租"即"转出租"之义,所以当再流转方式为入股或者抵押时,就不能直接把再流转合同定性为转租合同,因而不能直接适用关于转租的规定。但是,再流转是原土地经营权人(原承租人)处分其享有的土地经营权及直接占有的标的物(承包地)的行为,不论是租赁处分、入股处分还是抵押处分,相对于流转合同中的原承包方(原出租方)而言,在性质上都是一种再处分行为。在为再处分时,如果征得了原承包方的同意,就是一种有权处分;如果未征得原承包方的同意,就是一种无权处分。正是在此意义上,未经承包方同意的再流转,即便采用的是入股、抵押方式,在处理再流转合同与流转合同的效力关系上,也应当可以类推适用出租与转租的规定。换言之,从承包方(出租人)的视角来看,未经其同意的再流转行为,都可以视同为未经其同意的转租行为。《民法典》第716条第2款规定:"承租人未经出租人同意转租的,出租人可以解除合同。"据此规定,土地经营权人未经承包方同意再流转的,再流转的方式不论是出租(转包)还是入股、抵押,承包方都有权请求法院直接适用或者类推适用《民法典》第716条第2款规定,请求解除流转合同。

2. 再流转期限与不定期租赁

在李某英农户等诉李某明农户土地承包经营权纠纷案[①]中,法院判决认为,被上诉人李某明农户通过口头约定将土地无偿转包给上诉人李某英农户,未约定转包期限。依据最高人民法院《关于审理涉及农村土地承包纠纷案件适用法律问题的解释》(法释〔2005〕6 号)第 17 条之规定[②],当事人对转包、出租地流转期限没有约定或者约定不明的,参照(原)《合同法》第 232 条(《民法典》第 730 条)规定处理。除当事人另有约定或者属于林地承包经营外,承包地交回的时间应当在农作物收获期结束后或者下一耕种期开始前。本案当事人对于涉案土地未明确约定流转期限,参照(原)《合同法》第 232 条之规定,应视为不定期转包,当事人可以随时解除合同。该案所引司法解释已经明定,对于流转合同未约定流转期限的,应参照适用不定期租赁的规定。同其道理,对于再流转合同而言,如果采用出租(转包)方式再流转的(入股、抵押不存在再流转期限的预先设置问题),在未约定再流转期限的情况下,应当参照适用《民法典》中关于不定期租赁的规定。

3. 承包方异议期与出租人异议期

在李某建、三原县渠岸镇仇阳村民委员会与邵某得农村土地承包合同纠纷案[③]中,法院判决认为,《农村土地承包经营权流转管理办法》(已失效)第 13 条规定:“受让方将承包方以转包、出租方式流转的土地实行再流转,应当取得原承包方的同意。”最高人民法院《关于审理城镇房屋租赁合同纠纷案件具体应用法律若干问题的解释》(已

---

① 内蒙古自治区巴彦淖尔市中级人民法院民事判决书,(2017)内 08 民终 1875 号。

② 对应着 2020 年修正后最高人民法院《关于审理涉及农村土地承包纠纷案件适用法律问题的解释》(法释〔2020〕17 号)第 16 条,该条规定:“当事人对出租地流转期限没有约定或者约定不明的,参照民法典第七百三十条规定处理。除当事人另有约定或者属于林地承包经营外,承包地交回的时间应当在农作物收获期结束后或者下一耕种期开始前。对提高土地生产能力的投入,对方当事人请求承包方给予相应补偿的,应予支持。”《民法典》第 730 条规定:“当事人对租赁期限没有约定或者约定不明确,依据本法第五百一十条的规定仍不能确定的,视为不定期租赁;当事人可以随时解除合同,但是应当在合理期限之前通知对方。”

③ 陕西省咸阳市中级人民法院民事判决书,(2018)陕 04 民再 16 号。

被修改)第16条第1款规定:“出租人知道或者应当知道承租人转租,但在六个月内未提出异议,其以承租人未经同意为由请求解除合同或者认定转租合同无效的,人民法院不予支持。”[①]本案中,张某2014年8月将其案涉土地及其地面附属物再流转(转租)给李某建,李某建在案涉土地上开展种植经营活动,邵某得作为本村村民应当知道,但邵某得2016年6月才提起本案诉讼,参照上述司法解释关于房屋出租人对承租人转租房屋6个月异议期间的规定,应当视为邵某得追认了张某与李某建之间的转租行为。因此,邵某得诉请归还其承包地2.86亩无事实及法律依据,本院不予支持。本案所引司法解释是关于城镇房屋出租的司法解释,法院判决虽然未明言再流转合同就是转租合同,但其参照适用(类推适用)该司法解释的法律适用方法,还是值得肯定的。上述司法解释的异议期制度为《民法典》所吸收,规定于该法第718条:“出租人知道或者应当知道承租人转租,但是在六个月内未提出异议的,视为出租人同意转租。”因而本书认为,在《农村土地承包法》的适用中,承包方(出租人)对于未经其同意的再流转合同的异议期限,应为自其知道或者应当知道土地经营权人再流转的6个月内提出异议,逾期提出异议请求解除流转合同的,不应予以支持。

四、“登记”对土地经营权之权利变动的影响

《农村土地承包法》有诸多条文涉及登记问题,除第24条(有关土地承包经营权的登记颁证问题)和第35条(有关土地承包经营权互换、转让的登记问题)涉及的是土地承包经营权本身的登记问题外,其他条文(第41条、第47条)[②]都涉及土地经营权流转与再流转的登记问题。土地经营权的登记虽具有其自身的特殊性,但其更多地与物权法上的权利变动问题密切相关。

---

① 该司法解释于2020年作出修正,该条文已删除。

② 《农村土地承包法》第53条规定也涉及登记问题,但其涉及的是以“其他方式的承包”取得的土地经营权的登记问题。由于本节探讨的范围仅局限于以家庭承包方式取得的土地经营权的再流转问题,故对此问题不予探讨。

(一)登记与土地经营权的再流转取得

在车某、赵某学、车某洪、车某忠与胡某且、德昌县铁炉乡大沟村村民委员会等林业承包合同纠纷案[①]中,法院判决认为,案涉林地经营权在流转及再流转过程中均未办理相关变更登记手续。依据(原)《物权法》第9条第1款"不动产物权的设立、变更、转让和消灭,经依法登记,发生效力;未经登记,不发生效力,但法律另有规定的除外"的规定(《民法典》第209条第1款),本案中涉及的林地经营权,在流转及再流转过程中,应当按照相关法律法规的规定进行变更登记。胡某且只有在依法取得林权证的情况下,方可再次流转和依法办理再流转的变更手续。因此,胡某且在未取得相应林权证的情况下与车某、赵某学、车某洪、车某忠签订《林权流转合同》,将林地经营权再流转的行为不符合林权流转的相关政策等规定。由该则案例引出的问题是,土地经营权(含林地经营权)是否为物权?其流转是否须遵循不动产物权变动的登记规则?本书认为,该则案例不论从(原)《物权法》的角度看,还是从《民法典》和《农村土地承包法》的角度看,其在法律适用上都是存在问题的。

在(原)《物权法》中,土地承包经营权是一种用益物权,此不待论。但是,(原)《物权法》第127条第1款(《民法典》第333条第1款)规定:"土地承包经营权自土地承包经营权合同生效时设立。"这即意味着,土地承包经营权的取得采用的并非登记生效主义物权变动模式。根据该条第2款规定:"县级以上地方人民政府应当向土地承包经营权人发放土地承包经营权证、林权证、草原使用权证,并登记造册,确认土地承包经营权。"[②]据此规定,相关权证的功能仅在于"确认土地承包经营权",而非"赋予土地承包经营权"。该款规定在《农村土地承包法》第24条规定中再次重现,并再次明确了颁证的"确权"而

① 四川省凉山彝族自治州中级人民法院民事判决书,(2016)川34民终97号。

② 《民法典》第333条第2款规定:"登记机构应当向土地承包经营权人发放土地承包经营权证、林权证等证书,并登记造册,确认土地承包经营权。"

非“赋权”功能。故此,从物权法的角度看,该则案例以物权法上登记生效主义为裁判基础,是存在法律适用问题的。

(二)登记与土地经营权再流转的对抗效力

关于登记与土地经营权流转和再流转的对抗效力,《农村土地承包法》作出了两条明确规定。其一,该法第 41 条规定:“土地经营权流转期限为五年以上的,当事人可以向登记机构申请土地经营权登记。未经登记,不得对抗善意第三人。”在解释上,应当认为,当土地经营权流转期限或者再流转期限不满 5 年时,即便当事人申请登记的,登记机构也不会予以登记。这就意味着,基于不满 5 年期的再流转,次受让方取得的土地经营权只能是一般的债权性权利,立法并没有对其作物权化处理,因而此种短期的再流转,因不能登记而不会产生对抗第三人的效力。能够产生对抗第三人效力的,只有再流转期限在 5 年以上的长期流转,在登记后,才会具有对抗效力。其二,该法第 47 条第 2 款规定:“担保物权自融资担保合同生效时设立。当事人可以向登记机构申请登记;未经登记,不得对抗善意第三人。”对于该条规定,在理解适用上应注意的问题是,以设立担保物权为目的的再流转,担保物权人经由再流转取得的不是土地经营权本身,而是以土地经营权为标的的担保物权。因此,所谓的对抗第三人效力是指担保物权对第三人的对抗效力。就此问题,《农村土地承包法》采取的立法模式显然类似于物权法上动产担保的制度构造,而与不动产担保的制度构造迥然有别,对此不可不察。当然,不论是 5 年期以上的长期再流转还是基于担保物权设立的再流转,再流转登记都以初次流转登记为前提和基础,这是登记连续主义的自然要求。换言之,如果初次流转没有登记,那么再流转也就无法完成登记。因此,在再流转合同的签订中,如果次受让方欲使再流转经登记取得对抗第三人的效力,其就应在再流转合同中为前手设定一项合同义务,即为初次流转办理登记的义务。

第二节　土地经营权流转的发包方终止权

《农村土地承包法》除规定发包方对于土地承包关系的终止权外，还于第64条规定了另外一种终止权。依该条规定："土地经营权人擅自改变土地的农业用途、弃耕抛荒连续两年以上、给土地造成严重损害或者严重破坏土地生态环境，承包方在合理期限内不解除土地经营权流转合同的，发包方有权要求终止土地经营权流转合同。土地经营权人对土地和土地生态环境造成的损害应当予以赔偿。"该规定赋予了发包方对于土地经营权流转合同的终止权（以下简称发包方终止权）。然而，发包方并非流转合同的当事人，赋予其终止权的法理基础何在？该终止权的权利性质为何？发包方在何种情形下可以行使终止权？发包方行使终止权应当遵循何种程序？流转合同终止的后果是什么？这五个方面的问题，尚有待于在解释论层面加以探讨和解决。

一、发包方终止权的赋权基础

严格来说，终止权并非合同法律制度上的一项有名合同权利。合同法上有解除权、抵销权等具体的合同终止制度，但却没有一个笼统地称为终止权的合同权利。顾名思义，终止权即终止合同的权利。合同是民事主体之间设立、变更、终止民事法律关系的协议（《民法典》第464条第1款）。静态地看，合同终止是指合同法律关系消灭的结果；动态地看，合同终止是指合同当事人消灭合同法律关系的行权行为，其所行之权即为终止权。相对性是合同的一项基本属性，原则上，合同效力不及于合同之外的第三人，合同之外的第三人也无权干预合同当事人之间的合同关系。[①] 据此，就合同终止的动态角度看，第三人

---

① 《民法典》第465条第2款规定："依法成立的合同，仅对当事人具有法律约束力，但是法律另有规定的除外。"该条文确立了合同相对性原则。

对他人之间的合同关系是不应当享有终止权的,否则就有违合同的相对性原则。当然,为实现特定的制度目的,合同法在例外情况下也会让第三人介入他人之间的合同关系,如为债权之保全目的,合同法就设置了债权人代位权和撤销权制度(《民法典》第 535 ~ 542 条)。土地经营权流转合同的当事人是承包方和受让方,原则上,只有承包方和土地经营权人有权终止该合同,而发包方只是该合同关系之外的第三人,本无权终止流转合同,那么立法为什么要赋予发包方以合同终止权呢?对此,实有加以探讨之必要。否则,发包方终止权的正当性就会遭受质疑。

长期以来,我国奉行的一项基本土地国策是"禁止闲置荒芜农地"。《基本农田保护条例》[①]第 18 条第 2 款规定:"承包经营基本农田的单位或者个人连续 2 年弃耕抛荒的,原发包单位应当终止承包合同,收回发包的基本农田。"基于该规定,发包方取得了一项针对承包合同的法定终止权,"弃耕抛荒"构成了发包方单方终止合同的法定事由。于此情形,发包方终止的是承包合同,其合同主体是发包方和承包方,作为合同的一方当事人,发包方有权终止该合同乃当然之理。

2019 年修正前的《土地管理法》于第 37 条第 3 款也规定了发包方终止权:"承包经营耕地的单位或者个人连续二年弃耕抛荒的,原发包单位应当终止承包合同,收回发包的耕地。"2019 年《土地管理法》删除了该规定,这就意味着,在承包方弃耕抛荒的情况下,发包方就不再享有单方终止权了。如此修正应当是为了配合 2018 年《农村土地承包法》的修正。2018 年《农村土地承包法》第 27 条第 1 款规定:"承包期内,发包方不得收回承包地。"这是一条禁止性规定,刚性极强,这就意味着即便是出现了承包方弃耕抛荒的情形,发包方也不得收回承包地,发包方的单方终止权由此而被剥夺。全国人民代表大会宪法和法律委员会《关于〈中华人民共和国农村土地承包法修正案(草案)〉

① 2019 年修正的《土地管理法》已经将"基本农田"修改为"永久基本农田"(第 33 条)。

修改情况的汇报》指出,之所以删除了承包方弃耕抛荒的有关内容,是因为实践中弃耕抛荒的原因比较复杂,若强行收回承包地将不利于稳定承包关系,容易引发更多的纠纷。这一修正意味着,弃耕抛荒不再是发包方"依法收回承包地"的法定情形了。

对于可依法收回承包地的情形,最高人民法院曾于1999年发布的《关于审理农业承包合同纠纷案件若干问题的规定(试行)》(已废止)用专条(第24条)明确规定:"有下列情形之一,当事人请求终止承包合同的,人民法院应当允许:(1)承包合同中约定的终止或者解除合同的条件成就的;(2)承包方在承包期内因健康原因丧失承包能力或者死亡,继承人无力承包或者放弃继承,且又不进行转让、转包和入股的;(3)因一方不履行承包合同约定的义务,致使承包合同无法继续履行的;(4)承包经营耕地的承包人弃耕抛荒的;(5)承包方进行破坏性或者掠夺性生产经营,经发包方劝阻无效的;(6)承包方随意改变土地用途,经发包方劝阻无效的。"但此后2005年最高人民法院《关于审理涉及农村土地承包纠纷案件适用法律问题的解释》(法释〔2005〕6号)却未再专门规定承包合同的终止问题,原司法解释第24条规定未再出现在修正后的司法解释中。依据2018年《农村土地承包法》"承包期内发包方不得收回承包地"的立法精神,上述司法解释所列举的6种收回承包地的情形,在解释上也就都难以被纳入"依法收回承包地"的情形了。对此,我们所能够想象到的"依法收回承包地"的情形,恐怕也只有承包户"绝户"这一种情形了。

既然立法禁止发包方在承包期内收回承包地,就当然不能再赋予发包方对于"承包合同"以终止权了。但是,这一制度设计在立法预设上可能出了问题。一者,如果承包方自耕,而未向他人流转土地经营权,若出现了弃耕抛荒等严重的违法用地情形,在收回承包地的手段被禁止使用时,留给发包方制止违法用地行为的救济手段还有什么呢?本书认为,《农村土地承包法》和《土地管理法》的修正,对此问题都应当是没有虑及的,这就构成了明显的立法漏洞。二者,如果承包方自己不耕种,而是将土地经营权流转给了他人,若受让人出现了弃耕抛荒等严重的违法用地情形,发包方又可采取何种措施制止违法用地行为呢?《农村土地承包法》第64条规定对此种情形给出的解决方案是,应先由承包方主动解除(包括经发包方敦促后主动解除)流转合同;承包方在合理期限内不解除流转合同的,发包方就取得了对流转合同的终止权,可以要求终止合同。但是,当流转合同被终止后,若承包方并没有采取积极措施消除弃耕抛荒情形,而是放任此等情形继续存在,发包方又将何以为继呢?对此,立法者显然亦未虑及,这同样构成了法律漏洞(就此问题的解决,将于后文中发包方终止权的行使后果部分再论)。

综上所述,在《农村土地承包法》的制度架构下,因为承包期内发包方不得收回承包地,故立法突破合同的相对性原则,例外地赋予发包方以终止流转合同的权利,其正当性是应予肯定的。但是,这一制度设计是有缺漏的,其没有解决承包方自耕时的弃耕抛荒和流转合同终止后承包方继续弃耕抛荒时的土地荒芜、闲置问题,因而尚需构建起相应的配套制度以填补法律漏洞。

二、发包方终止权的权利性质

在明晰发包方终止权的正当性基础的前提下,接下来应解决的是终止权的性质问题。如上文所述,终止权只是一个描述性的权利名称,其权利性质为何,尚需更进一步地定位。发包方终止权行使的标的合同是土地经营权流转合同,而该合同是一个已经有效成立的合同,因而发包方享有的终止权不能被定性为请求宣告合同无效的权利。合同法上撤销权的行使虽然可使一个有效成立的合同归于消灭,但不论是因意思表示瑕疵而形成的撤销权,还是债的保全意义上的撤销权,二者都不适于定性发包方终止权。这是因为,因意思表示瑕疵而形成的撤销权,只适用于合同相对方受欺诈、胁迫等情形,且在性质上是只有合同当事人才可得行使的权利,不存在突破合同相对性的例外问题。债的保全意义上的撤销权,其所针对的债务人行为都是一些财产性处分行为,因而也不适用于定性发包方终止权。本书认为,发包方享有的流转合同终止权不是发包方固有的一项合同权利，而是《农村土地承包法》新创设的一项法定代位权，发包方代位行使的是承包方对流转合同的解除权，可名之曰“代位解除权”。

（一）发包方终止权不是发包方固有的解除权

《农村土地承包法》第64条规定的整体表述，极易造成发包方终止权为发包方享有的一项合同解除权的误解，澄清此点误解非常重要。《农村土地承包法》第42条规定：“承包方不得单方解除土地经营权流转合同，但受让方有下列情形之一的除外：（一）擅自改变土地的农业用途；（二）弃耕抛荒连续两年以上；（三）给土地造成严重损害或者严重破坏土地生态环境；（四）其他严重违约行为。”而该法第64条规定的发包方行使终止权的事由（后文详论），除没有“其他严重违约行为”这一兜底项外，其他三项事由与第42条规定完全相同。上述事由是承包方单方解除流转合同的法定事由，承包方作为合同的当事方，解除权是其应享有的一项固有合同权利。但是，发包方作为合同之外的第三人，却不能直接取得针对他人之间合同的解除权。

承包方基于土地承包合同从发包方手中取得土地承包经营权，此后，再经由权利分置，与他人签订流转合同，虽然承包方在承包合同与流转合同中同是合同的当事人，且两个合同的标的物（承包地、流转地）也具有同一性，但这两个合同却是彼此独立的合同，两个合同关系的产生、变更和消灭各基于其自身的特定法律事实而发生。也正是由于两个合同之间具有某些重要的交叉重叠要素，才会导致二者在效力关系上密不可分。此种关联性最重要的表现就是，承包合同是流转合同的前提和基础，承包合同关系的存废将直接决定流转合同关系的存废。申言之，若发包方解除承包合同，承包合同终止这一法律事实将成为流转合同解除的法定事由，承包合同的终止将必然地导致流转合同的终止，此乃“皮之不存，毛将焉附”的道理使然。但须指出的是，在两个合同关系因解除而递次消灭的过程中，承包合同的终止是发包方行使解除权的结果，流转合同的终止是承包方行使解除权的结果，发包方解除权仅存在于承包合同关系中,其效力射程并不及于流转合同。对此的理解可以参照"租赁合同"和"转租合同"的关系,出租人是租赁合同的当事人而非转租合同的当事人,出租人有权解除租赁合同却无权解除转租合同,但出租人对租赁合同的解除将波及转租合同,在承租人丧失了承租权的前提下,其与次承租人间的转租合同效力也终将难以为继。一言以蔽之,因合同关系外第三人的原因导致的合同终止,往往只是第三人行为的一种反射性效力,而非第三人行为的直接结果。

既然法律禁止发包方在承包期内收回承包地,这就意味着发包方对于承包合同的解除权已经被废除了,发包方利用反射性效力通过解除承包合同的方式终止流转合同的通道就被关闭了。与此同时,发包方作为流转合同当事人之外的第三人,对于流转合同本身又无解除权,因而对于发包方终止权的定性,就需要在民事权利体系中另寻定位了。

(二)发包方终止权是发包方的"代位解除权"

本书认为,发包方终止权是《农村土地承包法》创设的一项法定代位权。法律上的代位权可分为两种:一种是实体权利的代位;另一种是程序权利的代位。典型的实体权利代位是债权人代位权和保险人代位求偿权,典型的程序权利代位是公司法上的代位诉讼权。本书更进一步地认为,作为一项法定代位权的发包方终止权,既不是债权人代位权的一种,也不是程序性的代位诉讼权,而是类似于保险人代位求偿权意义上的"代位解除权"。

依据《民法典》第 535 条、第 536 条规定,债权人代位权成立的情形主要有两种:一是债务人迟延履行债务,而又怠于行使自己对第三人的权利,从而直接影响债权人的债权实现;二是债务人虽未迟延履行债务,但其怠于行使自己对第三人权利的行为,将直接影响其自身之债权实现而间接影响债权人的债权实现。之所以不能将发包方终止权定性为债权人代位权,主要原因在于,债权人代位权的制度功能在于债权的保全,而发包方终止权的制度功能却并不在于债权的保全。在农村土地承包关系中,发包方既是承包合同的当事人,也是集体土地的所有权代表,而承包合同只是作为用益物权之土地承包经营权的创设手段,发包方并非居于通常的债权人地位,而是居于作为派生他物权之所有权的母权人地位,因而其终止流转合同的目的并非在于保全所谓的“债权”,而是旨在保护农地的“所有权”。正是在此意义上,不能把发包方终止权定性为债权人代位权(将其称为“所有权人代位权”或许更为准确)。

“代位诉讼”是公司法上特有的一项诉讼制度,《公司法》第151条就股东代位诉讼权的行使条件作出了明确规定。股东代位诉讼是相对于股东直接诉讼而言的,被代位的主体是公司,被代位行使的诉权本属公司,因而代位诉讼权是一项比较纯粹的程序性权利,其制度功能在于实现股东的共益权。之所以不能将发包方终止权定性为代位诉讼权,原因在于,发包方是以土地所有权人身份行使权利的,其行权目的旨在实现集体土地所有权的保护,其所保护的是一种“自益权”而非“共益权”。

《保险法》于第60~63条用4个条文对保险人代位求偿权作了规定,由此可见保险法对该权利的重视程度。根据该法第60条第1款规定,代位求偿权是指因第三者对保险标的的损害而造成保险事故的,保险人自向被保险人赔偿保险金之日起,在赔偿金额范围内代位行使被保险人对第三者请求赔偿的权利。简言之,保险人代位求偿权是指“保险人代位行使被保险人对第三者的赔偿请求权”。在此法律关系中,代位人是保险人,被代位人是被保险人,被代位之权利是被保险人的赔偿请求权。申言之,赔偿请求权本是被保险人的固有权利,理应由被保险人自己行使,只是由于保险人已经代替赔偿义务人(造成保险事故的第三人)向被保险人作出了赔偿,故法律赋予了保险人直接向第三人求偿的代位权。本书认为,对于发包方终止权的定性,完全可以参照保险人代位求偿权来进行设计,为此,可以将发包方终止权定性为“代位解除权”。申言之,流转合同的解除权本应归属于承包方,只是由于承包方怠于解除流转合同,致使土地经营权人侵害集体土地所有权的行为状态无法消除,故发包方为维护集体土地所有权而代承包方之位行使本属于承包方的解除权,从而达致流转合同终止之目的。

综上所述,《农村土地承包法》第 64 条规定的发包方终止权,不是发包方享有的一项固有合同权利,而是发包方享有的一项类似于保险人代位求偿权的法定代位权,应名之为“代位解除权”。

三、发包方终止权的行使条件

根据《农村土地承包法》第 64 条规定,发包方终止权的行使条件包括实质要件和形式要件两个方面的条件。

(一)实质要件

《农村土地承包法》第 64 条规定列举的实质要件有四,这四个要件是择一关系而非并列关系,分别是:其一,土地经营权人擅自改变土地的农业用途的;其二,土地经营权人弃耕抛荒连续两年以上的;其三,土地经营权人给土地造成严重损害的;其四,土地经营权人严重破坏土地生态环境的。有疑问的是,《农村土地承包法》第 42 条规定的承包方对流转合同的单方解除权行使事由还包括一个兜底性的“其他严重违约行为”,那么,当出现该等“严重违约行为”时,发包方是否有权行使代位解除权呢?本书认为,在解释论上,回答应当是否定的。这是因为,流转合同的解除权本属于承包方,原则上发包方无权干预,只是在例外情形下法律才赋予了发包方以代位解除权,该代位解除权行使的事由范围当然应当是有限定的(如土地经营权人拒付租金行为即属严重违约行为,但发包方不能行使代位解除权),如果使其完全重叠于承包方解除权的行使事由范围,则显然会过度干预承包方的经营自主权。故而第 64 条规定没有完全承接第 42 条规定设置一个兜底性的“其他严重违约行为”是合理的。

1. 土地经营权人擅自改变土地的农业用途。农业用途的土地即农用地。依据《土地管理法》的三分类法，土地分为农用地、建设用地和未利用地三类。《土地利用现状分类》（GB/T 21010—2017）将以下23个土地利用现状分类归入了“农用地”大类：水田、水浇地、旱地、果园、茶园、橡胶园、其他园地、乔木林地、竹林地、红树林地、森林沼泽、灌木林地、灌丛沼泽、其他林地、天然牧草地、沼泽草地、人工牧草地、农村道路、水库水面、坑塘水面、沟渠、设施农用地和田坎。司法实践中，有观点认为，是否改变农业用途的司法认定标准应当以“大农业”的范围为准，亦即以《土地利用现状分类》的农用地归类范围为准。① 但本书认为，这一认定标准失诸宽泛。原农业部《关于做好当前农村土地承包经营权流转管理和服务工作的通知》（农经发〔2008〕10号）指出：“流转的农用地不得改变农业用途，属于基本农田的，流转后不得改变基本农田性质，不得从事种树、挖鱼塘、建造永久性固定设施等破坏耕作层的活动。”这就意味着，对于是否改变了农业用途的认定，应至少把握以下两个标准：一是形式标准，即不得改变永久基本农田的属性，而是否属于永久基本农田以及永久基本农田的用途，都有明确的规划认定和法律规定；二是实质标准，即用途改变不得破坏耕作层。就实质标准而言，虽然同为《土地利用现状分类》中的农用地，但从一种农用地到另一种农用地的用途转换，就可能产生破坏耕作层的后果，如从水田变为农村道路、水库水面，这种用途改变就应当认定为“擅自改变土地的农业用途”。因此，是否改变了土地农业用途的认定，《土地利用现状分类》也只是提供了一个初步的判断范围，在此基础上还应进行更进一步的实质判断。

2. 土地经营权人弃耕抛荒连续两年以上。弃耕抛荒是指农地具备现实的耕作条件，但承包经营人却不进行耕作，致使农地闲置荒芜。弃耕抛荒问题已经严重影响到我国的粮食安全，这正是国家将“禁止闲置荒芜农地”确立为一项土地国策的原因。造成承包经营人弃耕抛荒的原因有很多，如农业收入太低、农村人口进城、农业劳动力缺失、

---

① 参见四川省营山县人民法院民事判决书，（2012）营民初字第718号。

土地污染、农田水利设施薄弱、耕作条件恶劣等。过去,人们更多关注的是承包方的弃耕抛荒问题,但随着农地"三权分置"政策的推进和土地经营权流转的普遍化,土地经营权人的弃耕抛荒问题业已引起重视,这也正是《农村土地承包法》将土地经营权人弃耕抛荒纳入发包方终止权行使条件的主要缘由。对此条件的认定,关键在于"连续两年以上"这一时间要素,而与经营权人弃耕抛荒的动机、目的、原因无关,应进行纯客观的行为认定。

3. 土地经营权人给土地造成严重损害。"给土地造成损害"就是破坏土地,"严重损害"就是指不可逆的损害,如对耕作层的彻底破坏。为遏制和惩罚严重损害耕地的行为,我国《刑法》第 342 条专门规定了非法占用耕地罪。最高人民法院《关于审理破坏土地资源刑事案件具体应用法律若干问题的解释》(法释〔2000〕14 号)第 3 条规定:"违反土地管理法规,非法占用耕地改作他用,数量较大,造成耕地大量毁坏的,依照刑法第三百四十二条的规定,以非法占用耕地罪定罪处罚:(一)非法占用耕地'数量较大',是指非法占用基本农田五亩以上或者非法占用基本农田以外的耕地十亩以上。(二)非法占用耕地'造成耕地大量毁坏',是指行为人非法占用耕地建窑、建坟、建房、挖沙、采石、采矿、取土、堆放固体废弃物或者进行其他非农业建设,造成基本农田五亩以上或者基本农田以外的耕地十亩以上种植条件严重毁坏或者严重污染。"《土地管理法》第 37 条第 2 款也规定:"禁止占用耕地建窑、建坟或者擅自在耕地上建房、挖砂、采石、采矿、取土等。"根据上述规定,给土地造成严重损害的表现行为有非法占用耕地建窑、建坟、建房、挖沙、采石、采矿、取土、堆放固体废弃物等,其判断的实质标准就是"种植条件被严重毁坏",如造成耕作层的毁损灭失。

4. 土地经营权人严重破坏土地生态环境。《全国土地利用总体规划纲要(2006—2020 年)》将"加大土地生态环境整治力度"和"因地制宜改善土地生态环境"作为两个专门问题分别用专节进行了规定。《全国土地整治规划(2011—2015 年)》指出,我国土地生态环境退化趋势尚未根本扭转,全国土地沙化、盐碱化面积达 13,500 万公顷

(20.25 亿亩),水土流失面积达 35,600 万公顷(53.40 亿亩)。我国是世界上自然灾害严重的国家之一,受气候极端异常影响,局地地质灾害呈易发高发态势,因自然灾害和生产建设活动损毁土地约 746.70 万公顷(1.12 亿亩),待复垦土地面积约 442.30 万公顷(6635 万亩)。面对如此严峻的土地生态环境形势,我们应当对破坏土地生态环境的行为采取"零容忍"的态度,这也正是《农村土地承包法》将土地经营权人严重破坏土地生态环境作为流转合同终止事由之一的原因。因此,当土地经营权人实施了造成土地沙化、盐碱化、水土流失、土壤污染等严重破坏土地生态环境的行为时,发包方可行使代位解除权,终止流转合同。

(二)形式要件

发包方终止权行使的形式要件是"承包方在合理期限内不解除土地经营权流转合同"。发包方代位解除权的行使当然应当以承包方不行使解除权为前提,若承包方主动行使了解除权,则发包方当然就无再予代位行使之可能和必要了。对此要件理解与适用的关键在于"合理期限"的界定,法律就此未作明确规定,尚需相关的权威解释予以明定。从自由裁量的角度讲,本书认为,该"合理期限"以界定为 3 个月为宜,即在出现了流转合同的解除事由和承包方知道或者应当知道解除条件成就之日起 3 个月内。承包方在 3 个月内不解除流转合同的,发包方即可启动终止权的行权程序。

四、发包方终止权的行使程序

作为一种法定代位权,发包方终止权的行使须遵循一定的程序。参照合同解除权的行使程序、债权人代位权的行使程序、公司法上代位诉讼程序等,本书认为,发包方终止权的行使应依次通过以下程序进行。

(一)发包方催告承包方在合理期限内解除流转合同

土地经营权流转合同的解除权本属于承包方,在出现法定的流转合同解除事由后,承包方作为流转合同的一方当事人,应当主动行使合同解除权。法律给承包方行使解除权预留的时间是一个"合理期限",如上文所述,该"合理期限"以3个月为宜。如果承包方在该合理期限内未主动行使解除权,那么发包方就应催告承包方行使解除权。对发包方催告权的行使和承包方经催告后解除权的行使,都应当设置一个法定的期限,该期限以1个月为宜。易言之,当出现承包方在3个月的合理期限内未主动行使解除权的情形时,于3个月期限届满之日起的1个月内,发包方应向承包方发出催告通知,催告其于一定期限内行使流转合同的解除权;如承包方在接到催告通知之日起的规定期限内仍未行使解除权,则发包方就取得了对承包方解除权代位行使的权利。

(二)发包方直接通知土地经营权人解除流转合同

合同解除权的行使方式有两种:一种是通知解除:另一种是诉讼解除。《民法典》第565条规定:"当事人一方依法主张解除合同的,应当通知对方。合同自通知到达对方时解除;通知载明债务人在一定期限内不履行债务则合同自动解除,债务人在该期限内未履行债务的,合同自通知载明的期限届满时解除。对方对解除合同有异议的,任何一方当事人均可以请求人民法院或者仲裁机构确认解除行为的效力。当事人一方未通知对方,直接以提起诉讼或者申请仲裁的方式依法主张解除合同,人民法院或者仲裁机构确认该主张的,合同自起诉状副本或者仲裁申请书副本送达对方时解除。"依此规定,当发包方选择通知解除方式时,在其解除通知到达土地经营权人时,流转合同即告解除。土地经营权人对发包方代位解除流转合同有异议的,其有权请求人民法院或者仲裁机构确认解除合同的效力。

(三)发包方以自己的名义向人民法院提起代位权诉讼

若发包方选择诉讼解除方式,就应当向人民法院直接提起代位权诉讼。不论是公司法上的代位诉讼还是民法上的代位权诉讼,根据我国现行法的规定,都只能向人民法院提起。对于管辖法院的确定,本书认为，发包方终止权诉讼涉及的是不动产纠纷，依据《民事诉讼法》第 34 条规定，因不动产纠纷提起的诉讼，由不动产所在地人民法院管辖。据此规定，发包方应向流转合同所涉承包地所在地有管辖权的人民法院提起代位解除权诉讼。

代位权诉讼的提起主体应是发包方，并且是发包方以自己的名义提起，而不是以承包方的名义提起。在现实中，代行集体土地所有权的主体既可能是村民委员会，也可能是农村集体经济组织，因而这两者都有可能成为某一承包合同的发包方。在确定诉讼主体时，只有承包合同上记载的"发包方"才是适格的原告，村民委员会、农村集体经济组织这两者之间不能相互替代，否则就会造成主体不适格。此外，参照债权人代位权的诉讼程序，在发包方终止权诉讼中，流转合同之一方当事人的承包方应列为诉讼第三人，使其参加到诉讼中来。

任何诉讼都是有成本的，包括诉讼费、律师费、交通食宿费等各种各样的费用开支。诉讼费由败诉方当事人承担，这是有法律规定的。若发包方胜诉，诉讼费就由作为被告的土地经营权人承担；若发包方败诉，则诉讼费就由发包方承担，并且发包方也不能将该诉讼费负担转由承包方承担。但对于诉讼费之外的其他费用，胜诉方是否有权向败诉方请求赔偿，我国现行法并无统一规定。本书认为，从发展趋势来看，律师费、差旅费等必要的诉讼费用由败诉方承担是有一定合理性的。如随着"一村一法律顾问"制度的普遍建立，由律师代理发包方参与终止权代位诉讼也是有必要的，因而律师费由作为败诉一方的土地经营权人承担就是合理的。

五、发包方终止权的行使后果

发包方终止权的行使后果是土地经营权流转关系因合同解除而归于消灭。原则上讲，对于一般的合同解除法律效果在流转合同解除时都会发生，但同时鉴于流转合同之特殊性，也会发生一些特殊的解除后果。

（一）土地经营权人退出并交还承包地

土地经营权人基于流转合同而取得承包地之占有权原，当流转合同因解除而终止时，其占有权原即告消灭，随即产生土地经营权人退出承包地并交还承包地的法律效果。土地经营权人拒不退出交还承包地的，可对之为强制执行。基于流转合同是被代位解除的特性，就带来了承包地应向承包方交还，还是也可以向发包方交还的问题。本书认为，发包方有权要求土地经营权人直接向其交还承包地，这也是发包方代位权应有的法律效力。这是因为，既然承包方怠于行使其解除权，也就意味着其会怠于受领向其交还的承包地，由发包方代为受领就成为必要。既然发包方有权要求向其直接交还承包地，也就意味着在土地经营权人拒绝退出交还承包地时，发包方可以自己的名义申请人民法院强制执行。当然，发包方受领承包地，并不意味着承包合同终止，承包合同不因发包方终止权的成功行使而终止，发包方只是代承包方受领承包地而已。

（二）承包地上的权利负担因之而消灭

土地经营权流转合同签订后，土地经营权人取得土地经营权，作为权利人，土地经营权人可以处分其享有的土地经营权，以之为抵押、出租或者再流转等，从而在土地经营权上可能附着有他人的权利负担，这些权利负担可能是物权性的，也可能是债权性的。本书认为，此等权利负担应当随着流转合同的终止而自动消灭。如此理解的法理依据在于，流转合同的终止将导致土地经营权之自体权利本身的消灭，因而以土地经营权为标的的他项权利当然会自动地因标的之灭失而消灭。申言之，他项权利人不能以他物权的优先性或者买卖不破租赁规则为抗辩，以使其权利负担继续存在于被交还的承包地上。当然，他项权利人可依约向原土地经营权人请求赔偿其因权利消灭而造成的损失。

（三）土地经营权人承担损害赔偿责任

《农村土地承包法》第 64 条规定的损害赔偿责任，主要是针对土地经营权人对土地和土地生态环境造成损害的情形,但在解释上还应当包括违法的"农转用"行为("擅自改变土地的农业用途"行为)①。从一定程度上讲,违法的"农转用"行为,恰是造成土地和土地生态环境损害的主要原因之一。土地经营权人承担的损害赔偿责任既是一种侵权责任,也是一种违约责任,形成侵权责任与违约责任的竞合。根据最高人民法院《关于审理生态环境损害赔偿案件的若干规定(试行)》(法释〔2020〕17 号)第 11 条规定,被告违反国家规定造成生态环境损害的,人民法院应当根据原告的诉讼请求以及具体案情,合理判决被告承担修复生态环境、赔偿损失、停止侵害、排除妨碍、消除危险、赔礼道歉等民事责任。根据该司法解释第 12 条规定,受损生态环境能够修复的,人民法院应当依法判决被告承担修复责任,并同时确定被告不履行修复义务时应承担的生态环境修复费用。生态环境修复费用包括制定、实施修复方案的费用,修复期间的监测、监管费用,以及修复完成后的验收费用、修复效果后评估费用等。原告请求被告赔偿生态环境受到损害至修复完成期间服务功能损失的,人民法院根据具体案情予以判决。上述司法解释规定应作为土地经营权人承担损害赔偿责任的依据。

(四)承包方弃耕抛荒时发包方强制代耕

在发包方成功行使终止权后,不论承包地是向承包方交还,还是向发包方交还,承包地最终都将向承包方回归。由此可能带来的一个问题是,若承包方不予再次流转土地经营权且又继续予以弃耕抛荒连续两年以上,该当怎样应对呢?《农村土地承包法》对此没有给出解决方案。本书认为,于此情形,应继之赋予发包方以"强制代耕权",即由发包方将收回的承包地转包给他人,由他人恢复承包地的耕作,以纠正承包方的弃耕抛荒行为。唯其如此,"禁止闲置荒芜农地"的政策目

① 2021 年 9 月 1 日开始施行的《土地管理法实施条例》于第 23~25 条就"农用地转用"作了专节规定。

标才能实现。[①] 但须指出的是，发包方虽享有代耕权，却不享有重新发包权，亦即发包方不能将承包方弃耕抛荒的土地另行发包给第三人，此乃“承包期内发包方不得收回承包地”之当然解释结果。[②]

---

① 对于上文中提及的，若承包方并未流转土地而直接弃耕抛荒连续两年以上的，亦可照此处理，由发包方通过行使“强制代耕权”解决。

② 最高人民法院《关于审理涉及农村土地承包纠纷案件适用法律问题的解释》(法释〔2020〕17号)第6条第1款规定：“因发包方违法收回、调整承包地，或者因发包方收回承包方弃耕、撂荒的承包地产生的纠纷，按照下列情形，分别处理：……(二)发包方已将承包地另行发包给第三人，承包方以发包方和第三人为共同被告，请求确认其所签订的承包合同无效、返还承包地并赔偿损失的，应予支持。但属于承包方弃耕、撂荒情形的，对其赔偿损失的诉讼请求，不予支持。”该司法解释于2020年修正时完整保留了该条规定。该规定所创设的规则实际上已经具有了相当的前瞻性，亦即在因承包方弃耕抛荒的情形下，发包方将承包地另行发包给第三人的行为是无效的，从而否定了发包方于承包期内收回土地另行发包的权利。

后　记

在我国农村土地发展史上，先后经过多次土地制度改革，但不同历史时期农村土地改革的目标各有不同。2016 年 10 月 30 日，中共中央办公厅、国务院办公厅印发了《关于完善农村土地所有权承包权经营权分置办法的意见》，掀开了农地“三权分置”改革的序幕。农地“三权分置”是在“两权分离”基础上进行的重大土地制度改革，具有重大的现实意义和深远的历史意义。从农地“三权分置”政策的提出，到“三权分置”政策入法、入典，涉及众多理论与实践问题，需要从理论上和实务上进行深入研究。

在农地“三权分置”下，土地承包经营权益如何实现，直接影响承包农户、土地流转各方的切身利益。为此，我们于 2016 年承担了国家社会科学基金重点项目“‘三权分置’政策背景下农村土地承包经营权益实现研究”（16AFX017）。之后，我们对农地“三权分置”的相关问题进行了全面、系统的研究，先后发表系列论文。2019 年 8 月，本课题研究成果通过了全国社会科学工作办公室组织的专家鉴定，结论为优秀。在通过鉴定后，我们根据鉴定专家的意见和建议，并结合《民法典》的规定以及最新研究成果，对课题研究成果进行认真修改和完善补充，最终形成本书。

本书由课题组成员共同创作完成,具体分工为:

房绍坤:代序、第四章、第六章第一节;

管洪彦:第一章、第三章、第六章第二节、第七章;

曹相见:第二章;

王洪平:第五章第一节、第十章;

高飞:第五章第二节;

张旭昕:第八章;

任怡多:第九章第一节;

林广会:第九章第二节。

书稿完成后,由课题负责人房绍坤教授最后修改定稿。

由于水平有限,书中谬误在所难免,恳请读者批评指正。